4·16구술증언록 유가족 활동 단체 제2권

그날을 말하다

4·16기억저장소

4·16구술증언록 유가족 활동 단체 제2권

그날을 말하다

4·16기억저장소

4·16기억저장소 기획 편집
(사) 4·16세월호참사가족협의회 지원 협조

4·16기억저장소에서는 세월호 참사 5주기를 맞아 구술증언 수
집 사업의 결과물 일부를 100권의 책으로 발간하게 되었습니다.
이 사업은 2015년 6월부터 다양한 학문 분야 구술 연구자들의 자
발적인 참여로 진행되어 왔으며, 세월호 참사를 좀 더 정확하고 다
각적으로 기록하고 기억하고자 하는 노력의 일환으로 수행되었습
니다.

2014년 참사 발생 이후, 참사 피해자들의 목격담과 경험은 안타
깝게도 공식적인 국가기관과 언론의 기록 속에서 철저히 소외되거
나 왜곡되었습니다. 그것은 세월호 참사가 우리에게 안긴 죽음과
고통의 충격만큼이나 우리 사회의 끔찍한 비극이었습니다. 따라서
사업을 진행하면서 세월호 참사 희생자 가족, 생존자, 생존자 가족,
어민, 잠수사, 활동가, 기자 등등, 참사의 초기 과정을 직접 경험한
분들의 증언을 우선적으로 수집했습니다. 구술자는 이 사업의 취

지와 방식에 개인적으로 동의한 분 중에서 선정했으며, 참여 과정에 어떠한 금전적 보상이나 이익이 제공되지 않았습니다. 또한 구술증언 수집 사업을 진행하는 동안, 면담자는 연구자이자 참사를 겪은 공동체 시민으로서 최대한 윤리적이고자 노력했습니다.

구술자마다 매회 약 2시간씩 3회를 원칙으로 음성 녹취와 영상 촬영을 하는 방식으로 진행되었고, 증언의 일관성을 확보하기 위해 면담자는 큰 틀에서 공통 질문지를 사용했습니다. 공통 질문지의 내용은 참사와 구술자 간의 관계성에 따라 차이가 있지만, 유가족 구술의 경우 1회차 '참사 이전의 삶, 팽목항과 진도에서의 경험, 자녀에 대한 기억'을, 2회차 '참사 이후 투쟁과 공동체 활동 경험'을, 3회차 '참사 이후 개인 및 가족이 경험한 삶의 변화와 깨달음, 자녀의 현재적 의미'를 중심으로 했습니다. 이처럼 증언 내용은 참사 이전에서 시작해 참사 발생 당시의 경험과 이후의 변화 과정까지 폭넓게 수집했고, 면담자는 구술 채록 과정에서 구술자의 발화를 최대한 존중하고자 했으며, 무엇보다 각자의 특수한 경험과 다른 시각을 충실히 반영하고자 했습니다.

이 구술증언록의 발간을 위해, 채록된 음성 자료는 문서로 변환해 구술자와 함께 검토했고, 현재 시점에서 공개할 수 있는 영역과 할 수 없는 영역으로 구별했습니다. 따라서 책에 실린 내용은 모두 구술자로부터 공개를 허락받은 부분입니다. 비공개 영역은 추후 구술자의 동의를 받아 적절한 절차를 거쳐 추가로 공개될 수 있으리라 생각합니다.

이 구술증언록 100권에는 그동안 우리 사회에 왜곡되어 알려지거나 잘 알려지지 않았던, 참사 발생 직후 팽목항과 진도 혹은 바다에서의 초기 상황에 관한 중요한 증언이 포함되어 있습니다. 또한, 자녀를 잃는 잔인하고 애통한 상황을 겪으면서도 그 누구보다 강인한 정치적 주체로 성장할 수밖에 없었던 유가족의 마음과 경험을 구체적으로, 그리고 여러 각도에서 살펴볼 수 있습니다. 그 외에도, 이 구술증언록은 2014년을 전후한 한국 사회의 여러 측면을 드러내는 귀중한 자료가 되리라고 생각합니다. 무엇보다 국내외의 많은 분이 이 책을 읽어, 장차 세월호 참사의 진상 규명과 역사 서술에 기여할 수 있기를 바랍니다.

구술증언 수집 사업이 진행되고, 책으로 출간되기까지 많은 분의 도움과 지지가 있었습니다. 이 지면을 빌려 부족하나마 감사의 말씀을 전하고자 합니다.

먼저 (사)4·16세월호참사가족협의회와 4·16기억저장소에 감사를 드립니다. 이분들의 신뢰와 적극적인 협조가 없었다면, 이 사업은 처음부터 시작할 수조차 없었을 것입니다. 또한 어려운 정치 환경 속에서도 사업의 취지에 공감해 재정 지원을 결정해 준 아름다운가게와 역사문제연구소에 감사드립니다. 두 단체 덕분에, 이 사업을 4년 동안 계속해 올 수 있었습니다. 그리고 구술증언록 100권의 발간에 동의하고, 바쁜 일정에도 출판 실무를 기꺼이 맡아주신 한울엠플러스(주)에도 감사를 드립니다. 이 외에도 많은 개인과 단체가 직간접적으로 많은 도움을 주시고 격려해 주셨습니다. 여기에 모두 밝히지 못하는 것을 죄송하게 생각합니다.

　말할 필요도 없이, 가장 크고 또 가슴 아픈 감사는 구술자 한 분한 분께 드리고자 합니다. 이 책이 발간될 수 있었던 것은, 무엇보다 용기를 내어 아픔과 고통의 기억을 다시 떠올리고 장시간 진심으로 이야기를 해주신 구술자가 있었기 때문입니다. 오랜 시간 이야기를 나누며 함께 공감하기도 했지만, 그 아픔과 고통을 어떻게 가늠할 수 있을까 싶습니다. 더 큰 도움이 되지 못함을 안타까워하며, 이 구술증언록 100권의 발간이 피해자분들에게 조금이라도 위로가 될 수 있기를 기원합니다.

2019년 4월

4·16기억저장소 구술팀 책임자
서울대학교 인류학과 교수 이현정

차례

4·16기억저장소

4·16기억저장소는 엄마들의 힘으로 가장 가슴 아프지만 가장 훌륭한 아카이브로 성장하였다. 소장인 도언 엄마, 혜선 엄마, 재강 엄마, 고운 엄마, 태민 엄마, 그들은 스스로를 전문가라 칭하지 않지만, 그 누구보다도 기록의 중요성을 인식하고, 기록을 수집하고 보존하는 데 온몸을 바친 전문가들이다. 희생된 아이들 하나하나의 기록, 배에서 건져 온 아이들의 유품 기록, 유가족들의 '기념비적인 투쟁'의 기록, 전 국민이 만들고 보내준 추모 기록, 기억교실과 아이들 책상 주변의 가슴 아린 기록들을 엄마들은 오늘도 변함없이 모으고 정리한다. 또한 그들은 전국을 돌며 기억시를 전시하였고, 『그리운 너에게』를 비롯한 책들을 펴냈고, 4·16기억교실을 만들고 지키고 안내하였으며, 눈물이 범벅이 되면서도 아이들의 유품들을 보존 처리하였고, 4·16민주시민교육을 통해 4·16정신을 세상에 알리는 일에 열심이었다. 지금도 아이들의 힘으로 4·16기억저장소를 지키고 있는 그들은, 먼 미래에 4·16기억저장소가 있어 아이들에게 부끄럽지 않은 부모가 되었다고 말할 수 있기를 간절히 소망한다.

4·16기억저장소의 집단 구술 면담은 2018년 8월 19일, 27일, 2회에 걸쳐 총 7시간 30분 동안 진행되었다. 주 면담자는 이현정, 부면담자는 김세림, 촬영자는 강재성이었다.

구술자 본인들의 프라이버시나 제3자의 프라이버시를 보호해야 할 부분을 제외하고는 구술자들의 발화를 있는 그대로 전사했다.

1회차

2018년 8월 19일

1
시작 인사말

면담자   본 구술증언은 4·16 사건에 대한 참여자들의 경험과 기억을 기록으로 남김으로써 이후 진상 규명 및 역사 기술에 기여하고자 합니다. 지금부터 기억저장소의 증언을 시작하도록 하겠습니다. 오늘은 2018년 8월 19일이며 장소는 안산시 단원구 4·16기억교실입니다. 참석하신 구술자는 도언 엄마 이지성, 태민 엄마 문연옥, 혜선 엄마 성시경, 고운 엄마 윤명순, 재강 엄마 양옥자이며, 면담자와 부면담자는 이현정, 김세림이고 촬영자는 강재성입니다.

2
구술에 참여하게 된 계기와 기억저장소 이전 활동상

면담자   어머님들 모두 오늘 참여해 주서서 감사드리고, 또 반갑습니다. 오늘은 집단 구술의 차례고요, 기억저장소에서 활동하신 분들을 모시고 기억저장소를 어떻게 만들어오고 최근까지 어떤 활동들을 진행해 오셨는지 여쭙도록 하겠습니다. 특히 여기 참여하신 분들이 기억저장소 활동을 진행해 오면서 느낀 감정과 어려움, 혹은 갈등과 협업을 어떻게 해오셨는지 이해하고자 하는 목적입니다. 먼저 간단하게 오늘 집단 구술에 참여하게 된 동기에 대해 제가 여쭙도록 하겠습니다. 여러 분이 계시기 때문에 어떤 분이 먼저 편하게 말씀해 주시고, 순서대로 해주서도 되고요, 아니면 제가 눈치껏 어떤 어머님께 말씀해 주십사 부탁을 드릴 수도 있겠습니다. 그러면 첫 번째 질문은 '본 집단 구술에 참여하게 된 동기가 무엇인가'라는 것인데요, 특히 개인 구술에 참여하신 분들은 개인 구술을 하셨는데도 우리 집단 구술을 하시기로 한 이유, 개인 구술에 참여하지 않은 분들은 개인 구술은 하지 않았지만 집단 구술을 하게 된 동기, 이런 것을 말씀해 주시면 감사하겠습니다. 태민 어머님?(웃음)

태민 엄마　　사실은 구술이라는 게 참 어렵고 개인적으로 했을 때 좀 그런 게, 부담이 되는 게 있었거든요. 그런데 저희 저장소에서 일하는, 사실은 목적 하나가 기록으로 남기고 그것을 사람들이 나중에 봤을 때 그 기록의 의미라든가 이런 거를 더 되새기기 위해서 하는 거잖아요. 그래서 이것을 구술로 남겨놓는다 그러면 '그만큼 더 의미가 크다'고 생각했기 때문에 참여하게 되었습니다.

면담자　　네, 편하게 말씀해 주세요. 이게 처음에는 굉장히 낯서실 수도 있는데요, 계속 이렇게 돌아갈 것이기 때문에 편하게 말씀하세요, 누구시든지.

도언 엄마　　기억저장소는…, 아직 모르시는 분들이 많아요, 사실은. 우리는 활동을 열심히 하고 있지만, 4·16기억저장소가 무엇을 하는 곳인지 모르기 때문에 우리가 어떤 일을 해왔는지 그리고 앞으로 어떤 일을 할 것인가에 대해서 사실 자료 좀 남겨두고 싶었어요. 우리가 죽어도, 우리가 영원히 살 수는 없으니까, 우리가 죽어도 후세대에서 '아, 기억저장소에서 이런 중요한 일을 하였구나'라는 그런 자료, 그런 의미에서 참여하게 되었습니다.

고운 엄마   저 개인 구술 같은 경우에는, 저 개인적인 예전의 삶도 그렇고 4·16 참사 이후의 삶도 그렇고, [4·16세월호참사]가족협의회 활동 부분만 구술 부분에 들어가 있는데요. 그 이후에 소장님이 말씀하셨던 그런 생각도 있지만, 그리고 저 개인적으로 '가족협의회 활동뿐만 아니고 저장소의 활동도 내가 이렇게 활동을 했다'라는 것을 남기기 위해서 참여하게 됐습니다.

재강 엄마   내용이 다 똑같은 것 같아요. 이게 기억저장소 구술이라는 게, 사실 저희 기억저장소 가족운영위원으로서 다섯 명이 활동을 하고 있기 때문에, 다섯 명의 일원으로서 단체 구술에 참가하게 됐고요. 이게 참가하면서 또, 사실은 저는 기억저장소 오기 전에는 기억저장소와 구술 여기에 대한 이해도는 떨어졌었어요. 그런데 제가 여기에 와서 활동을 하면서 기억저장소와 구술에 대한 내용을 조금 알게 되었는데, 지금 이 구술을 하게 된 것은 앞에서 말씀하신 것처럼 우리 기억저장소 운영위원들이 기억저장소에서 어떤 활동을 하고 어떤 일을 했는지 이걸 기록으로 남겨서, 다음에 누구든 우리 기억저장소 가족위원들이 무슨 일을 했는지 많은 사람들이 알고 공유하는 게 좋을 것 같아서 참여하게 된 것 같아요.

혜선 엄마   다 이야기해야 하는 겁니까? (면담자 : 네) 저는…, 개인 구술을 할 때에는 제 분노와 슬픔과, 아이에 대한 기억을 남기고 싶었고 '내가 믿었던 대한민국이 어떤 나라였는지 많은 사람이 알았으면 좋겠다' 해서 개인 구술을 했구요. 저장소 단체 구술을 한다는 얘기를 들었을 때는 '이게 꼭 필요할까'라는 생각을 처음에는 잠깐 했었어요. 했었는데, 시간이 지나면서 생각도 많이 해보고 하니까 저장소, 기억저장소가 있다는 걸 모르는 사람들도 정말 많더라고요, 저도 사람들을 만나보면. 하물며 활동을 열심히 하시는 분들도 모르시는 분들이 많았어요. 그래서 만나면 "저장소는 이런 이런 일을 하고 이렇게 활동을 하고 있습니다" 하면서 책자도 하나씩 드리고 설명을 많이 드리거든요. 그런 일들을 겪으면서 '단체 구술도 필요하겠다' 해서 '이게 공개가 되면 많은 사람들이 우리 4·16기억저장소가 어떤 일을 했고, 앞으로도 어떤 일을 하겠구나' 하는 걸 이렇게 짐작도 할 수 있을 거라고 봐요. 그래서 굉장히 중요하다고 결론을 내렸습니다.

면담자　　　네. 솔직하고 구체적인 말씀 감사드리고요. 두 번째 질문이 '기억저장소 집단 구술 기록이 어떻게 사용되기를 바라느냐'라는 것이었는데, 기억저장소가 어떤 활동을 해왔는지 알리는 목적으로 사용되기 바란다고 이해해도 되겠습니까? (모두 : 네) 그렇다면 다음에는 단체에 대해서 간단히 몇 가지 여쭤보도록 하겠습니다. 아무래도 소장님이 많이 아실 수도 있지만, 빠진 부분이나 소장님과 의견이 다른 분이 있을 수도 있어요. 서슴지 말고 말씀을 해주시면 되겠습니다. 먼저 단체 명칭이 정확히 어떻게 되나요? 그리고 우리 기억저장소가 어떤 단체로 등록이 되어 있는지, 어떤 소속이 되어 있는지 말씀해 주시면 좋겠습니다.

도언 엄마　　　고유등록증에는 '4·16기억저장소'로 되어 있어요. 돼 있고요, 우리가 작년 말부터 저장소 실무 회의를 하면서 "그냥 '416'이러면 아주 시간이 지났을 때 사백십육이 된다. 중간에 점을 찍자"라고 의견을 모았어요. 모든 소위에는 '4, 점[·], 16기억저장소'로 기록을 하고 있어요. 고유등록증에는 임의단체로 되어 있습니다. 임의단체로 되어 있고, 어떤 뭐 정부와, 정부에서 지원해 주는 지원비는 없고 우리 기억 회원, 말 그대로 세월호 참사를 기억하고 기록의 중요성을 느끼시는 분들이 한 분, 한 분의 마음이 모인 금액으로 운영이 되고 있습니다.

면담자   기억저장소가 어딘가에 소속되어 있는 단체인가요, 아니면 단독으로 있나요?

도언 엄마   소속은 아니에요. 사실 우리 4·16기억저장소 정관을 개정을 했었습니다. 2016년도 11월 달에 개정을 했구요. 우리 4·16기억저장소의 정관에는 '4·16가족협의회 산하기관'이라고 명시는 되어 있지만, 또 역으로 돌아갔을 때 4·16가족협의회 정관에는 4·16기억저장소가 산하기관으로는 안 되어 있습니다. (면담자 : 현재 그런 상태군요?) 네, 그래서 어떻게 보면 독립적인 단체입니다. 왜냐하면 가족협의회 일을 같이 병행하기 때문에 4·16가족협의회, 그리고 4·16기억저장소라고 생각하시면 될 것 같습니다.

면담자   알겠습니다. 이 부분도 대해서 분명하게 이해하시는 분들이 많지 않은 것 같습니다. 현재 단체에 참여하고 계신 분들에 대한 소개를 해주시길 부탁드립니다.

도언 엄마   활동의 참여라는 것은 우리[가] 지금 [하고 있는] 기본적인 업무를 얘기하시는 거죠? (면담자 : 네, 네) 업무라는 것은 가족운영위원 저 포함해서 이렇게 다섯 명 있으시구요, 외부 운영위원이 있습니다. 가족운영위원 포함한 23명이 있고요. 거기에는 이현정 교수님도 계시지만, 전문가, 그리고 단체장 그리고 기타 활동가로 포함된 운영위원이 구성이 되어 있고, 우리 실무진으로는 우리 기록팀, 구술팀, 사업팀, 전시팀, 총무팀 이렇게 나누어져 있습니다.

면담자   그렇다면 각 팀에는 어떤 분들이 몇 분 정도 활동하고 계신가요?

도언 엄마   총…, 저장소가 총 일곱 명입니다. 실무진 총 일곱 명입니다. 일곱 명… 플러스 가족위원 다섯 명이 항상 상시로 근무하고 있습니다.

면담자   여기에 와주신 어머님들이 운영위원들이시죠? 운영위원은 얼마나 자주 모이고 최근엔 어떤 활동을 진행하고 계신가요?

고운 엄마   저희가 저장소의 공식적인 모임은 실무진 회의에 저희가 매주 수요일 참여를 했었는데요, 지난달부터는 한 달에 두 번씩 둘째, 넷째 [주에] 참여하는 거는 공식적으로 정해져 있는 자리이구요. 저희가 최근에 어떤 활동…, 저희가 기억교실 공간으로 책걸상을 비롯해서 이전했던 그 활동이 최근에 있었던 활동이에요.

면담자   그렇다면 그 활동에 다섯 분이 모두 참여하신 거예요? 실무진이 일하는 것과 운영위원회인 어머님들의 일이 어떤 식으로 분담이 이루어지나요?

재강 엄마   교실 이전할 때에는 저희들은 소장님이 총괄을 하시면서 그 밑에 기록팀장님과 신주희 선생님이 소장님 밑에서 하시구요. 저희들은 뒤에서 도와주는 역할인데, 그게 이제 뭐 잘됐는지는 모르지만, 어쨌든 소장님 이하 실무진 선생님들과의 업무는 기억교실 이전할 때는 좀 나눠서 했던 것 같아요. 일요일 날은 실무진 선생님들은 안 나오시고요, 월요일 날은 실무진 선생님들이 다 투입이 되었어가지고, 본관하고 별관하고 나눠서 실무진 선생님들하고 기록팀 한 선생님, 또 본관의 기록팀 팀장님 밑의 또 한 팀, 이렇게 나누고 저희 엄마들도 두 명씩 나눠가지고 기억교실 이전할 때에는 이렇게 일을 했던 것 같아요.

면담자   그럼 '언제 우리가 이전을 한다' 그러면은 그때 다 오셔서 하는 건가요, 아니면 비정기적으로 일이 있을 때 오셔서 작업을 도와드리는 방식으로 일이 진행되는 것인가요?

도언 엄마   그건 아니구요, 지금은 주는 실무진 선생님들이 진행을 하고 있고요. 그 옆에서 항상 보조 역할로 엄마들이 항상, 매일 투입이 돼서 같이 일을 진행하고 있어요. 예를 들어 기록팀의 경우에는 기록팀의 주[된] 큰일은 기록팀 전문 분야에서 하시고 엄마분들이 스캔 작업, 포스터 정리하는 것 등 엄마들이 하고 계시고…. 교실 이전 부분도 저랑 경기도교육청 회복지원단과의 미팅이 끝나면, 또 기록팀 미팅 들어가고요, 그 자리에 또 엄마들이 투입이 돼서 같이 논의가 진행이 되어요. 항상 논의와 회의는 같이 진행이 된다고 보시면 될 것 같아요.

면담자   그러면 월급을 받고 일하시는 실무진들이 전체 일곱 분이 계신데, 다섯 팀에 나누어 계시는 거면 어떤 팀은 실무진이 두 명도 배치가 안 되는 거겠네요? (도언 엄마 : 네) 무슨 팀이 있다고 하셨죠? 총무팀이 있다고 하셨나요?

도언 엄마   네. 총무하고, 전시, 사업, 기록, 구술.

면담자   그렇다면 각 팀에서 한 명이나 두 명이 사업에 대한 기획이나 진행을 하나요? (도언 엄마 : 네) 가서 직접 작업을 하는 것은 어머님들이 하시는 거고요?

도언 엄마   작업도 같이하지만요, 기본 큰 틀은 저와 실무진 선생님들이 기본 틀은 잡구요. 그리고 실무 회의 할 때 어머님들이 투입이 되세요. 총 네 분이시니까 두 분씩 나누어져 있어요, 기록팀 두 명, 전시팀 두 명.

면담자   그러면 어떤 분들이 기록팀이고 어떤 분들이 전시팀이신가요?

전부   이쪽이(재강 엄마, 고운 엄마를 지칭하며) 기록이고요.

면담자   아, 두 분이 기록팀이세요? 그럼 두 분이 기록팀 내에서 역할 분담이 되어 있나요?

고운 엄마   네, 그렇죠.

재강 엄마   기록팀 안에서가 아니고, 기억저장소 기록팀과 전시팀으로 나눠지면서 혜선 어머님이 전시팀을 나영 쌤과 하고 있고요. 기록팀 같은 경우에는 제가 이은화 팀장님하고 일을 주면 어머님들하고 같이 진행해 나가는 과정이에요.

면담자   그렇다면 고운 어머님 같은 경우에는 어떤 일을 맡으셨나요?

고운 엄마   저 같은 경우에도 전시팀의 경우에는 회의, 전시 관련된 회의 같은 경우에는 전시팀 두 분이 가서 회의에 참여하고 저희는 회의를 참여하진 않아요. 그러면 다 회의 부분이나 계획된 부분이 끝나고 나면 이제 실질적으로 움직이는 건 저희도 같이 움직이지만, 회의 부분이나 그런 건 저희는 참여는 안 하고요. 재강 어머니가 이제 기록팀 팀장이니까 팀장님하고 일 관계에 대해서 주고받는 것은 주로 재강 어머니가 하시고, 그러고 나서 재강 어머니가 저희한테 2차적으로 이야기해서 같이 움직이는, 기록팀 일은 전시팀 두 어머니도 같이 움직여서 기록팀 일을 하고 있어요.

면담자   전시팀은 어떤가요? 지금 전시팀장은 혜선 어머님이 맡고 계신가요?

혜선 엄마   전시팀에 관한 회의는 들어가죠.

면담자   그리고 전시와 관련된 일이 있으면 어머님 모두가 같이.

전부   (고개를 끄덕이며) 같이하죠, 같이.

재강 엄마   기록도 마찬가지예요. 할 때는, 일을 할 때는 다 같이, 업무만 나눠진 거지 전시회 갈 때에도 소장님까지 다섯 명 다 갈 때 있고, 소장님 미팅 있을 때는 소장님 빼고 네 명이 [가기도 해요].

면담자   매주는 실무진과 소장님이 회의를 하시고요. 격주로는 두 분만 나오시는 건가요, 아니면 다 나와서?

전부   다 나와서 합니다.

면담자   다 나와서 하시고, 각 팀장이 분야별로 회의를 해서 결정한 것은 또 네 분이 다 움직이시고.

전부   네.

도언 엄마   너무 복잡하죠?(웃음)

면담자   언뜻 보면 업무 분담이 되어 있는 것 같지만 사실은 다 같이 하는.

고운 엄마   네. 팀만 나눠져 있는 것이죠, 전시팀, 기록팀[으로]. 그렇지만 일은 같이 하고.

면담자   네, 알겠습니다. 그러면 이제는 기억저장소 활동 이전에 다른 활동에 참여하신 적이 있는지 여쭤보겠습니다. 단체 활동에는 여러 가지가 있을 것 같아요. 학교운영위원이나 종교단체 활동, 지역사회 활동 등이 있을 것 같고요. 또는 단체 활동은 안 하셨을 수도 있잖아요. 어머님들은 과거에 어떤 경험을 하셨는지 들어보도록 하겠습니다.

태민 엄마   그러면 이게 참사 이전, 2014년도 이전의 이야기를 물어보는 건가요?

면담자   네, 2014년도 이전부터 이후까지.

태민 엄마   그런 거는 사실 없었던 것 같아요, 저는요. 직장에서 일하다가 아이들 키우는 것 그것이 오로지 다 전부였으니까, 저에게는. 뭐 어떤 종교 생활은 하긴 했었는데 가끔 한 번씩 성당을 나가서 기도하는 것? 그 이외에는 단체로, 2014년도 이전에는 그런 것은 없었던 것 같아요. 이후에 얘기한다 그러면, 초창기에 사실은 저희 합창단이 몇 명이서 꾸려졌었어요. 초창기 멤버였고 네 명, 다섯 명이서 무대에 올라가서 합창단이라고 소개도 받았었고, 그런 활동을 잠깐 한 1년 정도 했던 것 같고, 지금 현재 하고 있는 것은 저장소 일이 가장 위에로 됐던 거고, 그다음에 가협[4·16세월호참사가족협의회]이나 [엄마]공방 같은 데, 공방에서 일을 좀 많이 하고 있는 것 같아요.

면담자　　　공방 단체 활동도 지금 동시에 하고 계시고 (태민 엄마 : 네, 네) 그 전에 직장생활을 하셨지만 다른 단체 활동은 안 하셨다가, 참사 이후에는 합창단 잠깐 하시고, 이렇게 된 거죠? (태민 엄마 : 네, 네) 도언 어머님은?

도언 엄마　　　기억이 가물가물한데 (웃으며) 참사 나기 전에는 학교, 특히 단원고 운영위원회도 했었고요, 그리고 청소년수련관 운영위원회도 제가 했었고, 그리고 노인복지관 운영위원회, 상록구 이쪽에 제가 운영위에서 활동을 많이 했었구요. 그리고…, 환경재단, 안산 에버그린21이 있어요, 환경재단. 거기 제가 활동을 했었어요. 특히 봉사를 좀 많이 했죠. 발 마사지 그런 쪽으로, 발 마사지 봉사를 다녔어요. 하여튼 뭐 활동은 좀 많이 한 것 같아요, 제가. 활동은 좀 많이 했어요. 많이 했고, 참사 나고 나서는 그런 활동들이 사실은, 참사 나고 나서 많은 도움을 받았어요, 저는. 우리 어머니들 정신 못 차리고 많이 있을 때, 넋 놓고 있을 때 저는 제 지인분들이 많이 투입되어서 많은 도움을 주셨고, 하여튼 고 힘이 많이 컸었어요, 참사 나고 나서는. 참사 나고 나서는 그 활동을 다 접었죠, 사실은. 다 접었어요, 모임도 다 안 하고 활동을 다 접었고.

그리고 나서…, 가족협의회 일은 딱히 뭐 어디 소속해서 하지는 않왔어요. 처음 초창기에는 제가 자진해서 총무를 들어갔었어요, 가족 협의회에. (면담자 : 1기에서요?) 네, 네. 할 때에 제가, 총무를 그때 뽑을 때요, 아무도 자진해서 안 하시니까 제가 손 들고 "제가 총무를 한다"고 했어요. "나의 모든 능력을 다 동원해서 나의 지인들 다 동원해서 모든 지원을 하겠다" 해서 제가 총무를 했었는데, 좀 뭐 나의 생각과 다르게, 진행이 [잘] 안돼서 제가 총무를 그만두고⋯. 그때 [정부합동 분향소에 컨테이너 박스 있기 전에] 몽골 텐트에 있을 때, 제가 그때 엄마들 식사 이런 거 관리를 다 해줬었어요. 그것과 제가 2기로 진행될 때에, 공방에 2기가 구성되었을 때 제가 총무를 맡았고 (면담자 : 공방에서요?) 네. 그러면서 (태민 엄마를 바라보며) 합창단 조금 했죠, 저도?

태민 엄마   (웃으며) 네, 두 달 하셨죠.

도언 엄마   저장소 오면서, 저장소 오면서 그 일을 그만뒀어요. 그만두고 저장소 일만 집중하게 된 거죠.

면담자   1기에서 총무 일을 하신 것은 언제인가요?

도언 엄마   2기. 네, 2기 때죠. (면담자 : 1기는 아니고요?) 1기 때는 공방이 있는지도 몰랐어요, 우리는 전국을 막 다닐 때였기 때문에. (면담자 : 아니요, 가협 총무) 네, 그러니깐. 아, 가협 총무?

면담자   가협 총무는 1기 때 시작하셔서 몇 월쯤 그만두셨나요?

도언 엄마   그때 4월 말인가 5월 초에 안건이 구성되어서, 그때 우리 와스타디움에서 회의를 했을 거예요. 하다가, 꾸준히 계속 총무에 제가 명단에는 들어가 있어요. 그런데 제가 총무로 회의에 계속 들어가고, 이게 [잘] 진행이 안 되고 조금 독단적으로 진행이 되고 이런 부분이 있다 보니까 '이건 아닌 것 같다' 싶어서 그냥, 이름만 올라가 있지만 저는 자연스럽게 빠져서 우리 [유가족] 대기실 그쪽만, 우리 엄마[들] 점심, 저녁, 간식 이런 [것만] 총괄하여 제 지인들 도움으로 진행했었어요.

면담자   알겠습니다. 혜선 어머니?

혜선 엄마   저는 참사 전에는 직장 일밖에 안 했어요. 부끄럽지만 그냥 '내 아이만 잘 키우고 내 가정만 잘 꾸리면 된다' 해서 직장생활만 했구요. 참사 이후에는 특별하게 소속이 돼서 활동한 거는 거의 없었던 것 같아요, 가협 전체적으로 움직일 때, 그럴 때만 활동을 했었고. 지금은 공방에 역할을 맡아서, 공방 활동 하면서 저장소 일을 많이 하고 있습니다.

면담자   그럼 공방에서 임원도 맡고 계신 건가요?

혜선 엄마   아, 그런 쪽은 아니고, 그런 쪽으론 능력이 안 되고…. 공방에서 저희 엄마들이 수업받는 프로그램이 몇 개 있어요. 그런 프로그램, 수업을 받으면서 제가 화장품 쪽에 좀 관심이 있었어요. 그래서 '천연화장품'이라는 프로그램이 있어요. 거기에서 팀장을 맡고 있습니다. 크게 하는 역할은 없습니다. 그냥 맡고만 있습니다.

면담자   네. 그럼 재강 어머님은요?

재강 엄마   저는 참사 전에는 뭐 활동이라기보다, 그냥 아이들 키우는 입장이니까 재강이 중학교 때까지 학교 일을 해줬어요. (면담

자 : 운영위원회요?) 운영위원회 아니고 반 대표나 이런 거나, 아니면 총무, 아니면 명예 감독 같은 것, 그런 것밖에 안 하고…. 참사 나고 나서는 다 똑같은 것 같아요. 가협 활동하면서 제가 이제 본의 아니게 '밥값식당'에 들어가서 밥을 하게 되었어요, 음식도 잘 못하지만. 그렇지만 제가 가서 음식을 하는 건 아니구요, 그… 뒤에서 보조 역할을 하면서 '밥값식당'을 관리를 하게 되었어요. 제가 관리하고 싶어서 하게 된 게 아니고, 영석이 엄마가 병원에 입원하는 바람에 잠깐 고 기간에 "밥을 해달라" 해서 영석이 엄마 대신에 밥을 하러 들어갔다가, 예은이 어머니가 빠져나가가셔서, 예은이 어머니가 총괄을 하다가 그러다가 우리 밥하는 엄마들 다 불러가지고 자기가 너무 일이 많아서 이 밥하는 엄마 중에 한 사람을 총괄로 맡겨야 되겠대요. 그래서 제가 또 본의 아니게 하게 되었어요.

면담자   '밥값식당'은 누가 만들었던 건가요?

재강 엄마   처음에는, 제가 알기로는 예은 어머니가 주관되어 가지고….

도언 엄마   교회의 후원금이 들어와서 후원금으로 진행이 되었어요, 처음에.

재강 엄마   그래 갖고 처음에 식당 여는 것도 몰랐는데 어느 날 보니까 열려가지고 또 밥을 하게 되고…. 그게 한 제가… 1년 반을 하고, 1년 반을 하면서 작년에 세월호가 인양되어 오면서 '밥값식당'이 문을 닫았어요. 제가 닫았어요. 그거는 사실은 엄마들이 힘들잖아요. 활동하시는 분들, '밥값식당'이 활동하시는 분들 점심이라도 한 끼 따

뜻하게 먹고 움직이라고 열었는데, 그게 이제 나중에는 엄마들이 힘들어했어요. 사실은 저뿐만 아니라 계속하시는 엄마들이 힘들어해 갖고, 교체를 좀 돌아가면서 하면 되는데 그게 좀 안 되었어요. 안 돼가지고, 하시는 분들이 월요일부터 금요일까지 요일을 정해갖고 밥을 하시니까, 안 되어서, 인양될 때 그 전부터 '밥값식당'을 다른 분에게 넘기려고 했는데 이게 넘겨받을 사람이 없어 가지고 계속 왔는데, 그냥 인양되면서 제가 독단적으로 "못 하겠다" 그리고 [문을 닫았어요].

제가 밥을 못하는데, 다른 엄마들도 세월호 인양되었을 때 굉장히 마음이 힘들잖아요, 그 순간에 내가 밥을 나가서 못 하겠는데 다른 엄마들보고 밥을 하고 있으라고 못 하겠더라고요. 그래서 오늘까지만 하고 바로 정리를 해버렸어요. 뭐 사실 제가 가협에 이야기는 했었는데 그게 안 되니까 그냥 그렇게 해서 정리를 딱 끝내고…. '밥값식당' 하면서 제가 또 저장소, 우리 소장님에 의해가지고 저장소 운영위 일을 병행했던 것 같아요. 그러다가 지금은 가협 활동이라기보다, 가협 활동은 크게 일이 있을 때는 나가고요. 저장소가 저의 주 직업은 아니지만 제가 활동하는 무대는 저장소예요. 제가 제일 먼저, 우선으로 하는 곳이 저장소 일을 하고 있구요. 그다음이 우리 집안일이에요. (웃으며) 지금은 저장소 일을 하고 있어요.

고운 엄마   저 같은 경우에는 고운이 6학년 때부터 직장생활을 하다가 쉬는 기간이 있었어요. 그때 이제 도서관에 6개월 동안 봉사를 다녔었어요, 하루에 3시간씩. 그러다 다시 직장생활을 하면서 고운이 참사 있기 두 달 전에 자율방범대에, 그러니까 퇴근하고 일주일에 한 번씩. 두 번씩은 해야 되는데 저 같은 경우에 직장생활 하면서 살림해

가면서 해야 하다 보니 시간이 안 돼서, 일주일에 한 번 하는 걸로 자율방범대에 들어가서 봉사를 시작했었어요. 자율방범대가 하는 일이 다 같지는 않지만 저희 자율방범대 같은 경우에는 화랑유원지 주차장 내에 있다 보니까, 초지역, 초지역에 늦게 오는 사람들 안심 귀가, 차 태워서 안심 귀가 시키는 그런 일도 했었고, 그리고 어렵게 사시는 분들 실생활에 필요한 쌀이라든가 이런 물품이 나오면 전달도 했었고, 그런 봉사활동을 좀 하다가 고운이 참사 일어나고 자연스럽게 그만두게 되었죠. 제가 마음의 여유가 없기 때문에 그걸 더 이상 할 수가 없더라구요, 지금도 마찬가지고. 그리고 지금은 저장소에 운영위로 활동하고 있는데, 가족협의회 일은 계속 움직여 왔었던 거고, 그래서 단체는 저장소 말고는 참사 이후에는 없었어요.

면담자　　　태민 어머니는 항상 첫 번째에 말씀하셨는데, 더 하실 말씀 없으신가요?

태민 엄마　　　(웃으며) 아니요.

면담자　　　아, 없으세요. 알겠습니다. 나중에 생각이 나시는 분들은 더 말씀하셔도 돼요.

3
기억저장소 활동에 참여하게 된 계기

면담자　　　그럼 이제 단체활동 참여 동기를 여쭤보도록 할게요. 기억저장소에 참여하시기 전부터 단체에 대해 알고 계셨나요? 알고 계셨다면 어떤 내용으로 알고 계셨나요? 고운이 어머니부터.

고운 엄마   (웃으며) 이번에는 이쪽부터 도나요? 저 같은 경우에는 솔직히 기억저장소가 있다는 사실조차도 모르고 있었어요. 그때 저희들이 활동이, 왕성하게 활동을 하고 있을 때라 가족협의회 활동을 하는 것만으로도 너무 벅찼던 시기였기 때문에 저장소는 존재한다는 사실조차 몰랐구요. 그리고 저 같은 경우에는 저장소 들어오게 된 계기가 저희 지금 목공방에 저희가, 어머니들 1기가 재강 어머님, 저, 소장님 [이렇게 셋이] 1기로 수업을 듣고 있었어요. (재강 엄마와 도언 엄마를 가리키며) 두 분은 도보 [행진]하실 때 미리 친분이 있었지만 저는 목공방 들어가서 알게 되고, 저희가 교실 존치 문제로 경기도교육청 피케팅을 다녔을 때, 지금 소장님이 얘기를 해서 같이 주별로 돌아가면서 피케팅을 했거든요. 그래서 저희가 같은 요일에 피케팅을 다니면서 알게 되고 그러면서 소장님이 먼저 2016년 7월에 저장소 소장님으로 오시고 난 다음에, 저희한테 "저장소 일을 같이해 보지 않겠냐"라고 권유를 했을 때에도 솔직히 저는 저장소 일이 무엇을 하는 곳인지도 잘 모르고, 기록의 중요성도 전혀 몰랐어요. 그래서 저장소 들어와서 활동을 하면서 '기록이 이렇게까지 중요하구나'를 저장소 와서 느끼게 된 거죠.

면담자   네. 다른 분들은 어떠셨어요? 참여하시기 전에 기억저장소에 대해서 알고 계셨는지 혹은 어떠한 이야기를 듣고 계셨는지?

재강 엄마   저 같은 경우는 기억저장소가 있다는 거는 알고는 있었어요. 초창기에 딱 생겨서 아는 게 아니고, '밥값식당'에서 밥을 하다 보니까 알게 되었어요.

면담자   '밥값식당'은 언제부터 하셨나요?

재강 엄마   2015년 11월 정도부터 해서 2017년 3월까지 저희들이 했거든요. 그때 기억저장소 직원들이 '밥값식당'으로 밥을 먹으러 왔었어요. 그래서 기억저장소가 있다는 거는 알았어요. 그치만 제가 아까도 말씀드렸듯이 기억저장소가 확실하게 뭘 하는 곳인지 그런 것까지는 몰랐고, 기억저장소가 중요한 것까지도 몰랐고. 그래서 밥 먹으러 오니까 '음, 기억저장소가 있구나' 식당에 항상 그분들이, 월요일부터 금요일까지 식당을 여니까 식사를 하러 오시니까 알게 되었고. 기억저장소에 오게 된 동기는 역시 소장님 때문에 왔습니다. 소장님이 어느 날 갑자기 기억저장소를 맡는다고, 오더니 저보고 "한번 만나자"고 하더라고요. 자기가 기억저장소 소장을 하니까 기억저장소 운영위로 와서 자기를 도와달래요.

소장님을 알게 된 동기는, 우리는 도보를 19박 20일을 같이했어요, 그때 이제. 사실은 그 전에는 도언이 엄마라는 것을 잘 몰랐었어요. 도보하면서 알게 되고 또 이제 도보가 끝나고 와서도 한 몇 번 같이 만나고 하면서 이렇게 알게 된 [거였어요]. 그래서 왔는데, "그래. 그러면 내가 이제 그닥 크게 하는 일이 없으니까 도언이 엄마가 하면 기억저장소 가서 어떤 일을 하는지는 모르지만 같이 가서 도와줄게" 하고 왔다가 기억저장소가 하는 일도 알게 되었고. 아까 제가 말씀드린 것처럼 구술의 중요성, 그리고 기억저장소가 기록과, 우리 아이들 기록과 모든 4·16에 대한 기록을 모은다는 것도 알게 되고…. 사실은 기억저장소에 와가지고 제가 많은 것을 알게 되었다는 것을 알았어요, 제가 알았어요.

면담자   그러면 '밥값식당'과 '목공방'도 하고 계셨는데, 그때 느끼시기로는 '나는 별로 하는 일이 없으니까 소장님이 하자고 하니 같이 해야겠다' 이렇게 생각을 하셨던 건가요?

재강 엄마   하는 일이 없다기보다, 가협의 일도 문제겠지만 도언이 엄마가 도와달라고 하니까 "그래 도언이 엄마 도와줄게" [하고] 도언이 엄마를 도와준다는 마음으로 기억저장소에 와가지고, 지금도 도언이 엄마를 도와준다는 마음으로 열심히 하고 있습니다.

면담자   도언 어머님에 대한 신뢰는 19박 20일 안산에서 팽목항까지의 도보 행진에서 형성되신 건가요?

재강 엄마   아니요. (일동 웃음) 아니 그때는, 19박 20일 도보할 때는 사실은 도언이 엄마는 뒤에 오고 우리는 앞에 왔는데, 거기서는 우리가 19박 20일 동안 금주를 다 했었어요. 근데 가끔 뭐지? (양손으로 크게 네모를 그리며)

도언 엄마   제 지인분 통하고 이래서 제가 철가방에 소주를 숨겨와서 같이 모여서 좀 먹는 그런, 제가 행사를 했습니다(웃음).

재강 엄마   그러고 나서, 도보 끝나고 나서 제가 아까 이야기했듯이, 도언이 엄마를 만나서 가끔 저녁으로 소주 한잔하면서 도언이 엄마에 대해 알고, 이 사람의 마인드와 이 사람의 성격을 알고, 도언이 엄마에 대해서 거기서 좀 알게 돼가지고 저장소로 오게 된 거죠. 그렇지 않았더라면 저장소에 안 왔을 것 같아요.

면담자　　　　네, 알겠습니다. 혜선 어머님은요?

혜선 엄마　　저는 기억저장소가 있다는 거는 알고는 있었어요. 기억
저장소에서 한번 "304송이 영상을 만드는데 그것을 할 수 있겠냐?"고
문의를 받은 적이 있어요. 그래서 '기억저장소가 있구나' 알게 되었는
데, 물론 거절은 했지만. 아이에 대해서 이렇게 영상을 찍고 그런다는
것이 굉장히 힘들더라고요, 그 시기에는. 그래서 "아직은 못 할 것 같
다" 거절을 했고, 그래서 기억저장소가 있다는 것은 알았고요. 기억저
장소에 오게 된 동기는 역시 소장님. 공방에 혼자 쓸쓸히 앉아 있는데
소장님한테 전화가 온 거예요. "기억저장소 일을 같이 하자"고 그러시
는데, 솔직히 기억저장소가 무슨 일을 하는지 그때까지도 몰랐거든
요, 있다는 것만 알았지. "저는 할 수 있는 게 아무것도 없어요. 재주
도 없어요" 그랬더니 "오면 다 할 수 있습니다" 그러시더라구요.

　그 시기에 제가, 그 시기가 가협에서 뚜렷한 활동이 많이 없던 시
기였던 것 같아요. 그래서 마음이 많이 처져 있었고, 뭔가 아이를 위
해서 하는 일이 없다는 게 그 당시에 저는 굉장히 힘들었거든요. 그
이전에도 1년쯤 지나고 나서도 움직이지 않을 때 굉장히 힘들었거든
요. 그런 시기였는데, 내가 뭔가를 해야 되긴 해야 되는데 할 일은 뚜
렷하게, 가협에서 움직이지 않을 시기여서 [없었어요]. 그때 마침 제의
가 들어와서 '뭐라도 해야겠다' 솔직히 그런 마음으로 들어왔어요, 잘
모르고. 들어와서 일을 하면서 시간이 지나면 지날수록 저장소가 굉
장히 중요한 역할을 하고 있다는 거를 알게 되었고, '우리가 참사 초
기부터 이렇게 기억저장소가 있었다면, 우리 부모님들이 몰라서 기록
을 못 했지만 초창기부터 우리가 기록을 꾸준히 해왔다면 진상 규명

에 한발 더 빨리 나아갈 수 있지 않을까' 그런 생각도 일을 하면서, 저장소 일을 하면서 많이 생각하게 되었습니다.

면담자   소장님 말씀하시기 전에 태민 어머니 먼저 하시는 게 나을 것 같죠?

태민 엄마   네. 저는 사실은, 저장소가 사실 있는 것은 알고 있었어요. 영만 엄마랑 호성 언니가 '기억과 순례의 길'을 했던 초창기 멤버였기 때문에 이야기는 많이 들었었거든요. 그래서 지금 우리 '아이들이 발자취' 해가지고 다녔던 길, 그것도 지금 하고 있잖아요. 네, 그런 내용도 사실 듣긴 들었었어요, 같이 하자고. 그런데 사실은 관심이 없었죠, 저장소에서 어떤 일을 하는지도 사실은 잘 몰랐고. 기록을 남기는 것 이런 거에 대해서는 사실은 알고는 있었지만, 공방에 항상 매일같이 나가다 보니까 9반 언니들이랑 좀 친하게 지냈어요. 혜선 언니, 은정 언니, 윤희 언니랑 해가지고 친하게 지내다 보니까 제의가 들어왔던 것이었죠. 사실 그 당시에는 소장님을 사실 잘 몰랐어요, 여기 들어와서 재강 언니랑 알게 되었던 거고, 사실은.

그 당시에는 저도 사실은 되게 망설였거든요, '해야 되나' 이런 생각도 많이 있었는데…. 왜냐하면 저 같은 경우에는 아이가 어리기 때문에, 어디에 매여 있는 단체라는 그런 생각이 있었기 때문에, '내가 과연 할 수 있을까' 그런 생각을 되게 많이 했었거든요. 근데 지금 생각하면 되게 잘했다는 생각을 많이 하고요. 그 당시 어떤 소속감이 되어 있지 않으면 떨어져 나가는 부모님들이 사실은 되게 많았어요. 내가 활동을 하고 싶어도 못 하는 거죠. 그런 계기가 되었기 때문에 저도 지금까지 이 일을 하고 있고, 또 저는 그런 생각을 되게 많이 해요.

'태민이한테 미안한 만큼 내가 이 일에, 아이의 진상 규명에 그만큼 더 많이 노력을 해야 되지 않냐' 그런 생각을 되게 많이 하거든요. 그래서 지금까지도 계속할 거고, 평생 제가 살아 있는 한은 계속 이 일을 하지 않을까라는 생각을 해요. (전원 웃음) 여기 저장소 일을 안 하더라도 우리 4·16에 관련된, 아이에 관련된 일은 평생을….

재강 엄마   저희들이 농담으로 "고운이 어머님은 55세 정년퇴직 하라" 했거든요. 근데 "퇴직하라" 했는데 "평생 한다"고 하니까 웃어야죠.

면담자   다들 55세까지는 다 하실 생각인 건가요?

재강 엄마   아니요, 고운이 어머님 혼자서 하는 이야기예요.

면담자   소장님은 조금 다른 내용이 있을 것 같아요. 기억저장소에 바로 소장님으로 오셨잖아요. 그 전에 기억저장소에 대해서는 어떻게 알고 계셨는지, 소장으로 오기로 결정할 때 어떤 것들을 고려하셨는지.

도언 엄마   저는 그 전에 기억저장소는 몰랐어요. 그러나 김종천[4·16기억저장소 사무국장]을 알았어요, 워낙 와서 막 하니까. 그런데 기억저장소…의 소장 이야기가 나왔을 때 제가 "안 한다"고, "못 한다"고 그랬어요.

면담자   맨 처음에 그런 이야기를 누구로부터 들으셨나요?

도언 엄마   여러 군데에서 나왔어요. 한번 처음에, 처음에 이야기 나왔던 거는 심리[생계]분과장 그리고 추모분과장이 이야기했는데 제가 거절했어요. "안 한다"고 했어요.

면담자   심리생계분과장이면 경주 어머님이신가요?

도언 엄마   아니요, 재욱이 엄마요. 왜 그랬냐 하면 자꾸 얘기가 들리니까, 안 좋은 이야기들이 많이 들렸어요, 기억저장소에 대해서. "근데 지금 무너지고 있는 기억저장소를 내가 가서? 이건 아니지 않느냐" 그랬어요. 그래서 한 3개월, 4개월, 5개월 고민을 했죠. 그러다가 결정을 한 거죠.

면담자   처음 들으신 것은 훨씬 이전이네요, 봄이네요.

도언 엄마   그죠. 하구요, 다시 또 제의가 들어왔었어요. 또 제의가 들어오고 또 제의가 들어오고 그래서 내가 마지막에는 "한 달의 시간을 달라"고 했어요. 그때 이제 고민을 하고, '만약에 내가 저장소로 갔을 때 어떻게 운영을 해야 되겠다'라고 혼자만의 계획을 세우고 난 다음에 결정을 한 거죠. 결정을 6월 달에 해서, 7월 달로 오게 된 거고요. 아직 기억저장소…에 처음 제일 중요한 결정을 짓게 한 것은 물론 기록인데요. 기록은 저는 이제 2014년에는 정착을 못 했고, 2015년 우리 도보할 때부터 제가 그런 생각을 했어요. 우리 2014년 4월 16일부터 있었던 일이 자꾸 기억이 희미해지는 거예요. 그리고 페북에 내용을 적기 시작한 거예요. 왜냐하면 지금 밝혀지고 있는 기무사[군 기무사에서 세월호 유가족들을 사찰한 사건], 그런 얘기가 다 그 당시의 기무사 사람들이었어요. 그런 내용들이 다 저의 페북에 있긴 한데, 그런 내용을 적고, 결정적으로 '여기 저장소로 와야 되겠다' 생각한 부분은 단원고 교실이었어요.

제가 2014년 여름부터 단원고 교실 존치 때문에 회의를 들어갔었어요. 그때 유가족 세 명, 회복지원단 한 명, 생존자 한 명, 그리고 단원고의 뭐 있고, 그리고 재학생 부모, 이렇게 회의를 했는데, 2014년 4월 달 우리 아이들을 잃고 여름에 (목이 메어 침묵 후 물을 한 모금 마시며) 교실 회의를 들어갔는데요, 입에 담지 못할 말들 다 했어요, 저한테. 그렇게 2014년을 지켰어요. 교실을 지켰어요, 싸워가면서. 진짜 우리 아이들한테 진짜 너무 심한 말들도 많이 했고, 나한테도 진짜 입에 담지 못할 말들을 재학생 부모들이 했어요. 그 시간을 견뎠고, 그래서 이제 단원고 교실 지켰고, 2015년도 회의 들어갈 때는 빠지고요, 그때는. 그래서 제가 저장소에 오게 된 계기가 되었어요. 교실 때문에.

그런데 교실을 [위해서] 여기 저장소로 왔는데 어떻게 보면 너무 늦게 온 거죠. 회의를 진행할 때에 김종천이 들어갈 게 아니라 저장소 소장이 들어갔어야 되는 거죠. 근데 그 회의석상에는 1기 소장이 빠져 있었던 거죠. 1기 소장이 들어간 게 아니라, 피해당사자가 들어간 것이 아니라 사무국장이 들어갔던 거죠. 그 마음은 아무리 똑같다 해도 똑같을 수는 없거든요. 그게 제일 안타까웠구요. 그래서 하여튼 이왕 제가 후회했던 거는 힘든 것을 떠나서 '저장소를 소장을 하겠다고 마음먹었다면 좀 더 빨리 들어갈걸. 교실 회의를 들어갈 때 내가 있었으면 이런 상황까지 오지 않았겠다', 사실 그거를 제가 가장 많이 후회를 했습니다.

면담자　　지금 소장님 말씀하신 회의가 2014년인가요, 2015년인가요?

도언 엄마   2015년은 협의체 구성된 뒤 들어간 것이고요. 2014년 부터 시작했습니다.

면담자   2014년에 들어가신 거군요.

도언 엄마   예. 그 이후에는 종교 단체가 투입되면서 진행이 된 것 이고요. 그 이전에는 종교 단체가 없었구요, 이 단체만 딱 들어가 있 습니다.

면담자   초기에 들어가셨다는 것이죠. 알겠습니다. 혹시 발언 하시다가 힘드시면 말씀해 주세요. 힘드시거나 대답하기 힘든 일은 당연히 말씀 안 하신다고 하실 수 있구요. 심지어 '면담자가 맘에 안 든다, 바꿔달라' 이런 것도 가능합니다. (전원 웃음) 예. 그러면, 기억 저장소에 들어오시고 난 후 첫인상은 어떠셨나요?

도언 엄마   그것은 제가 먼저 이야기를 해야 할 것 같아요(웃음). 제가 7월 달에, 7월 5일 날 소장으로 딱 하구요. 일주일은 제가 시간 을 비워두고 왔습니다. 일주일 뒤에 제가 이 사무실로 왔어요. 와가지 고 이제 권용찬[4·16기억저장소 기록팀장] 선생님 계셨고, 김종천 총무님 계셨고, [아니] 사무국장님 계시고 [한데] 사무국장님 미팅을 들어갔는 데, 그 전에 재정 상태는 제가 그냥 정확하게 파악한 게 아니라 그냥 귀동냥으로 들은 거였잖아요. "힘들다", "어쨌다" 그런 얘기만 들은 상태라서, 제가 왔을 때.

면담자   그때 소장 하기로 결정하고 들어오신 거예요?

도언 엄마   와서 딱 발표 나고 (면담자 : 7월에) 네. 5일 날 발표 나고 일주일 뒤에 왔어요. 일주일 뒤에 사무실로 왔지요. 〈비공개〉 그때부터 이제 엄마들을 [닦달을] 했죠. 왜냐면 돈을 모아야 될 거 아니에요 (웃음). 그리고 중요한 것은 힘이 있어야 저장소를 이끌어가거든요. 자금이에요. 좋아, 내가 저장소 소장이에요, '그러면 우리 가족들을 끌어와야 되겠다' [생각을 한 거죠].

면담자   도와줄 지원자를 모으신 거죠.

도언 엄마   그렇죠, 혼자 뛸 수는 없으니까, 실무진들을 데리고 돈을 끌어올 수는 없으니…. 그리고 '이 저장소는 엄마들이, 가족들이 주축이 돼서 이끌어가야지만 이 기록이 제대로 되고, 보존이 되고 잘 되겠다' 생각을 한 거예요. 그래서 엄마들을 제가 섭외를 한 거죠, 최고 편한 엄마들을.

면담자   이런 상황들을 솔직하게 말씀하셨나요?

도언 엄마   안 했죠. 얘기하면 안 오시죠, 오시겠어요? 그 흔한 말로 '앵벌이'를 제가 시킬 건데(웃음). 그래서 어머님들이 오시게 된 계기입니다. (태민 엄마를 바라보며) 이제 말씀하셔도 돼요.

태민 엄마   저는 그 어려운 시기 7월 달을 훨씬 지나서 12월 달쯤에 들어왔거든요. 초창기에 완전히 어느 정도 자리가 잡힌 상태에서 저는 들어왔어요. 그래 가지고 들어오게 되었는데 그 당시에 아이들의 육필 시 그걸 전시관에서 매일, 매일 일주일마다 한 번씩 금요일 날 우리 했었죠? 금요일마다 저녁 시간에 했었거든요. 그런데 아…, 그거를 하는 시간에는 너무너무 마음이 막 힘든 거야. 거의 처음, 거의 2시간 가까이 했는데 첫 시작부터 끝까지 계속 울었으니까. 너무

너무, 솔직히 되게 많이 힘들었어요. '내가 왜 이 힘든 공간에 왜 들어왔지' 그런 후회도 많이 했었고, 사실은. 그 초창기에는, 거의 17년도까지는 되게 많이 힘들었던 시기였던 것 같아요, 전시하는 것부터 해가지고, 다른 일 같은 것⋯, 체계를 잡아가는 과정이었기 때문에. 제가 들어오기 이전에는 더 많이 힘들었던 그 시간도 있었고⋯, 저는 사실은 나가서 앵벌이는 안 했거든요. 근데 어느 방송에 가서 "후원자가되어달라" 이런 식으로 얘기하는, 그런 방송은 저는 한 번도 안 했어요. 그런 과정은 없었지만 마음적으로 되게 힘든 공간이었고, 그 당시에 초창기에는. 그러나 지금은 제가 살아가는 어느 정도의 버팀목이되어준다고 저는 생각을 하거든요.

고운 엄마   저 같은 경우에는 저장소 첫인상이⋯.

면담자   고운 어머님은 저장소에 언제 들어오셨나요?

고운 엄마   저 같은 경우에는 소장님 7월에 오시고 저희 8월 멤버거든요, 태민 어머니만 빼고.

재강 엄마   아니 혜선 어머니도 좀 뒤에 합류하셨어요.

혜선 엄마   그것도 제가 이야기할게요. (전원 웃음)

고운 엄마   저는 8월에 바로 왔거든요. 그래서 저 같은 경우에는저장소 있는 것도 몰랐고, 저장소 오게 된 것도 그냥 권유해서 왔고그래서, 저는 그 당시에는 아무것도 몰랐기 때문에 그냥 겉으로 보여지는 것만 볼 수 있잖아요. 그냥, 저는 몰랐어요. 잘 운영되어지고 있다고 생각하고, 국장님을 비롯해서 총무부터 해가지고 전시팀 팀장부터 해가지고 '아 우리 유가족들이 해야 될 거를, 우리 유가족들이 가족협의회 진상 규명이며 다른 활동 열심히 하고 있을 때 이분들이 잘, 우리 대신 잘 운영하고 잘하고 있었겠구나' 저는 그렇게만 생각을 했거든요. 그리고 소장님 같은 경우에는 처음 들어와서 재무 상태를 비롯해서 모든 거를 속속들이 다 알고 있었기 때문에 그렇게 생각하지 않으셨겠지만, 저희 같은 경우는 전혀 모른 상태잖아요. 재무 상태도 모르고 어떻게 운영이 되어지고 있는지 몰랐기 때문에, 저는 저장소에 들어와서 처음 인상이 그냥 '아, 잘 운영되어지고 있구나'라고만, '우리가 하지 못했던 부분을 이 사람들이 지금까지 해오고 있었구나' 저는 그렇게만 생각을 했었어요, 솔직히. 저장소 첫인상.

면담자　　　　처음에 8월 첫 주부터 오시게 된 건가요?

고운 엄마　　저희는 8월 달부터 바로 오게 됐죠. 그래서 저는 저장소 첫인상이, 첫인상을 그렇게만 생각을 했었어요.

면담자　　　　네. 재강 어머니는 어떠셨어요?

재강 엄마　　아까 태민 어머니가 소위 저희들을 소장님이 앵벌이를 시켰다고 하는데, 방송만, 방송한 거는 정말 좋은 거였어요. 방송은 좋은 거였고 사실은, 저희들 처음 와가지고 소장님이 저장소가 힘들다고 어느 민중당 이런 데, 당 전당대회 이런 거 할 때 거기 판을, 상을 테이블을 깔고 거기서 "기억저장소 후원 회원이 되어주세요" 하고 들고 다녔어요. 그런 거를 저희들은 8월 달부터 시작을 했고, 방송 같은 경우에는 고급진 직업, 고급진 활동이었어요.

그리고 소장님이 와가지고 한번 저한테 그러더라구요. 저장소 이

거 하는데 9반 언니들 윤희 엄마하고 은정 엄마는 같이 이야기했는데, 저도 같이하면서 "더 사람을 영입해야 된다"고 "혹시 하실 분 없냐?"길래, 사실은 저희 반[에] 묻더라고요. 그래서 제가 이제 7반에는 이렇게 봤는데 열심히 할 사람이 그닥, 생각나는 사람이 영석이 아빠밖에 없더라고요. 그래서 "영석이 엄마나 영석이 아빠 데리고 오자"고 해서 영석이 아빠를 데리고 왔어요. 영석이 아빠가 그때는 저희들의, 저장소 운영위원으로서의 꽃이었죠(웃음). 영석이 아빠가 저희들한테 꽃이었죠. 다니면서 영석이 아빠가 저희들끼리 많이 웃게도 해주고, 또 우리가 막 소리 지르면 받아도 주고 [했으니까요].

영석이 아빠가 들어오고 제가 생각하는 거는, 윤희 언니, 은정 언니 하다가 그래도, 고운이 엄마 왔는데 그래도, 인원이 부족하잖아요. 영만 언니는 1기 소장님 하다가 같이하시게 된 거고, 그러다 한두 달 있다가 제 기억으로는 혜선 어머니를 영입한 것 같아요. [그래도] 더 해야 되고 [해서], 그리고 나서 태민 어머니 또 영입하고, 이렇게 돼가지고 저장소가 아홉 명이 운영이 되었는데, 또 가협 일도 바쁘니까 은정 어머니, 영석 아버지, 윤희 언니 같은 경우는 2016년인가, 7년? 7년 말로, 그분들은 추모분과, 우리 또 추모분과도 해야 하잖아요, 아이들의 안전, [4·16]생명안전공원도 해야 하기 때문에, 그 일을 한다고 나가시고…. 영만 어머니 같은 경우에는 개인적인 연극이나 이런 것 때문에 저장소 활동을 못 하시니까, 계속 저장소 운영위원으로 있으시면서도 영만 어머니 같은 경우에는 저희들이 하는 큰 활동에는 못 나가셨어요. 그래서 본인이 연극 쪽에 올인하신다고 이번 6월에 "그만둔다" 하시길래 저희들은 "그럼 가시라" 하고 현재 남아 있는 인원이,

아홉 명이 출발했다가 소장님 이하 다섯 명이 남은 것 같아요.

면담자   이야기가 자연스럽게 흘러가긴 하는데요. 질문을 다시 한번 상기시켜 드리자면 "처음에 오셨을 때 기억저장소의 첫 느낌이 어떤 것이었나"입니다. (전원 웃음)

재강 엄마   혜선 어머님 먼저 하세요.

면담자   처음 오셨을 때 언제 오셨고, 오셨을 때 첫 느낌이 어떠셨는지.

혜선 엄마   제 기억으로 제가 8월 달에 왔다고 생각을 하거든요. 한 달을 늦게 온 것은 맞구요. 8월 달쯤에 온 것 같아요. 처음 와서, 제가 왔을 때 재무 상태 이런 거는 저는 잘 모르니까. 딱 왔는데 홍××화백님이 그린 그림을 가지고 전시관에 전시를 하고 있었고, 방문객들이 오시면 저희가 설명도 해드렸어요, 그 그림에 대한 거를. 그 그림이, 우리 아이들이 세월호가 기울었을 때 (잠시 침묵) 세월호 안에서 힘들었던 그 순간들을 그린 그림이에요. 그걸 보는, 그걸… 도슨트 하는 내용을 저는 교육을 못 받았고, 나중에 투입이 되었기 때문에. 설명을 나중에 언니들한테, 어머님들한테 배워서 설명을 하는데, 그 그림을 보는 자체만으로도 너무 힘들었거든요, 처음 와서 딱 보는데. 근데 그거를 방문객들이 오시면 설명을 하라는 거예요. '저장소에서 이렇게 힘든 일도 해야 하는구나' 첫인상이 '어떤 일이든 우리 아이들을 위한 일이면 내가 아무리 힘들고 고통스러워도 해야 되겠구나'하는 생각이 제일 먼저 들었어요. 그림을 설명하면서 '정말 힘들고 내 아이가 세월호 안에서 이 그림보다 훨씬 더 고통스럽고, 구조를 훨씬 더 많이 기다렸을 거다. 그리고 엄마를 수백 번도 더 불렀을 거다' 이런 생각을 하면서 설명을 드리고, 조금, 조금씩 그림을 받아들이게 되고 그랬거든요. 첫인상이 저는 '굉장히 힘들었다'고 기억을 합니다. 그렇지만 이제 우리 아이들 위해서는 못 할 일이 없고, 어떤 일이든 한 가지 사실만이라도 더 많은 국민들이 알아주었으면 좋겠고, 그런 일들을 저장소에서 한다고 생각을 하니 앞길이 조금 힘들게 느껴지긴 하지만 그래도 '해야 되겠다' 그런 생각이 들었던 것 같아요.

면담자　　　네, 맞아요. 그때 우리 2기 소장님이 오셨을 때, 홍××화백이 그림을 전시하고 있었고 어머님들이 직접 도슨트도 하시고, 사진 찍는 것 등을 시작하고 계셨던 단계였음을 저도 기억합니다. 재강 어머니 기억나셨어요? 처음 오셨을 때 느낌?

재강 엄마　　　질문하고 아까 틀린[다른] 얘기를(웃음). 저는 처음 여기 와가지고, 처음부터 왔을 때 우리들이 바쁘게 움직였던 것 같아요. 저장소 오자마자부터 후원금 약정서를 받으러 다녀갖고, 저장소 첫 느낌이 아닌, 제 생각은 와가지고 엄청 바쁘게 움직였다는 것밖에 기억이 안 나요. 와가지고, 그때는 새벽에 일찍 나와가지고 가고 늦게 내려오기도 하고…. 저장소, 지금 저한테 딱 생각나는 거는 우리가 후원약정서 받으러 다니면서 바빴던 기억밖에 없어요.

면담자　　　후원 CMS[매달 정기적인 금액을 자동이체 방식으로 후원하는 것] 모집 다니셨을 때, 주로 어디를 가셨던 것이 기억이 나나요?

재강 엄마　　　멀리 가진 않구요, 서울 근교로 다녔으니까. 민중당 전당대회에 갔고 또 (혜선 엄마 : 새정치[민주연합, 현 더불어민주당]) 새날,

저는 새정치 할 때는 아파서 안 갔고, 새날 방송, 저희들이 사실 방송 같은 것을 안 해봤잖아요. 그런데 또 가라는 거예요. 또 가위바위보 해서 2인 1조로.

면담자   2인 1조로 다 나눠서 가셨나요?

재강 엄마   네. 그리고 또 저랑 가는 사람이 말을 참 잘해주면 제가 좀 좋잖아요. 그런데 수진 어머니랑 갔어요. 아, 그때 수진 어머니도 있었다, 초창기 멤버에. 수진 어머니랑 가가지고 '기억저장소의 후원 회원이 되어주세요' 하고 가서 얘기를 하고 오라는데 저희들이 가서 무슨 말을 하겠어요. 그래서 저희 기억저장소를 알리는 [이]메일주소 랑 '기억저장소 후원 회원이 되어주세요' 해가지고 멘트를 하라 하더 라구요. 그래서 제가 그 멘트를 읽었어요. "뭐, 패밀리[family] 점, 416 패 밀리 점 시오엠[com], 4·16기억저장소 후원 회원이 되어주세요" 하고 멘트를 했는데, 새날에서 그걸 계속 썼다더라고요, 방송 틀 때. 그래 가지고, 그나마 또 말도 못하는데 그걸 녹음을 해가지고 다른 프로그 램 할 때 계속 틀어가지고 후원 회원이 되어달라고 했다더라구요. 그 게 사실 제일 힘들었던 것 같아요, 새날 간 게. 사실 몸을 움직이는 것 은 몸을 움직이면 되는데요, 가서 방송 가서 하는 것은 힘들었어요.

면담자   그게 아까는 제일 고급진 것이라면서요.

재강 엄마   고급진데, 몸은 고급지고 머리는 힘들고. 몸은 고급지 지만, 편한 거는 몸을 움직이니까.

도언 엄마   이게 문제였던 것 같아요. 왜냐하면, 처음에 저장소에 왔을 때 재무 상태를 파악을 했잖아요. 그래서 제가 어머니들을 투입을 시킨 거예요. '기억 회원을 받아야 된다' 일시적인 후원이 아니라 장기적으로 들어올 수 있는 돈. 그래야 안정적이 되는 거죠. 이게 봤을 때 직원들 급여도 계속 밀려 있을 정도였었어요. 그래서 재강 어머니가 말씀하신 것처럼 우리 민중당도 가고요, 새정치연합? (혜선 엄마 : 새정치민주연합) 거기도 큰 행사 하는데 가서 하고요, 팟캐스트 뭐, 웬만한 거 다 했어요, 방송 진짜. 이 문구를 제가 만들어드렸어요. 그러면 그 부분을 읽는 거죠. A4 용지에 이렇게 문구 만들어드렸어요.

기억 회원을 모집을 하는데, 기억저장소는 알려지고 있는데 오히려 반대로는 가족협의회에서 말이 많아졌어요. 기억 회원 모집한다고, 돈 끌어모은다고 엄청난 공격이 들어왔었어요, 사실은. 이건 우리 저장소 운영위원도 모르실 거예요, 실무진도 모르고. 엄청 공격받았거든요. 욕도 많이 얻어먹구요. "왜 기억 회원을 모집하고, 왜 돈을 달라고 그러냐"[고 가협에서 뭐라고 하는데], 근데 우리는 운영을 해야 되니까, 저는 소장으로 왔기 때문에 기본적으로 실무진들 급여는 줘야 될 거 아니에요. 근데 우리 가족들은, 가족협의회에서는 거기에 대해서 말이 많았던 거죠. 그래도 우리 꿋꿋하게 잘 해왔으니까(웃음).

면담자   네. 혹시 CMS 모집하는 것에 대한 기억 보충하실 분 계시나요? 고운이 어머님도 가셨나요?

고운 엄마   네, 저는 처음 멤버였기 때문에 같이 갔어요.

면담자   고운 어머니는 상대적으로 덤덤하신 것 같아요.

고운 엄마   네?(웃음) 저 같은 경우에는 새날 방송은 안 가구요. 다른 방송인데, 지금 이름은 기억은 안 나는데, 저도 재강 어머니처럼 그 질문을 받고 거기에 대한 대답을 해야 되는데 다른 대답 먼저 하고 거기에 대한 대답을 해가지고, 방송하고 와가지고 소장님께 혼났어요 (웃음).

도언 엄마   '파파이스'입니다(웃음). '파파이스'에 방송을, 질문한 것에 대답을 해야 하는데 그게 나가잖아요. (고운 엄마 : 생방송이었거든요, 저는) 근데 녹화는 나가는데 엉뚱한 대답을 하고 있는 거예요, 울면서, 혼자 막 울면서(웃음). 그래서 내가 와가지고 막 뭐라 했죠.

고운 엄마   생방이었어요. 그래서 질문한 것에 대한 답을 먼저 하고 다른 대답을 했어야 됐는데 제가 다른 대답을 하고 그 질문에 대한 답을 나중에 했어요. 그래 가지고 혼났죠. (태민 엄마 : (웃으며) 생각난다)

도언 엄마   방송이란 방송은 다 보냈어요, 제가. 같이 다 보냈구요. 제 지인이, 아침 교통방송에 그 김명민인가, 김영민인가 그 교통방송 있잖아요, 아침에. 아침 출근[하면서] 딱 라디오를 켰는데 내 목소리가 나오더라는 거예요(웃음). 그 정도로 진짜 방송이란 방송은 다 내보냈었어요, 어머님들을. 진짜, 웬만하면 다 보냈어요.

면담자   그때 사실 어떠한 단체나 기관에 가서 후원을 받아오실 수도 있잖아요. 그런데 개별 기억 회원을 모집해야겠다는 생각을 어떻게 해서 하신 건가요?

도언 엄마   음… 일단 알려야 되니까요. 사실은, [널리] 알려야 되구요. 사실은, 단체에 가면 일시후원금은 들어와요. 그러게 되면 그 기관 단체장은 알 수는 있어요. 그런데 우리 국민들이 알지는 못해요. 세월호 참사는 한 명, 10명이 알아서 되는 건 아니고요. 아마 대한민국 국민하고, 세계적으로 다 똑같을걸요. 그날 생각하면 다 울걸요, 먹먹해지고. 근데 이 중요한 일을 한다는 것을 알려야 한다고 생각했어요. 그래서 후원 약정서에 보면, 5000원, 만 원부터 있어요. 근데 사실 돈 없으신 분, 사실 근로자들이 많이 해주시거든요. 그러면 망설이게 되는 거죠. 사실 돈 없을 때는 돈 1000원도 귀하거든요. 그럼 제가 "기타에 1000원만 적으세요" 그렇게 해요. 1000원 체크하신 분들도 많거든요. 그런 마음들, 그 마음도 사실 오래가거든요. 오래 싸울 수 있어서, 그래서 개개인별로 진행이 된 거죠.

면담자   그럼 그때 총 몇 명의 기억 회원들을 모집하셨나요?

도언 엄마   우리가 최고까지 찍은 게 2600명까지 찍었을 거예요.

면담자   그 CMS 후원을 기반으로 재정 기반을 확충하신 거죠.

도언 엄마   네.

4
단체의 활동에 익숙해지기 위한 노력

면담자   알겠습니다. 그다음 질문으로 갈게요. 기억저장소와 관련된 일 중에 익숙한 게 있으셨는지, 없었다면 그 일을 하는 능력과 자질을 어떻게 획득하게 되셨는지 여쭙겠습니다.

재강 엄마   소장님은 마지막에 말씀하시는 게 나을 것 같아요. 갑자기 생각이, 급생각이. (면담자: 아, 네) 이게, 지금 이제 소장님 디스가 들어가는 거예요. (전원 웃음) 저희들이, 저 같은 경우는 기억저장소에 뭐, 아까도 말씀드렸듯이 기록과 저장소에 대한 걸 모른다고 얘기했었잖아요, 여기 와서 알게 되었지만. 소장님이 지시를 내려요. 그러면 해야 돼요. 또, 저희들을 데리고 견학도 가요, 중요한 곳들. 우리 목포해양박물관 이런 데도 데리고 갔고, 저희들이 또 "동결건조 이런 것도 배워야 된다"고, 또 소장님이 데리고 가서 저희들을 가르치고. 그다음에는 바로 "하시오" 하고 지시를 내려요. 그러면 저희는 해야 돼요. 그래서 하게 됐고, 기록물, 뭐 저장소에 와서는 전시 이런 것도 하고[요]. 아까 홍×× 화백의 전시에 대한 도슨트도 하기도 했지만, 도슨트 같은 경우는 홍×× 화백이 와서 자기네가 그림에 대한 글을 써줘 가지고 저희들이 그걸 보고 읽는 수준이었지만, 기록물에 대한 거는 소장님이 해주면 저희들이 어느 분의, 뭐 조언을 받고 오든 소장님이 또 알고 오든. 기록팀장님이 계셔가지고 해주잖아요. 거기에 옷, 의류, 이게 이제 보관하는 거.

면담자   말씀 중에 죄송한데요, 잠깐만 끊어갈게요. 고운 어머님이 잠시 나가서서, 오시면 다시 시작할게요.

(잠시 중단)

면담자   아까 제가 드렸던 질문 다시 한번 드리면서 진행할게요. 저장소 활동을 위해 본인의 능력과 자질 이런 것들을 키우기 위해 어떤 경험을 쌓으셨는지, 혹은 주변 사람들이 어떤 도움을 주었는지 말씀을 부탁드립니다. 재강 어머님, 아까 말씀하시다가 제가 끊었는데, 조금 전에 말씀하셨던 것 중에 소장님이 목포해양박물관에 가서 동결건조를 보여주고 "동결건조를 해라"라고 하셨다고 했죠?

재강 엄마　　"해라"가 아니고, 그런 것도 있다는 것도 소장님이 그런 델 데리고 가서 알게 되었다는 거죠. 왜냐하면 사실 저희들이 동결건조가 뭔지도 모르고, 갔을 때, 견학 갔을 때 이걸 영하 40도로 갑자기 확 얼린다는 그런 것도 알게 되었거든요, 그 전에는 몰랐어요, 동결건조가 [뭔지]. 그래서 이제 소장님이 저희 엄마들을, 아까 제가 얘기했듯이 가르치기 위해서 견학을 데리고 다니고, 또 부산의 국가기록원 같은, 부산 전시 가가지고 기록원이 있다는 것도 보여주고. 사실 그런 수장고 같은 데는 일반인들 함부로 안 데리고 간다더라구요. 근데 이제 미리 예약하고, 소장님이 우리 간 김에, 기억전시 간 김에 부산 온 김에 가서 보고 온 것. 그런 것도 그렇게 해서, 소장님이 저희들을 데리고 다니면서 가르쳐주고, 본인이 알아서도 오고, 아니면 기록팀장님이 이렇게 해가지고 저희들이 하게끔, 일을 하게끔 만들어주는 거죠, 저희들이 일을 하게끔, 저희들을. 그래서 일을 하게끔 만들어주고 일을 시키는 거죠. 그러면 저희들은 하는 거예요.

　　왜냐면 그렇게 안 하면 또 저희들이 뭘 어떻게 해야 되는지를, 사실은 이거 복원을, 옷의 복원을 어떻게 하는 건지 뭐 그런 걸 잘 모르잖아요. 그래서 작년에 저희들 아이들 유류품이, 세월호가 인양되고 유류품이 올라와 가지고 그걸 일부 가족들 걸 기증을 받아서, 그걸 저희들이 아이들 옷을, '밥값식당'을 문 닫고 나서 그 '밥값식당'을 활용을 해서 거기서 아이들 옷의 탈염처리, 탈염 같은 것도 하고 했어요. 탈염해서 이제 속으로 갖다 넣는 것, 그걸 이제… 그런 것까지 저희들이 경험이잖아요, 몰랐던 걸, 새로운 경험을 하게 되었고. 또 인양하고 나서 사실은 저희 기억저장소가 목포[에] 한 달 반 정도 엄마들이 일주일씩 2인 1조가 되어서 내려가서 아이들 유류품 나오는 것, 그것도 하게 했었고, 많은 경험을 했어요, 기억저장소에 와서. 많은 경험도 하고, 또 많은 것도 배우게 되었고.

저희들이 기록에 대해서 전혀 몰랐던 거예요. 몰랐던 걸 많이 알게 되었던 것 같아요. 그래서 지금도 마찬가지로 저희들은 소장님이 이렇게 일을 가지고 와서 이렇게 하면 또 하게끔 만들어주니까, 할 수 있게끔. 저희들 아무것도 모르는데 '가서 해'가 아니고, 본인이 먼저 알아 와가지고, 탈염 같은 것도 이렇게 이렇게 알아 와서 하게끔 만들어주니까, 기억저장소에 와서 다들 전문가[까지]는 못 되고, 저희들 사실은 하라고 가르쳐주면 따라 하는 정도까지는 하는 것 같아요, 엄마들이.

면담자   근데 왜 전문가가 못 된다고 생각을 하시나요?

재강 엄마   제가 '전문가가 못 된다'는 거는 저희들이 전문적으로 배운 것이 아니잖아요. 배운 게 아니고 배워 와서 가르쳐주는 거에 따라서 하는 거기 때문에 전문가가 못 된다는 거죠. 제가 뭐 학교를 가서 배운 게 아니고, 제가 전문적으로 배운 게 아니기 때문에 저는 이제 제가 전문가가 아니라는 판단을 하고 있습니다.

면담자   다른 분들은 어떠세요? 기록과 관련된 능력과 자질을 배우는 어떤 경험을 하셨나요?

고운 엄마   지금 재강이 어머님께서 말씀하신 것처럼 저희가 소장님이, 저희 세월호 참사로 인한 유류품, 유품이 올라오게 되면 그 기록의 중요성을 항상 강조하면서 우리도, 저희도, 실무진들은 대학교

나 대학원에서 배웠기 때문에 전문가이지만 저희는 그러지가 못하잖
아요. 그래도 저희가 김대중[도서관], 노무현[아카이브], 부산기록원, 광
주기록원[5·18민주화운동기록관]부터 해가지고 목포해양박물관, 한 곳
이 대전 쪽인가 따로 있는데 그런 곳을 견학을 직접 다니면서 눈으로
보고, 거기 종사하고 계시는 분들한테 설명을 듣고 그런 역할을 소장
님이 해주셨어요. 그래서 저희가 실질적으로 기록팀 팀장님이나 실무
팀처럼 전문가는 아니지만, 그래도 저희가 견학을 다니면서 본 것을
바탕으로 해서 탈염 부분이나 어떤 부분을 "이렇게 해야 한다"하고 자
세하게 가르쳐주면 저희가 옆에서 직접적이지는 않아도 그래도 보조,
서포트 역할은 충분히 하고 있다고 생각을 하구요.

그리고 저 같은 경우에는 저장소 오기 전에는 전혀 경험이 단 1도
없었던 거고요. 그리고 저 같은 경우에는 어떤 부분이 많이 힘들었냐
하면, 홍×× 화백의 '들숨날숨' 전시할 때, 저희가 그림 설명을 도슨
트를 저희 부모님들이 직접 하기로 해가지고 그 부분을, 그림에 대한
설명을 다 저희한테 나눠주긴 했어요. 나눠주면서 어떤 식으로 해야
되는지 두 번에 나눠서 교육은 시켜주셨지만, 그래도 저희가 한 번도
해보지 않은 일이었기 때문에 부담도 많이 컸었고 되게 어려웠어요.
그 그림을 보는 것만으로도 힘든데 저희가 그 그림을 보면서 많은 분
들한테 설명해야 한다는 그 자체도 힘들었고, 그리고 '내가 이거를 제
대로, 그림에 대한 설명을 제대로 설명해서 전달을 잘할 수 있을까'라
는 부담감이 되게 컸었어요.

그래서 저 같은 경우에는 저희 반별로 동거차도에 들어갔을 때,
그때가 마침 저희 1반 순서였거든요. 그래서 저는 그 당시에 도슨트

내용을 복사를 다 해가지고 갔었어요. 복사를 다 해가지고 가서 저 나름, 그 동거차도에 있는데 앞으로 그거를 해야 된다는 부담감 때문에 그냥 있을 수가 없더라구요. 그래서 저는 동거차도 들어가기 전에 그걸 컬러로 다 프린트를 다 해가지고 동거차도를 들어가서 매일매일, 저는 매일매일 보면서 그걸 연습을 하고 '아, 이 부분에는 내가 좀 빼고 이 부분에는 내가 추가적으로 더 넣어서 설명을 해야 되겠다'는 그런 생각을 갖고 동거차도에 일주일 있으면서 일주일 동안 계속 손에서 놓지 않고, 잠깐이라도 손에서 놓지 않고 계속 읽어보고 '어떻게 설명을 해야 되겠다' 그런 부담감을 많이 갖고 있었어요. 그래서 그쪽 부분이 힘들었던 기억이 있어요.

면담자   다른 어머니들은 어떠세요? 도슨트나 탈염 이야기가 나왔는데 다른 분들도 그 과정에 다 참여하셨잖아요. 추가로 이야기해 주시거나 다른 의견도 부탁드립니다.

태민 엄마   저는 이제… 저장소 일을 하면서, 기록을 하기 위해서 컴퓨터를 다뤄야 하잖아요. 그게 사실은 제일 문제가 사실 컸어요, 왜냐하면 프로그램 짜는 일부터 해가지고 하나도 할 수 있는 게 없었으니까. 키보드 자체도, 한글 쓰는 것도 되게 속도가 늦고. 그러다 보니까 그 전에 작년에, 작년에 그랬죠. 김익한 교수님이 책을 편찬을 하자고 그래 가지고, 또 이제 컴퓨터부터 해가지고 일일이 교육을 시켰었거든요, 그렇게 함으로 해서 저희도 컴퓨터에 대해서 가깝게 다가갈 수 있었고. 지금도 현재 우리 초창기부터 텔레그램이며 카[카오]톡, [네이버] 밴드[SNS] 이런 데 기록이 남아 있던 자료들을 지금 또 한군데 모으고 있거든요. 그런 일도 지금 작업을 하고 있고, 하나하나씩 조금 더 배워가면서 일을 하는 것 같아요.

면담자   지금은 이제는 자판을 치시거나 이런 거는, (태민 엄마 : 조금 더 수월, 아무래도) 익숙하게.

태민 엄마   약간은 그런 것도 있고…. 기억교실이나 저장소 이런 데 방문을 하시는 분들이 좀 많이 있잖아요. 그런 분들이 오시면 사실은 한 번 [설명]하고 나면 또 까먹고 잊어버리고 있다가 또 새롭게 안내를 하려고 그러면 그것들이 머릿속에 안 남아 있어요, 바로 왔다가 바로 가버리니까(웃음). 그런 면에서 다시금 한 번 더 되짚어보는 시간들이 있어 줘서 '아 이런 내용들이 있었지' 하고 조금 더 많이 알려주고 싶은 마음에서 공부를 하게 되고, 그렇게 지내는 것 같아요.

면담자   뭐 꼭 한 분 한 분 안 돌아가도 되고, 컴퓨터에 대해서 또 생각나는 게 있으면 말씀해 주셔도 돼요.

도언 엄마   다들 와서 컴퓨터를 다 샀어요, 개인 노트북을 다 샀어요. 없으셨는데 다 산 걸로 알고 있거든요. 그때부터 컴퓨터로 [많은 걸 하게 된 거죠].

면담자   소장님이 사주셨나요, 아니면. (도언 엄마 : 개인 돈에서) 아, 개인으로 사셨어요?

도언 엄마   그럼요. 그거 개인 돈으로 하셔야죠(웃음). 그랬구요, 처음에 우리가 왔을 때, 7월 달부터 하반기 전시가, 기억시 낭송회가 진행이 됐었어요. 그때 좀 많이 고생을 하셨죠. 처음에 우리 2016년도에 제가 왔을 때 처음에 한 게 엄마들, 같이 진행하기 위해서 최고

신상, 신상 카메라를 샀어요. 카메라를 사면서 그때부터 사진 촬영하고 동영상 촬영하는 걸 그때부터 배우고, 어머님들이 매주 촬영을 시작하게 된 거거든요. (면담자 : 촬영도 다 하셨나요?) 어머님들이 다 돌아가면서 다 하셨어요. 최고 힘드셨던 것은 말씀하셨던 도슨트이긴 한데요, 저는 사실 총괄하는 입장이잖아요. 유가족이지만, 피해당사자인 유가족이지만 총괄하는 입장에서 힘들다고 안 할 수는 없어요.

이게 만약 더 효과를, 모든 사람들에게 더 많이 알리는 일이라고 그러면 저는 해야 되는 입장인데요. 엄마들에게 그 힘든 일을 제가 시켰죠. 시키는 과정에서 저는 참 상처가 되었던 말이 뭐냐 하면, 우리 가족들이 상처를 준 것이 아니구요. 그 화백님이 뭐라 했냐면, 제가 이제 다른 인터뷰도 이 이야기는 했어요. 외국인 캐나다에서 오신 교수님한테 인터뷰할 때 사실 요 이야기는 말씀을 드렸어요. 무슨 얘길 했냐 하면 "유가족들이 이런 상황을 직면해야 한다. 직면하지 않았냐. 직면해야 된다" 이런 이야기를 하는 거예요.

그런데 우리 유가족들이 우리 그런, 아이들의 상상한 거와 아이들의 마지막 순간을 우리는 생각을 안 했겠어요? 우리는 그 현장에 있던 사람들이잖아요, 그 현장에 있고 동거차도를 지키고, 팽목에 있고 진도체육관에 있던 우리 부모들인데. 그러니까 이 생각이 틀린[다른] 거죠. 자꾸 직면을 이야기하는, 우리[는] 직면을 했다니까요. 근데 남들은 자꾸 "유가족들이 직면해야 한다. 직면해야 된다" 그게 참 나쁜 말이에요. 나쁜 단어고 용서하지 못할 단어예요. 근데 저는 어차피 진행이 되어야 하고, 어울려가야 되고, 같이 가야 되기 때문에 저는 이 말은 사실 그 화백 얘기를 하지는 않았지만, 다른 인터뷰에서는 자꾸 얘기를 했어요. "참 잔인한 말이었다", 직면. 우리 다 알고 있다니까요. 근데 "직면 안 하고 있다"고 우리를 향해 비난 섞인 그런 단어를 쓰시길래 참 그때 너무 속상했구요.

면담자   홍×× 화백님이 직접 그렇게 이야기하신 거예요?

도언 엄마   네. 사람들 있는 데서 그 이야기를 해서 '아, 이거는 참아야지' 하고 참아 넘어갔죠, 내가 이야기하는 순간 분위기가 좀 이상해지니까.

면담자   근데 소장님께서 홍×× 화백의 전시를 하더라도 도슨트는 다른 분들에게 맡길 수도 있는 거잖아요. 그럼에도 도슨트를 어머님들이 직접 하시도록 결정한 이유는 무엇인가요?

도언 엄마   음…그때가 다들 힘들 때예요. 2016년도, 2017년도 초 이럴 때에는, 음… (한숨을 쉬며) 이게 눈에 보이지 않아요, 세월호 참사 진상 규명이 눈에 보이지를 않아. 열심히 움직이기는 움직여요. 우리가 진짜 막 경찰한테 맞고, 농성, 농성하고 막 이렇게 해도 앞이 안 보일 때예요. 그래서 우리 엄마들이 기운 빠져 있을 때거든요. 그러면 마음을 다시 잡아야 되는 방법이 그것밖에 없어요. 물론 회원 모집 이건 아무것도 아니고, 사실은 조금 힘듦, 힘듦을 생각하고, 우리 아이들을 생각하고 할 수 있는 것이 현장에 가서 싸우는 것도 있지만, 전시관 그림을 보면서 오시는 분들한테, 또 매주 금요일마다 가족들이 오니까 다시 상기시키라고 '도슨트를 하는 게 맞다' 그래서 사실 결정을 했던 거예요. 내가 이제 엄마들 힘든 것, 막 울고 그러는 데 뭐 저라고 속이 편했겠어요, 그죠? 근데 또 시간이 지나고 나서 보니까 '그래도 잘 결정을 했다' 저는 그 생각을 해요. 힘든 시간을 거쳐 왔지만 그러면서 다시 또 마음을 다졌던 것 같아요. 엄마들이 또 힘든 시간을 잘 견뎌왔어요.

면담자 도슨트나 촬영, 탈염 등 새로 알게 된 기술들이 있으실 텐데 본인이 배우기 힘들었거나 기억에 남는 건 어떤 것들이 있으신 가요? 우리 혜선 어머님 말씀 안 하셨나요?

혜선 엄마 (잠시 침묵) 저는 탈염을, 탈염할 때 그 기억이 굉장히 마음에 많이 남는데요. 혜선이 물건이 처음 올라왔을 때, 그때는 기억 저장소가 있는 것도 몰랐었고 어떻게 해야 한다는 것도 몰랐잖아요. 그래서 그냥 물에, 뻘 빼고 물에 담가놨다가 그냥 일반 세제로 빨아서 빨래 건조대에 널었어요, 그게 제가 할 수 있는 최선이었고, 그냥 수건 같은 것도 삶아서 그냥 널었고. 근데 지나고 나서 소장님이 견학도 데리고 다니고, 기록팀장님에게 배우고, 전문가의 설명을 듣고 탈염을 하면서 보니까 그게 완전히 잘못된 거였죠. 빨래 건조대에 널면 안 되고, 그냥 물에 담가만 놨어도 안 되고, 그냥 일반 세제로 빨아도 안 되고⋯. 다 제가 잘못된, 제 결정이었지만 잘못된 결정을 해서, 그 생각이 '아이가 남겨준 마지막 물건을, 마지막 유품을 내가 다 망친 건 아닌가' 그런 후회가 나중에는 굉장히 많이 들었어요.

물론 몰라서 그랬지만, 이게 유품 탈염하는 과정을 배우면서 그런 생각들을 많이 했고, 제가 이거를 배워서 우리 저 같은 부모님들이 많이 계시잖아요. 그분들에게 한 마디라도 도움을 줄 수 있으면 '그게 또 보람이겠다' 싶은 생각도 있더라고요. 그래서 조금이라도 궁금하면 팀장님한테 전화해서 여쭤보고, 그렇게 많이 배웠던 것 같아요. 처음에 아이의 물건을 만질 때는 그냥 이렇게 이렇게 주물러서 그냥 건 졌어요, 그냥. 근데 그렇게 하면 섬유가 다 망가져서 안 된다는 것도 탈염을 배우는 과정에서 알게 되었고, 널 때도 '건조대에 널면 섬유가 축 처져서 더 빨리 망가진다' 이런 것도 알게 되었고…. 그래서 나름 대로는 이걸 배우면서 좀 열심히 배웠다고 생각을 해요.

면담자 지금 여기 계신 어머님들이 탈염에 다 참여하신 건가요?

혜선 엄마 네, 참여해서 다 같이하셨어요.

면담자 그러면 지금 탈염 이야기 나온 김에, 탈염 작업했던 것 을 같이 이야기를 해볼까 해요. 탈염 작업을 언제부터 시작을 하셨고 어떤 멤버로 꾸려서 진행을 하시게 되었나요?

도언 엄마 서두는 제가 좀 풀게요. 우리가 견학을 다니기 시작한 것이 2016년부터 했어요. 제가 좀 이제…, 저는 제 생각에, 저 혼자 생각에, 저는 남들보다 좀 생각이 앞서간다고 생각하는 스타일이에 요. 가족협의회에도 인양이 되고 났을 때 아이들, 보통 법적으로 유 류품, 유실물 이렇게 명기가 되지만 저는 항상 유품으로 얘기하거든 요. 우리 유품에 대한 대책은 없었어요. 어떻게 해야 될지를 모르는 거죠. 그래서 사실은 엄마들 제가 모시고 전국을 다 다녔어요. 그 중 요한 거는 인양, 그때 인양 발표도 안 됐었지만, 인양이 되었을 때 우 리 아이들이 유품이 나와서 어떻게 할 것인가[에 대해서 미리 고민을 시작했어요].

다시 또 시간을 돌리면 우리 도언이 물건이, 캐리어가 나왔었어 요. 우리 일차적으로 한 번 세척 한 번 했었죠. [2016년 4월 1일에] 기억저장소와 그리고 추모분과와 자원봉사자들 같이해서 했는데, 그때에는 도언이 물건이 없었구요. 진도에서 올라왔을 때 도언이 캐리어가 나왔었습니다. 그래서 제가 우리 도언이 캐리어를 분향소에서 찾아서 집에가 세척을 하는데요, 뻘이 계속 나오는 거예요, 뻘이. 계속. 그래서 제가 이제 인양이, 어차피 인양이 된다는 계획은 있으니까 그래서 저장소 오고 난 다음에 이거를 준비를 해야 되겠다고 저희가 차근차근 좀 준비를 했어요. 그래서 어머님들 전국에 데리고 다니고 했구요, 그래서 그때 일차로 [준비를] 했던 [거였어요].

면담자   도언이 캐리어가 나오고 그때부터 구체적으로 고민을 시작하신 것이잖아요. (도언 엄마 : 네, 네). 그때가 언제쯤이었나요?

도언 엄마   도언이가, 그때 우리가 2016년도… 봄에 올라온 것으로 알고 있는데요. 올라오고 나서 도언이 [캐리어]를 세척을 계속했구요. 그리고 저장소 오면서, 왜냐하면 그래서 [4월 1일 날 세척 작업을 한] 자료를 보면, 저기 자료에 보면 햇빛에 막 널려져 있잖아요. 너무 속상한 거예요. 우리 아이들 유품이 그냥 빨래 취급을 당한 거죠. 아니 그냥, 진행하셨던 분은 그런 마음은 아니겠지만 나는, 내가 봤을 때는, 그게 혜선 어머니가 말씀하신 것처럼 잘못된 방식이었던 거죠. 햇빛에 절대 널면 안 되는 것이구요, 방법이 다 있는데, 아…. 그래서 하여튼 엄마들 고생을 많이 시켰구요.

가족협의회에서 준비 안 되었던 거를 우리가 준비하고 공부하고 견학 다닌 것을 아니, 가족협의회에서 세월호 인양되고 났을 때 "기억저장소는 뭐 하냐. 내려와라" 이렇게 된 거죠. 그래서 어머님들이 일주일 단위로, 2인 1조로 제가 보냈어요. 그때 많이 힘드셨을 거예요.

왜냐하면, 3년 반 만에 올라온 우리 아이들 유품을 본다는 것이 쉽지는 않거든요. 왜냐하면, [그 유품들을] 다 수습을 다 해야 되고, 세척하는 걸 또 보여줘야 하고, 이래서 좀 많이 힘드셨어요. 그거는 갔다 오신 어머님들이 얘기 좀 해주세요.

면담자　　소장님 말씀하신 김에 조금만 더 부탁드릴게요. 어머님들을 교육하기 위해 여러 장소를 견학도 가고 기술적인 도움을 주려고 하셨잖아요. 그런 정보는 어떻게 알게 되신 건가요?

도언 엄마　　처음에 시작한 거는요, 제가 김익한 교수님한테 먼저 의뢰를 했어요. 처음에는 기록적으로 알 수 있는 방법을, 견학할 수, 벤치마킹할 수 있는 걸 내가 좀 가르쳐달라고 얘기를 했어요. 먼저 교수님이 의뢰하신 게, 내가 먼저 의뢰를 했죠, 어머님들[이] 기록적으로 알 수 있는 방법[을] 배워야 기억저장소를 이끌어가고 실무진 도와줄 수 있으니까. 그래서 제일 먼저 간 것이 김대중[도서관에] 갔죠. 그죠? 김대중도서관 가고, 노무현재단 가고, 그리고 5·18[민주화운동기록관] 가고, 막 중간에 진행이 되고, 팀장님하고 제가 또 검색해서 의뢰를 또 하고, 이렇게 진행을 해서 다 어머님들하고 같이 견학을 가게 된 거죠.

면담자　　지금 말씀하신 견학 공간은 기록에 대한 것을 볼 수 있긴 하지만 직접 작업을 배울 수 있는 곳은 아니잖아요. 그러면 '유품과 관련된 것을 우리가 직접 해야겠다'라고 결심하시게 된 계기는 무엇인가요?

도언 엄마　　처음에는, 일단 우리가 알아야지만 그 해수부한테 얘기를 할 수 있잖아요. 그래서 진행이 됐던 거구요. 우리가 해야 되겠다고 생각했던 것은, 사실 집에 가면 도언이 나온 물건이 좀 있어요. 볼 때마다 사실 저는 그 생각을 하거든요. 도언이 신발이 나와 있구요, 도언이 캐리어가 나와 있구요, 도언이 카메라가 나와 있어요. 그리고 도언이 찾았을 때 주머니 안에 도언이 손거울이 있었고, 손거울….

처음에, 제일 처음에 시작한 거는 사실은, 보존 부분은요, 교실 이전을 할 때 김××박사님이 계세요. 그 전에 우리는 잘 모르던 상태인데, 그분이 칠판의 보존 처리를 좀 해주셨대요. 근데 그러고 나서 김종천 국장이 있을 때 나랑 미팅을 잡았었어요, 왜냐면 다시 또 교실 이전 문제가 있고 진행을 해야 되니까. 저는 몰랐죠. 나중에 그분이 오셨어요, 찾아오셨어요, 연락하셔서. 근데 일방적으로 김종천 국장이 약속을 캔슬시킨 거예요. 그래서 미팅이 안 이뤄졌는데 그분이 오셔서 자기가 도움을 주겠다고 했어요, 금속류에 대해서. "금속류에 대해서 도움을 주겠다", 자기 "돈 바라는 거 아니다" [하고요].

그때 이제 이은화 팀장님 [새로] 오셨, 계셨을 때거든요. 같이 저랑 미팅을 했어요. 교수님과 제자 두 분이 이렇게 같이 오셨는데, 막 장황하게 설명을 하시는 거예요. 사실 우리는 전문가가 아니잖아요. 몰라요, 무슨 말인지 몰라요. 막 얘기를 하시고 도움을 주시겠대요. 그래서 아이들 유품이 있으면 자기가 "보존 처리를 해주겠다" 그렇게 약속하셨어요. 근데 시간이 지났는데, 거기에 대한 자료를 주신다고 했는데 안 주시는 거죠. 제가 계속 연락을 취했어요. 그래서 도언이 캐리어와, 내가 세탁한 거 외에 이제 맡긴 도언이 캐리어와 신발과, 그리고 도언이 명찰, 뭐 호성이네 가방 몇 개 가지고 갔는데요, 그 진행이 안 된 거예요. 진행이 잘 안됐구요.

하여튼 끝에는 좀 안 좋게 정리가 되었어요. 왜냐하면, 본인이 처음에 얘기했던 거와 진행하는 과정이 왜 자기는 홍보를 안 해주냐는 거죠. 이제 그때 고운이 어머니 저랑 같이 가셨지만, 팀장님이랑, 처음에 왔을 때는 자기가 같이, 이 '[함께하고 싶은] 마음이고 같이 가겠다', 이 마음이었는데 계속 보존 처리가 진행이 안 되고 있고…. 캐리어도 많이 가지고 갔어요. 그다음 이후에, 일이 진행이 안 되고 창고에 쌓아두는 거죠, 자기네 바쁘다고. 우리가 달라고 해도 안 주시고…. 그래서 마지막에 좀 안 좋게 정리가 되었어요. 나중에 갔는데, 그 마지막 결정타가 막 우리는 지금, [급하다고] 막 이렇게 하고 있는데 우리가[에게] 좀 화를 냈어요, 우리한테. (면담자 : 뭐라고요?) (한숨 섞인 웃음) 음… 하여튼 그래서 애들 물건 다 가지고 왔습니다. 다 가지고 왔어요.

면담자　　전문가라는 분이 유품 관련된 것들을 보존 처리 해주겠다고 했는데, 막상 제대로 관리도 안 하고 진행도 안 되니까 소장님은 '차라리 우리가 하자'는 생각이 들게 되신 거군요.

도언 엄마　　예에, 그냥 보험 같아요. 교수님 저는 (한숨을 쉬며) '왜 처음의 이야기와 시간이 지나면 그 말이 달라질까, 소위 전문가라는 사람들이' [하는 생각이 들면서] 너무 기가 막힌 거예요. 속상한 게 아니라 기가 막힌 거예요. 어떻게 보면 우리와, 피해당사자인 우리와 희생된 우리 아이들 이용한 것밖에 안 되는 거죠. 그날도 도언이 책을, 마지막에 이거를 [보존 처리 작업을] 해서 책을 하는 게 목적이래요, 마지막 우리 아이들 유품[을] 정리한 거에 [대해서]. 그래서 반대를 했죠, 가만 안 둔다고. 그러니까 처음에 잘 진행이 되었으면 우리 당연히, 당연히 내시라고 하죠. "당연히 보존 처리한 것 넣으셔야 한다", 그런데 거기는 처음에 올 때는 그 마음을 숨기고 왔다는 거죠. 그리고 진행되는 과정에 우리가 본인과의 의도와, 본인이 얘기하는 거에 우리가 안 따라주니 이제 화가 나고 이래가 일이 진행이 안 되었던 거예요. 중간에 달라지는 마음, 그리고 처음에 마음[을] 속이고 왔다는 이게 너무 싫은 거예요. '그러면 오히려 우리 가슴 아프지만, 우리 엄마들이 하는 게 맞다. 할 수 있는 건 하는 것이 맞다' 그렇게 진행이 된 거죠.

면담자   소장님 말씀하신 상황에 대해서 여기 계신 다른 어머님들도 대충 알고 계셨나요? (구술자들 고개 끄덕거림) 그럼 소장님의 마음에 공감하셨었나요?

도언 엄마   (웃으며) 안 하고 싶었어요, 엄마들은. 안 하고 싶다고 그랬어요, 저한테 힘들다고.

5
유품 탈염처리의 계기와 과정

면담자   탈염 작업이라는 것이 내 아이 것만 하는 건 아니잖아요, 어떤 경우는 안타깝지만 부모가 별 관심이 없는 경우도 있을 수 있고. 탈염을 하겠다고 결심하신 각자의 계기는 어떠신가요? 편하게 탈염 경험에 대해 이야기해 주세요.

혜선 엄마   일단은 소장님이 하라고 하니까 시작을 했구요. (구술자 전원 웃음) 일단은 시작은 했고, 그리고 또 두 번째 든 생각은 '누군가는 해야 된다' 그 생각이 강했어요. '누군가는 해야 되니까 누군가가 해야 될 거면, 그냥 우리 기억저장소에서 또 기록과 보존과 이렇게 서고도 다 갖춰져 있고 보존까지 가야 되니까 저장소에서 하는 것도 맞겠다' 싶은 생각이 들었어요. 그래서 이제 탈염을 시작하게 되었죠. 시작하게 되었는데, 하면서 또 드는 생각이, 이게 우리가 초창기 때 우리가 이런 거 몰랐잖아요. 근데 '이걸 미리 좀 우리가 알았더라면' 진도 저희가 내려갔을 때, 진도에다 빨랫줄에 그냥 널었었어요, 진도에서는, 그것도 햇볕에. 그때는 '아 정말 고맙다' 이렇게 생각을 했었거든요. '우리 아이들 유품, 유류품들은 이렇게 힘들게 씻어서 널어놓고 사진 찍어 나중에 다 우리한테 보여주는구나' 이렇게 생각을 했는데, 지금 생각하면 그건 안 하니만 못한 거였어요. (면담자 : 누가 했나요?) 진도군청에서 진행을 했던 게, 그렇게 햇볕에 널 바에는 그냥 보내주시는 게 더 나았던 거죠. 그런 것들을 조금씩 알아가는 과정에서는 시켜서 한다기보다 해야 되겠다는 마음이 점점점 강해졌던 거죠.

면담자   다른 어머님들은 어떠세요? 우리 탈염에 관한 이야기들을 해보죠.

재강 엄마   구술은 사실적인 이야기를 해야 되죠? (전원 웃음) 우리 어머님들이 안 하는 디스를 제가 좀 해야 될 것 같아요. 아니, 사실 전 탈염에 대해서 혜선 어머님 말씀도 맞지만요. 저는 좀, 좀, 교수님 말씀하신 게 맞는 말을 하는 게, 의류…를 제가 아까도 얘기했듯이 목포에서 올라온 것을 기증을 해줬다 했잖아요, 부모님들이. 기증을 하시는 부모님들이 사실은 활동을 잘 안 하시는 부모님들이 기증을 하시는 거예요. 그러니까 "저장소에서 기증을 받겠다" 했더니 가지고 오시는데, 사실은 이렇게 저희들처럼 활동을 하시는 부모님들은 기증을 안 해요. '왜, 내 자식 것 내가 더 집에 가지고 있고, 내가 가지고 있기 위해서 [기증 안 한다' 그러시는 부모님들이 많으세요].

그런데 활동 안 하시는 분들은 목포에서 가지고 온 그 채로 기록팀에 가져다줘요, 자기 집에 가지고도 안 가시는 분들도 있고. 저희들이 일차적으로 뻘 좀 빼갖고 왔으면 좋겠는데도, 그렇지 않으신 분들도 바로 그냥 [기증을 하서요]. 집에도 안 가지고 갔다가 가지고 오서요. 저는 사실 거기에 대해서, 부모님들이 그렇기도 하고…. 탈염은 혜선이 어머님 말씀대로 소장님이 하라니까 했어요. 사실 저는 제 자식 것도, 재강이 게 너무 빨리 올라왔어요. 그래서 기록에 대한 것도 모르고 대한민국이, 우리나라가 또 뭐 불교, 유교 사상이잖아요. 그래서 아이들 건 다 태워주는 그런 유래잖아요.

그래서 사실은 재강이 게, 저희들은, 우리들은 참 묘하게 재강이가 올라온 때도 동생 생일 이틀 전에 왔지만, 또 유류품은 재강이 생일 이틀 전에 딱 저한테 [왔어요]. 제가 연락을 받아가지고 [유품을] 받았는데, 그걸 저도 집에서 뻘 물 뺀다고 다 빼가지고 섬유 린스까지 다 해가지고, 또 와이셔츠는 싹 다려서, 가지고 있어야 된다는 생각을 못 하고 재강이 침대에 말려갖고 뒀다가, 한 일주일 정도 집에, 재강이 침대에 그대로 뒀다가 초창기에 그 아이들 유품 올라오면 소각하는, 시청에서 받아서 소각을 하고 부모님들이 그 장소에 가지고 가서 소각하는 것이 있어서 저희들이 저걸, 아빠한테 "이거 어떡하지" 했더니 "소각을 하자"해서 소각을 해줬어요. 그게 저는 너무 후회되는 거예요.

근데 솔직히 말해서 남의 자식 것, 제가 탈염한다는 것은 저는 처음에 할 때는 별로 좋은 마음으로 안 했어요. 근데 이제 일주일에 한 번씩 교대로 했으니까, 일주일에 한 번씩 가서 할 때는 저장소의 일원으로서 해야 되는 거니까 했지만, 저는 좋은 마음으로는 안 했어요. '내 자식 거는 내가 태웠는데 내가 왜 남의 자식 거를' [하는 생각이 있었던 거죠]. 근데 그 남의 자식은 우리 아이들 거니까 하지, 아이들 한 명 한 명 생각하고 하지, 부모님들이 보낸 그 마음을 가지고는 저는 못 해요. 희생된 아이들 마음으로만 한 거지…. 재강이 것을 태워서 제가 많이, 후회도 많이 했고, 그렇지만 또 그렇다고 해서 저 우리 아이들 걸 안 할 수는 없잖아요, 기억저장소에서.

면담자   탈염을 하시면서 '재강이 것도 태우지 말고 이 과정을 거쳐서 내가 잘 보존할걸' 이런 아쉬움이 드시는 거예요?

재강 엄마   그런 후회는 많았어요. 그런 후회는 진짜 많이 했어요. 근데 어차피 이제 뭐 소각을 했으니까, 재강이한테 보내준다는 마음으로 보내버렸으니까…. 지금도 많이 속상해요.

면담자   옷뿐 아니라 다른 물품 나온 것도 다 같이 태우셨어요?

재강 엄마   제가 가지고 있는 건, 재강이가 가지고, 재강이 같은 경우가 가지고 갔던 거 제가 이름표 하나, 이름표 가지고 있고, 현금 이런 것만 가지고 있어요. 이름표는 기억저장소 그 어머님 몇 분들 것…, 이렇게 탈염할 때 제가 살짝 팀장님께 끼워서 이름표를 탈염처리를 했거든요, 소장님이 알고 [계시지만]. 그것만 가지고 있고, 재강이가 가지고 갔던 것은 다… 그것을 [소각]했어요. 그런 것들….

그래도 저희가 진짜 힘들게 탈염했어요. 이 탈염하는 게 이따만한 (손으로 원을 크게 그리며) 다라이[대야]에 물을 받아가지고 물을 다 퍼내야 돼요. 그리고 이 막 빨래 치대듯이 하는 것도 아니고, 사부작 사부작 빨아서 이렇게 고이 건져서 이렇게 물 빼고 이렇게 해야 되니까…. 혜선 어머니가 탈염 담당을 맡으셔가지고 고생을 제일 많이 하셨고, 저희들은 요일별로 투입돼서 혜선 어머니랑 같이했어요. 그래서 이제 제가 화요일 날 가서 탈염을 같이했고[요]. 물 큰 다라이[에] 받아가지고 버리고, 그게 체력적으로는 달려요, 엄마들이. 쉬운 건 아니었던 것 같아요. 그래도 또 하고 보람은 있어요. 우리가, 기억저장소 엄마들이 아이들 옷 탈염을 했다는 그런 것도 있고….

면담자   다른 어머님들도 지금 재강 어머님이 말씀하셨던 것처럼 마음이 힘들었던 적이 있으시면 이야기해 주시고요. 그리고 소장님 같은 경우는 탈염을 하던 와중에라도 전문가에게 맡길 수도 있잖아요? 혹시 다른 고민들은 없으셨는지요? 그리고 조금 이따가 탈염 과정에 대해서는 혜선 어머님이 팀장이셨다고 하니 구체적으로 여쭤볼게요.

고운 엄마   저 같은 경우는 그 당시에 팀장님하고 같이 [다른 일을 하고 있었어요]. 저희 지금 서고가 한곳에 있지 않고 여러 곳에 나눠져 있거든요. 탈염할 당시에 저는 탈염을 솔직히 참여를 안 하고, 저 같은 경우에는 팀장님하고 그 1서고 2서고 3서고를, 처음의 기록팀에서 했던 작업이 지금처럼 정교하게 제대로 [안 되어 있었어요]. 기록…하고, 기록만 해놓은 상태이지 제대로 보존을 하기 위한 그런 단계, (면담자 : 체계화가 되지 않은) 체계화가 되지 않은 상태였어요. 그냥 서고에 보관, 기록해 놓고 보관, 그 정도였거든요.

그래서 팀장님과 저 같은 경우에는, 예당[안산문화예술의전당]에 있는 서고 같은 경우에는 주로 지류, 기록물들이 있거든요. 그래서 기록물을 라벨 작업까지 해가면서 정리 작업을 하는 가운데서, 재질이 쇠로 된 재질 같은 경우에는 녹이 슬더라구요. 저희가 보존 상자에서 꺼내서 하나하나씩 보니까 녹이 다 슬어서, 그게 "녹이 슬면 이 기록물이 훼손이 되니까 안 된다"고 그래 가지고 쇠로 된 재질로 된 거는 다 제거를 해내고 플라스틱 재질로 된 것으로 다 정리 작업을 해서 클립을 끼우고 그런 작업을, 저 같은 경우는 예당 서고에서 그런 작업을 했고[요].

그리고 이제 저희 [전]상록구청 [자리]에 있는 서고의 경우는, 특히 아이들 유류품이 그 항온 항습 되어 있는 공간이 유일하게 그 공간이거든요. 그래서 제일 중요한 아이들 유류품이 그 서고에 있어요. 그래서 아이들 의류, 의류 같은 경우에도 저 같은 경우에는 작업할 때 제일 힘들었던 게 아이들 교복, (잠시 침묵) 팀장님이랑 저랑 아이들 유류품 의류 같은 경우에는 다, 그거를 일단 다 펼쳐서 단추 있는 옷은 다 잠그고 [했어요]. 이게 '의류 같은 경우는 최대한, 조건이 되면 최대한 접히지 않아야 된다'고, '최상의 조건은 접지 않아야 된다'라고 그렇게 저도 배웠거든요. 근데 이제 저희 사정상 그런 환경이 아니다 보니까 다 일단 펼쳐서 접히는 부분[은] 한지를 또 대고 접어서 [넣었어요].

그리고 또 저희 [보존용] 중성 상자가 높이가 낮아요. 이게 의류가 겹겹이 쌓아놓게 되면은 그 무게에 의해서 보존하는 데 지장이 많다고 그러더라구요. 오랫동안 보존을 하기 위해서는 의류 하나를 넣어야 되는 게 맞는데 저희 사정상 그렇지 못하다 보니까 겹겹이 쌓는 과정은 최대한 최소화하되 접히는 부분은 한지를 넣고 그런 작업을 제가 팀장님이랑 했는데, 제가 그 작업을 하면서도 제일 힘들었던 것이 저희 아이들 교복 볼 때. 시간이 지나면서는 제가 괜찮아졌는데 처음에 그 작업을 할 때는 그 교복…, 작업을 마치고 나면은 밖으로 나가서 한 번 울고, 들어와서 작업을 해나가고 그런…, 그런 부분이 제가 가장 힘들었어요, 상록구청 서고에 아이들 유류품이 있다 보니까.

그리고 그날 가지고 갔던, 수학여행 갈 때 가져갔던 의류, 아이들 드라이기부터 해가지고, 과자부터 해가지고 아이들 화장품, 신발, 양말, 속옷 이런 거를 제가 직접 두 눈으로 보고 제 손으로 그런 작업을 했다는 거를, 힘들었지만 그래도 내 손으로 우리 아이들 유류품을 정리 작업을 마무리했다는 거에 저 나름 [뿌듯한 마음이 있어요]. 그리고 환경이, 아이들 유류품을 그냥 가지고만 있었던 그 환경에서 조금 더 보존을 할 수 있는 환경으로 바꿔줬다는 그거에 대해서 나름, 저 개인적으로 뿌듯했던 시간이었[고]. [그래도] 아이들 유류품을 대할 때마다 많이 힘들었던 부분, 그런 부분들이, 힘들었던 과정이 있었어요, 저한테는.

면담자   그럼 지금 서고에 있는 것 중에서 아이들 그 유품들은 지금은 모두 정리가 된 건가요?

고운 엄마   네, 네. 지금 상록구청 서고는 그 부분이 다 [정리가 되었어요], 저희 유류품은, 주로 상록구청에 있는 것은. 캐리어도, 거기 저희 아이들 것도 있거든요. 그쪽은 다 정리가 된 거구요.

면담자　　　　아이들 방에서 온 물품들도 다 정리가 된 건가요?

고운 엄마　　　저희 저장소로 들어왔던 유류품은 다 정리 작업이 된 거고[요]. 그다음에 예당 서고에 같은 경우에 주로 지류 기록물들이 있거든요. 그 지류 기록물들도 다 정리가 되어 있고, 그다음에 [안산시청 별관] 환경교통국에 있는 리본, 종이배 이런 것도 보존 상자에 무작위로 담아났던 거를 저희 어머니들이 가서 다 정리 작업을 해놓은 상태이고[요]. 그 상태까지 제가 다 같이했었던 거죠. 다른 부분은 참여를 안 했었던 거죠, 그거를 하느라.

태민 엄마　　　어… 저는 사실은, 탈염을 저희가 사실은 했잖아요. 근데 하기는, 우리가 사실은 소장님이 하라고 해서 하기는 했지만, (웃으며) 근데 이제 부모님들이 아이 물건을 받았을 때, 저는 그런 생각을 많이 하거든요. 아이 물건을 받았으면 내가 소중히 간직하고 싶은 마음이, 재강이 엄마가 얘기했던 것처럼 저는 갖고 있고 싶은 마음이 되게 컸을 것 같아요. 근데 받자마자 이렇게 준다는 건, 그거는 저는 이해를 못 했거든요. 그런 마음에서 아이의 물건을 볼 때 되게 속상했어요. '엄마가 손수 하나하나, 제대로 된 절차를 밟지 않더라도, 하나하나 빨아서 그 아이의 흔적을 만지고 싶은 그런 생각이 있었을 텐데 왜 그렇게 했을까?' [싶은 게] 되게 마음 아팠거든요. 그런 면에서 마음이 사실은 많이 힘들었고, 날도 한여름이었기 때문에 그런 것도 힘들었고, 중간중간 사실은 시간 텀이, 말리는 시간에 저희가 식염수에 담그고 하는 시간들이 남거든요. 그럴 때는 저기 혜선 엄마가, 저도 사실은 아이 물건이 초창기에 2014년도 7월 달쯤에 일찍 올라왔어요. 거기서 바로 보내가지고 물이 철철 넘치는 그 상태 그대로 왔더라구요. 집에서 며칠을, 한 2주 정도 물에 담그고 말리는 하는 과정을 거치긴 했는데, 이제 막상 갖고 와서 탈염처리를 하라고 얘기를 하니까 두려운 거야. 왜냐면 거의 2년 가까이를 그 안에, 박스 안에 넣어놓고 한 번을 열어보지를 못했어요, 너무 힘들어서. 그래 가지고 '그걸 열었을 때 내 반응이 어떨까', '열면 그 안에 어떤 형태로 있을까', 나는 겁이 나는 거예요.

면담자   혹시나 내가 처리를 잘못해서 혹시라도.

태민 엄마   음, 응. 변색이나 어떤 이물질이 생겼을까 봐 겁이 나더라고, 막. 그래 가지고 거의 한두 달 정도를 계속 미루고 했어요. '좀 있다 할게, 좀 있다 할게' 그러다 나중에 가져와서 하기는 했는데 좀 많이 힘들[더라고요]. 보이는 건 사실 눈에는 없었어요. 그런데 좀 많이 힘들었고, 나중에 들어왔던 게 배가 인양이 되고 나서 이제 겉옷, 외투 입었던 것 그게 발견이 됐거든요. 그 안에 지갑이랑, 아이 신분증이랑 지갑이랑 현금 갖고 갔던 것 2000원 [빼고], 그러니까 5만 원을 챙겨줬는데 4만 8000원은 그대로 들어 있더라구요. 그래서 그거를 이제 식염수에 담그고 처리 과정을 거치는데, 그 지갑이 너무너무 깨끗한 거예요. '이거를 말려서 내가 지니고 다녀야지. 내가 지갑으로 써야지', 그러면 그 아이의 흔적, 마음이나 흔적들을 내 몸 안에 같이 갖고 함께하는 그런 느낌을 받을 수가 있을 것 같아서 '갖고 다녀야지' 하고 그런 마음으로 건조를 시켰는데, 건조가 되니까 손상도가 너무 많이 보이는 거야. 지금 현재 저도 갖고 있거든요. 이런 거를 보면서 어떤 '부모의 마음, 그런 마음들이 사람마다 다 틀리구나[다르구나]'라는 그런 생각들을 되게 많이 해요. 저는 부모이기 때문에 '어떤 부모든 내 마음 같지 않을까'라는 생각을 했거든요? 근데 그런 게 아니더라구요.

면담자   기증 후에 부모님들이 다시 찾으러 오거나 보러 오는 경우는 없나요?

태민 엄마   거의 없어요.

면담자   없어요?

도언 엄마   (혜선 엄마를 바라보며 웃으면서) 내가 참 나쁜 사람이다, 그죠? 참 내가 나쁘다, 그죠 교수님? 참 엄마들 힘든 일 시키고.

면담자   네, 도슨트도 그렇고, 탈염도 그렇고, 마음이 참 힘드시겠어요.

도언 엄마   그러게요(웃음).

면담자   (한숨을 쉬며) 그러네요. 지금 이 이야기에서 덧붙이실 이야기 있으신가요? 재강 어머니 좀 있으신 것 같아요.

재강 엄마   아니 그게 아니고,

도언 엄마   목포에 있었던 이야기 좀 해주세요.

재강 엄마   목포에 있었던 이야기를 해야 할 것 같아서…. 저희들이 인양되고 나서 유품 나왔을 때, 아까 서두에 조금 얘기했었듯이 한 달 반 정도 기억저장소 엄마들이 2인 1조씩 일주일씩 교대로 내려갔었어요. 근데 이제….

면담자   태민이 어머님 다음에 가신 것 말씀하신 거죠?

재강 엄마   예. 6월 달에 내려가서, 5월 말경부터 6월 말까지 내려갔는데, 태민 어머니하고 제가 한두 번째 주로 내려갔었던 것 같아요. 근데 우리 둘이 갔을 때 그때 우리 아이들 유품이 제일 많이 나왔던 것 같아요, 저희들 갔을 때가. 그 전에는 나왔는데 기억저장소에서는 가진 않았고, 다른 부모님들이 유품을 봤으니까, 기억저장소로 갔을 때는 태민 어머니하고 제가 갔을 때가 아이들 옷이 제일 많이 나왔었어요. 그때, 가 있을 때 진짜 일주일이었지만 너무너무 힘들었었어요. 처음에는 아무것도 모르고 저희들이 들어가잖아요. 들어가 가지고 아이들, 아침에 출근이라고 하죠, 저희들이 8시에 들어가고 저녁 6시까지 하고 나오고 중간에 밥 먹으러 나오고 이런 상황인데, 출근을 해서 들어가는 것부터가, 안에 들어갈 때부터 신분 확인하고 들어가잖아요, 그냥[은] 해수부에서 못 들어가[게] 하니까 등록해 놓고 들어가고.

근데 사실은 거기 가서 유품 보는 것도, 그렇게 나오는 것 보는 것도 처음이잖아요. 가서 봤을 때, 아이들 가방이 나와요. 그게 제일, 일반인 분들 것도 나오고 선원들 것, 아니면 청해진 세월호 배의 것, 나오는 거는 그런 것도 나오지만 아이들 캐리어 같은 것 나왔을 때, 아이들 캐리어[가] 너무, 그 상태 있잖아요? 캐리어에, 아이들 봉지에 담은 것, 탁탁탁 정리해 놓은 것, 그거 딱 열었을 때 있잖아요, 너무 마음이 아프더라고. 그게 거기서 보고 나오면 그게 끝이 아니고, 그 처음에 일주일 내려갔을 때는 태민 어머니나 저나 밥을 많이 못 먹었어요. 거의 밥을 잘 안 먹고, 그래서 경빈 엄마가 맨날 우리보고 "밥 안 먹는다"고 [했어요].

점심시간에 나와서 밥을 먹으러 가는 게 아니고 컨테이너에서 그냥 쉬었어요. "태민 어머니 저는 누워서, 좀, 누워서 쉬고 싶다"고, 그 안에 있는 게 힘드니까 나와서 쉬는데, 저 같은 경우에는 누워서, 잠깐 누우면 아이들 가방이랑 유품이, 막 눈 감고 있으면 이게 떠다니는 거예요. 그래서 계속 힘들어하고 이 아이들 옷 보고 돌아서서 울기도 하고, 이만큼 나와서 막 울기도 하고 했는데, 그래서 인양분과장님이 계속 저희들보고, 처음 왔으니까 둘이, "기억저장소 두 분 마음 다스리라"고 계속 신경을 쓰긴 했어요, 저희들을, 기억저장소 어머님들 마음 함부로 하지 말고 잘 다듬고 가라고. 그래서 이제 저녁에도 거의 밥을 안 먹고 들어가고, 간식 좀 들어오면 좀 먹고, 그래서 일주일을 그렇게 보냈는데 그게 제일 힘들었던 것 같아요. 거기서 더 힘들었어요, 일주일.

그리고 이제 또 계속 일주일씩 돌아가야 되는데, 저 같은 경우는 또 ○○이가 힘들어하더라구요. ○○이가 고3이었는데, 그 고3 딸 버리고 또 저는 갔었는데 나중에는 그러더라구요. "엄마, 일주일씩 가니까" 자기가 "너무 힘들다. 일주일씩은 안 갔으면 좋겠다"더라구요. 그래서 얘기를 했었죠. "일주일씩은 못 가고 3, 4일씩 끊어서 일주일을 채우겠다" 이렇게 얘기를 하다가, 저희들이 투입을 안 한 거죠, 기억저장소가. 그때 유류품을 보는 입장이, 내 아이 건 아니더라도, 그때는 내 아이 것은 아니지만 우리 아이들 거잖아요. 아이들 한 명 한 명 건데, 근데 막 저희들 찾을 때 어떻게 찾는 줄 알아요? (헛웃음을 웃으며) 저쪽에 있는 거라도, 뻘 안 털어낸 거라도 먼저 찾는 게 우리 아이들 것만 먼저 찾는 거예요. 우리 아이들 것 찾으면 그거 먼저 갖다가 뻘 처리해 갖고 누구 건지 막 확인하고, 그러고 막 인양분과장님이 그 부모님한테 연락해 주면, 막 가지러 내려오면 같이 이렇게 확인해 주

고, 그런 게 힘든 과정이었지만 또 우리 아이들 걸 보고 오는 그 자체
는 좋았던 것 같아요.

면담자　　　　두 분씩 일주일 간 참여하기 시작하신 건 작년 언제부
터인가요?

도언 엄마　　5월 달부터, 5월 중순부터 했어요. 제가 들어가기 전부
터 갔으니까.

면담자　　　　네. 그리고 그러면 탈염처리 하신 건 언제부터였나요?

재강 엄마　　갔다 와서 한 것 같은데?

도언 엄마　　네, 갔다 와서.

재강 엄마　　그때 올라온 유류품들 기증받아서….

도언 엄마　　그러니까 그때부터, 인양이 되고 나서 사실은 탈염 준
비하는 것도 회의에서 준비한 것이 아니에요. 처음 미팅을 들어갔는
데요, 저랑 팀장님이랑 해수부 팀장 그리고 폐기물 처리 담당 네 명이
처음 미팅을 들어갔어요. 갔는데 이 사람들은 아이들, 세월호 선내에
나왔던 물건들이 나오면 어떻게 할 계획도 없었고, 그냥 바로 폐기를
하려 했던 사람들이에요. 저희들이 막 자료를 주고 막 회의를 하고,
회의하면서 싸우기도 하고 큰소리도 나고 해가지고 "최소 일주일은
탈염처리를 해야 된다"[고 주장을 했어요], 근데 싸우고 싸우고 싸워서
3일을 하게 된 거고. 그리고 뭐 그늘막도 싸워서 우리가 요구한 거고,
컨테이너의 차광막도 다 저희들이 싸워서 사실 그게 이루어진 거예
요. 뭐 세제고 이런 거 등등이 그런 거긴 한데, 요 엄마들이 한 거는

일주일 단위 지나고 나서 진행이 된 거고, 여기 합동분향소의 '밥값식당'에서 진행이 된 거고….

그 전에 지류 같은 것이 있어요. 지류는 나오자마자 바로 냉동이 되어야 해요. 근데 해수부하고 선체조사위는 계획도 없고 준비도 없던 상태고, 냉동고도 없었었어요. 우리는 그 전부터 공부를 했기 때문에, 그 전부터 맨 국가기록원 뭐 등등 공부를 했기 때문에, 나오면 바로 냉동시키고 그래야지만 보존 처리를 할 수 있[다는 걸 배웠기 때문에, 그래서 있는 걸 몰래 가져오고, 기증받은 걸 우리는 바로 의뢰를 맡긴 거고요. 그리고 그나마 그다음에 우리 냉동고를 내려보내 준 거예요, 우리가. 저장소에서 돈을 [내서] 사가지고, 저거예요. (화면 뒤쪽 냉동고를 가리키며) 저걸 사서 냉동을 투입을 시킨 거예요. 왜냐하면, 제가 매일 못 내려가니까. "기증받은 거나 이런 거는 바로 냉동고에 넣어라" 그랬더니, 우리 저장소만 쓰는 게 아니라 해수부하고 선조위도 같이 쓴 거죠. 그러니까 처음에 나왔던 지류 같은 경우는 선조위에서, 세월호가 나오면[서] 선체조사위가 구성이 되[었]잖아요. 세월호 참사의 진상 규명을 위한, 조사를 위한 단계이기 때문에 지류도 그냥 방치가 되었던 것이죠. 근데 우리가 막 냉동고 하고 하니까, 아마 처음에 막 폐기된 게 많을 거예요, 그리고 나서 냉동고도 그것도 구매를 하게 된 거지요.

면담자   그러면 기억저장소 어머님들이 내려가기 전에는 어떤 팀이 유류품 보관 관련된 일을 하고 있었나요?

도언 엄마   아무도 없었죠.

면담자   아무도 없었군요, 네. 그리고 일주일 지나서 '안 되겠다, 우리가 내려가야겠다' 이렇게 된 거죠?

도언 엄마   엄마들 있었죠, 있었지만….

재강 엄마   가족[들이] 있어서 확인은, 확인은 같이했어요. 근데 이제….

면담자   보존 처리는 기억저장소 어머님들이 들어가신 다음부터 시작을 한 것인가요?

재강 엄마   아니 이제 소장님 말씀하셨듯이 지류 같은 게 나오면 저기[냉동 처리]를 못 한 거죠, 그냥 폐기하든지 아니면 선조위 같은 경우는 자기들이 가져가 버리든지. 그… 우리가 내려가면서 냉동고도 소장님이 사줘 갖고 지류 같은 것도 보고 우리가 보존할 것이 있으면 냉동고에 넣었잖아요. 그럼 이제 선조위들도, 소장님이 빌려줬다 했잖아요, 그들이 가져가야 될 걸 우리 냉동고에 넣어놨다가 가져갔어요. 근데 그들은 냉동고에 넣어놨다가 가져가서, 그다음 가져가서 다시 방치를 한 거예요. 진짜 많이 나왔거든요, 중요한 부분. 그거 다 [어떻게 했냐고] 물었더니 나중에 그러더라고, 그런 얘기를 제가 들었어요. 가져가서, 가져가서 그대로 냉동고에 넣어서 복원을 해야 되는데, 그들은 가지고 가서 그게 조금 많이, 어… 제대로 관리를 안 한 거죠, 그 사람들은, 선조위에서는.

면담자   그러면 지류 말고는 다른 아이들의 물품이라든지 그런 것은 어떻게 관리되고 있었나요?

재강 엄마   그거는 이제 거기 다른 어머님들이 있어 가지고 뻘을 빼고, (면담자 : 그 정도 작업은 진행이 되고 있었군요?) 예. 소장님이 아까 얘기했듯이 일주일을 탈염하라 했는데 갔을 때 딱 3일이에요. 세 칸을 해 놓고 하루, 이틀, 3일 물 빼고, 그걸 거둬서 저쪽 칸에서 말리는 작업을 하고, 차광막도 안 되고 그래 가지고 햇빛이, 이 정도 넌다면 (양손으로 네모를 그리며) 여기 [일부]는 막 햇볕이 들어오는데 말리고 있어요. 그러면 이제 저희들은 조금 배웠잖아요, 햇볕에 말리면 안 된다는 것. 그러면 이제 안으로 좀 넣자고 얘기하고, 아니면 차광막 쳐달라고 했는데, 했는데 안 쳐줬어요. 결국은 안 쳤어요. "쳐줄게, 쳐줄게" [하고 말로만] 해주고 결국 저희들 철수할 때까지 안 쳤어요, 해수부에서.

도언 엄마   이 경우 같아요, 교수님. 저는 저번에, 처음에 얘기했지만 우리는 유품이라 생각하는 거고, 왜냐하면 내가 항상 선조위하고, 선조위하고 해수부에 우리 권고 사항을 보냈어요. 거기에도 보면 우리는 유품이라고 전[부] 명시를 해요. 왜냐하면, 물론 내 아이의 이름은 밝혀지진 않았지만 단원고라는 거에 대해서는 다 알[게 된], 단원고라고 밝혀지는 모든 유류품에 대해서는 이건 유품이라고 제가 얘기를 해요. 유품이에요, 단원고기 때문. 그러면 이 유품의 가치, 의미를 다르게 생각하는 거죠. 이 사람들은 그냥 유류품, 유실물이고 나는, 우리 가족들은 유품인 거예요. 그러니까 하나하나 다 소중한 거예요. 내 아이 것은 아니지만 다 소중한, 나중에 세월호 지나 역사적 가치를 평가받을 것이고 또 나중에 역사적으로 교훈이 될 것이고.

면담자   그죠, 부모님들 마음에서는 그게 또 얼마나 기다려지겠어요.

그게 또 틀린[다른] 거예요. 그래서 탈염하는 부분도, 그래서 처음에 많이 싸우고, 중간중간 우리가 이야기를 해도 안 바뀌는 게 그런 거죠, 사실은. 이 마음이 틀린[다른] 것, 우리는 유품이야, 우리는 유품이야. 예를 들어 신발이, 지금도 그런 이야기를 해요, 전문가들이. 예를 들어 삼선 슬리퍼가 애들이, 그 당시 많이 지금도 많이 신지만 삼선슬리퍼가 많이 나왔어요. 이거를 다 보존할 것이냐, 다 보관하고 유지를 할 것이냐, 소수 몇 개만 나중에 역사의 가치를 위해 남겨둘 것이냐 [하면] 우리는 다 해야 된다는 거죠. 누구 건지 모르잖아요. 근데 다 폐기하고 세 개만 놔둬? 이건 아니다[는 거죠]. 근데 이 사람들은 "그렇게 할 필요 없다. 왜 그렇게 하냐. 몇 개만 내놓아라" 이런 거죠. 이게 조금 생각하는 게 다른 거예요. 가치와 의미와 미래를 바라보는 관점, 미래를 봤을 때도 틀린[다른] 거예요.

이게… 보면, 진짜 우리 가족들이 안 들여다보면 안 되는 게, 그 아이들 것 탈염해 갖고 말렸잖아요. 그러면 목포시청에서 컨테이너에 넣어놓고 관리를 하잖아요. 그것도 저희들이 안 보면 안 되는 게, 우리 퇴근하다가도 나오면서 한 번씩 들여다봐야 돼요. 거기 넣어놨는데, 에어컨도 틀고 제습기도 놨는데도, 이 지퍼 백 같은 것에 넣어놨는데 습기가 찬 거예요. 습기가 차가지고 또, 그걸 또 우리가 소장님한테나 팀장님한테 "습기 찼다" 이야기하면 그쪽에서 또 어떻게 어떻게 하라고 지시하면 우리는 또 거기 가서 "이거 열어라" 다 다시 "아이들 것 다시 해라, 어떻게 [어떻게 해라]" [하고] 이야기를 하거든요. 그러니까 나중에는 내려가시는 분마다 나올 때는 항상 거기를, 컨테이너를 들어가서 확인을 해야 해요, 이것이 몇 도에 맞추어졌는지 확인하고 [해야 하는 거죠]. 이 사람들이, 관리를 하시는 목포시청에서는 거기까지는 안 해요, 갖다 넣어놓으면 거기까지는 [하지만]. 그러면 우리가 또 확인을 해야 되는 것.

면담자　　목포시청에서는 전달받은 물건들을 누가 관리를 했나요?

재강 엄마　　그 관리하는 담당자가 옆의 컨테이너에 나와 있기는 해요. 그치만 꼼꼼하게 안 한다는 거죠. 그냥 뭐, 갖다 놓으면 그냥 목록만 작성해 놓고, 목록만 작성해 놓고 그 목록에만 의존하는 거죠. 부모님들이 찾으러 오면 그 목록에서 찾아주는 것, 그렇지 않은 거는, 거기 들어 있으니까 습기가 찼는지 그런 거는 확인을 안 하는 거죠. 습기가 차가지고 다시 한번 작업하기도 하고, 온도 같은 게 안 맞으면 저희들이 들어가서 "이거 온도 안 맞다" 이야기를 하기도 하고 그랬었던 것 같아요.

면담자　　그러면 세월호 인양 후 유품 처리와 관련해서 해수부와 선체조사위에 어떤 약속을 받으셨나요?

도언 엄마　　그 합의한 게 지금 기존의 말했던 3일 탈염, 그리고 우리 또 의류 세척 탈염할 때, 세척할 때 그 세제를 사용하지 않았구요, 안 하고 있었고, 그거와 건조대, 우리는 또 촘촘한 망을 요구했는데 엉성 엉성한 큰 망, 햇빛 차단 안 되었고…. 특히 신발, 지류 같은 경우에는, 그때 한번 운영위원장님 회의가 있어서 내려갔는데, 몇 달을 밖에 있었던 거예요. 한번 이제 제가 컨테이너에 가서 체크를 했는데, 재강 어머님 말씀하신 것처럼 했는데, 다 신발에 습기가 찬 거예요,

신발에. 그래서 해수부한테 이야기를 했죠, 제가. 그랬더니 해수부가 이제 행거에다가 양파망[으로] 이렇게 신발을 다 하나하나 싸서 걸은 거예요, 몇 달이 지나도 그걸 안 치우고 있고. 그날 때마침 비가 온 날이었어요. 목포 신항 회의가 있어 갔는데, 해수부랑, 비가 오는데 방치되고 있었다는 거죠. 그때 난리가 났었거든요. 우리 위원장님 소리 지르고 진짜 난리 났었어요. 몇 달, 그러니까 이게 개념이 없었던 거죠. 이야기하면 딱 그것만, 최소한 고것만 하는 거예요. 그때 그렇게 난리 피니까 그다음에 신발이 컨테이너에 들어간 거예요, 이런 식이죠. 이야기를 계속하지만 되지는 않는 것.

면담자   인력 지원 같은 것도 받으셨나요?

도언 엄마   인력 지원은 크게 없었던 것 같아요.

면담자   그러면 거기서 보존 처리하거나 탈염하거나 이런 거는 전혀 안 도와주었나 보죠?

도언 엄마   기본, 코쌀[코리아샐비지, 선체 정리를 맡은 업체]하고 해수부에서는 기본만 하고 있고, 선체조사위는 나오면 그걸 가져가는 역할이죠, 조사 단계니까. 엄마들이 주로 다 해줬죠.

재강 엄마   초창기의 그거는, 얼마 전에 선조위 그 서류를 잠깐 팀장님한테 온 걸 봤는데, 그걸 소장님이 이야기해 주셔야죠. 세제, 처음에 우리가 투입되기 전에 탈염할 때 세제 갖고, 세제가 퐁퐁 있잖아요. 우리 일반적인 퐁퐁, 그거 갖고 탈염, 아이들 유품을 씻고 있었어요. 그러고 나서 이제 저장소가 들어가서 그런 거 못 사용하게.

혜선 엄마   그걸 제가 처음에 봤는데, 처음에 내려갔을 때 한 이틀은 힘들어서 다른 데 주위를 돌아볼 여력이 없었어요. 근데 그 사람들이 9시 출근하는데, 9시부터 일을 시작하거든요. 근데 좀 일찍 가봐야 하겠다는 생각이 들더라고요. 그때 영만 어머니랑 짝이었는데, 그래서 저희가 8시에 들어갔어요, 9시에 안 가고. '어떻게 시작을 하는지 봐야 되겠다'는 생각이 들더라구요. 그래서 딱 갔는데 세제를 딱 붓는 거예요, 큰 통에서 꺼내서, 노란 통에서. 그 사람이 붓고 나서 가서 봤어요. 이렇게 보니까 전문 세제 그런 게 아니에요. 그래 가지고 그거 사진을 찍어서 팀장님한테 보내드리고, 팀장님[이] 또 "어떤 건지 봐라" 해서 봤더니 퐁퐁인 거예요, 그게. 퐁퐁도 막 많이 넣는 것도 아니야, 많이 넣으면 더 나빠졌겠지만. 그 자기들은 지식이 없으면 세제를 좀 많이 넣어서 뺄 물을 많이 빼야 될 것 아니야. 그냥 요만큼 넣어서 그냥 흉내만 내는 거예요, 빠는 흉내만. 그렇게 해서 그냥 대충대충 몇 번 휘휘 (들었다 놓는 시늉을 하며) 이래 가지고 또 옮기고, 또 이래 가지고 또 옮기고 이렇게 하고 있더라구요.

도언 엄마   형식적인 거죠, 뭐. 요구를 하니까, 우리가 요구를 하니까 형식적으로 하는 거예요. 그래서 다시 기증받은 거는 엄마들이 해야 한다고 제가 엄마들한테 이야기한 거예요. "힘들어도 하셔라", 왜냐하면 기증받은 건 우리가 나중에 전시를 하든 교육에 우리가 활용을 하든 보존이 되어 있어야 활용을 할 수 있으니까. "역사에, 역사든 교육이든 할 수 있는데 보존 처리가 안 된 거는 활용할 수 없다"고 제가 이야기한 거예요. 사실 엄마들은 '밥값식당'에서 이렇게 하면 제가 가요. 저는 어차피 거기 유품 할 때는 제가 안 갔거든요. 그럼 엄마들

막 힘든 게 보이잖아요. 그럼 내가 옆에서 이제 그러는 거죠. 엄마들 하나하나, 옷이 건조가 되면 또 이물질 다 붓으로, 부드러운 붓으로 다 털어내요. 그러면 내가 옆에서 그러죠. 아, 욕하면 안 되잖아요, 촬영인데, 그죠? (웃음) 내가 그래요. "아이, 누구누구는 응? 속옷도 우리가 해줘야 하는 거야, 응?" 막 이러며 내가 더 막 더 그러죠. 엄마들 힘드니까 웃으면서 "아이 씨, 내 새끼 속옷도, 내 속옷도 안 하는데 이걸 내가 해줘야 하는 거야?" 이러면서 제가 막 농담도 하고 그랬는데, 고생 많았죠, 엄마들.

면담자　그러면 혜선 어머님이 팀장 역할을 계속하고 계셨던 건가요?

혜선 엄마　아니에요. 목포에서는 그냥 두 분 내려가시는 분이 책임지고 했던 거고, '밥값식당'에서 할 때[만] 제가, 이제 일단은 누군가 한 명은 책임을 지고 해야 되니까.

면담자　탈염은 어떤 과정으로 하는지 혜선 어머님께서 정리해서 말씀해 주시겠어요?

혜선 엄마　탈염 과정이요?

면담자　네. 유품이 오는 과정부터 탈염처리 하는 과정, 그리고 어떤 분들이 참여를 하셨는지.

혜선 엄마　세월호에서 아이들 유품이 올라오고, 부모님들이 집에서 탈염을 안 하시고 이제 4·16기억저장소에 기증을 해주시면 그걸 그냥 보관할 수는 없잖아요. 뻘 물도 덜, 우리가 목포에서 봤기 때문에 뻘 물도 덜 빠지고, 퐁퐁으로 한 거를 그냥 놔둘 수는 없으니까 저희가 탈염을 시작하게 되었는데, 서고에 그걸 보관해 놨다가 [꺼내 와서 '밥값식당'에서 탈염처리를 했어요]. '밥값식당'이 장소가 크지를 않아요. 그러니까 한 번에 다 할 수가 없어요. 이제 한 아이의 유품을 가져와서 하고, 한 아이의 유품이 적으면 또 한 아이 것, 이렇게 좀 두 명씩 걸 하든지 할 때는, 전체 한 아이의 물건을 쫙 펼쳐놓고, 건조기에 펼쳐놓고 사진을 찍어요, 바뀌면 안 되니까. 사진을 요 이름이 보이게 딱 놓고, 한 아이의 물건 유품을 찍고 또 다른 아이의 유품을 찍고, 그렇게 해서도 또 섞일 만한 게 있으면 또 망에 넣어요. 잔잔한 것들은 망에 넣어서 아이별로 구분을 하죠. 그렇게 해서 탈염을 시작을 하게 되는데, 이게 목포에서 건조를 해서 올라오잖아요. 그러면 그게 먼지라든지 이물질이라든지 그런 게 굉장히 많이 있어요. 그러면 처음 가져왔을 때 건조대에다 일단 올려놓고, 한 요 정도 (엄지와 검지로 약 10cm를 잡아 보여주며) 크기의 붓을 가지고 다 털어내. 살살 털어내면 이물질하고 뭐 먼지 같은 게, 우리 눈에는 잘 보이지는 않지마는 다 떨어져 나간다고 하더라구요. 저희도 교육을 받았기 때문에, 또 전문가한테 설명도 듣고 했기 때문에.

면담자   기억저장소의 이은화 팀장님이 가르쳐주신 건가요?

혜선 엄마   전문가가 오셔서 설명을 한 번 해주셨어요.

도언 엄마   그것은 어…, 단국대 최정민 교수님이 계세요. 그분이 이한열 열사 옷, 의류 복원하신 교수님이시거든요. 그분이 계속 자문해 주시고 도와주시고, 지금도 계속 같이 진행하고 있어요.

혜선 엄마　　　그리고 이제 붓질을 한 번 하면 이물질이 좀 큰 것들은 떨어져 나가거든요. 그러면 재강 어머님이 말씀하신 것처럼 큰 다라[이], 옛날에 우리 목욕하던 다라[이], 그걸 갖다 놓고 거기에다가 물을 받아서 세제를, 전문 세제를 풀어요. 아이들 섬유가 많이 상하지 않는 세제가 있어요. 그 세제를 이제 그것도 희석을 해서 써야 해요. 따뜻한 물에 100대 1로 희석을 해서, 그걸 또 물 양에 맞춰서 세제를 넣어서 거기다 아이들 붓질한 옷을 담가놔요. 한 10분 정도 담가놨다가 다시 한번 더 옷을 쫙 펼친 다음에, 물속에서 펼친 다음에 붓질을 또 한번 해요. 이물질을 제거하기 위해서요. (면담자 : 물 안에서요?) 네, 물 안에서요. 해서 붓질을 또 한 번씩 살살 해준 다음에 손으로 그냥, 이렇게 꾹꾹 누르는 게 아니라 아래위로 받쳐서 이렇게 (두 손을 위아래로 포개 누르는 시늉을 하며) 이렇게 조물조물해요. 조물조물하면, 그냥 막 주무르면 섬유가 많이 훼손이 되기 때문에 이렇게 꽉꽉 눌러서 한 다음에 그 아이 뺄 물이 어느 정도 빠질 때까지 헹굼을 계속 반복을 해요.

헹굼을 할 때 그냥 옷을 들어 올릴 수는 없잖아요, 섬유가 벌써 다 처지고 찢어지고 그랬기 때문에. 그래서 다라[이] 밑에다가, 큰 그릇 밑에다가 모기장을 깔아놔요, 처음부터. 모기장을 깔아놓고 이 옷을 헹굼을 할 때에는 모기장을 드는 거예요, 옷을 드는 게 아니라 모기장을 전체적으로 같이. 두 명이서 짝을 지어서 하거든요. 그러면 모기장을 들어서 물을 뺀 다음에 또 헹구고 헹구고, 그게 처음 세척하는 날은 엄청 많이 헹궈야 돼요, 뺄 물이 많기 때문에. 그렇게 세척을 하고 그다음 날 물에 계속 담가놔요. 하루는 담가놓고 그다음 날 오면 세척을 계속 반복을 해요. 반복을 해서 깨끗한 물이 나올 때까지 하고, 그렇게 한 3일 정도를 헹궈주고, 계속 담가놓으면 염분이 빠지잖아요, 뻘 물도 빠지고 염분도 빠지고. 3일이 지나면 다시 한번 세제를 넣고 세척을 해요. 세척을 해서 또 같은 일을 반복을 하는 거죠. 이틀 동안 또 해요.

그러면 이틀을 또 세척을 하고 헹굼을 하고 한 다음에는 이제 증류수, 증류수는 모든 영양분이든 무엇이든 다 빠진 순수한 물이잖아요. 고운 입자잖아요. 그래서 아이들 섬유가 덜 망가지는 물이죠, 깨끗한 물이니까요. 그 물에다 또 하루 저녁을 담가놔요. 그렇게 아이들 옷을 증류수에 담가서 그다음 날 오면 그 큰 다라이에다가 이렇게 모기장을 쫙 이렇게 펼쳐서 고정을 시킨 다음에 거기에 하나하나 잘 들어서 모기장에 쫙 펼쳐서 물 빠지는 날을, 물 빠짐을 해요. 그게 하룻밤을 꼬박 새우고 다음 날 가서 물이 덜 빠졌으면 또 하루를 더 빠지게 해요. 그렇게 빠지게 한 다음에 한 이틀 정도 빼면 어지간히 물이 다, 옷을 들었을 때도 무겁지 않을 정도로 물이 빠지거든요. 그렇게 한 일주일 정도를 거치거든요, 그 과정을.

일주일 정도 거치면 '밥값식당'에다가 식탁을 뒤집어서 그 다리에다가 모기장을, 큰 얼기설기 튼튼한 거를 그물망을 연결을 해서 그 위에다가 다시 구멍이 작은 모기장을 또 얹어요, 거기다가. 딱 고정을 시켜놔서 빨래를 건조할 수 있게 아이들 옷을 널면, 구멍이 많이 생기면 이렇게 자국이 남거든요. 그 자국도 또 손상을 줄 수 있다 그래서 아주 고운 모기장을 엄마들이 다 찾아가지고 또 건조대를 만들어서 거기에 건조를 하는데, 건조를 할 때도 그냥 옷 널어놓듯이 쫙 펼치면 되는 게 아니고 공기가 들어갈 수 있게 해줘야 하기 때문에, 그걸 무슨 종이라고 그러죠? 종이가, 종이 이름이 갑자기 생각이 안 나. 근데 하여튼 뭉쳐서 뭔가 공기가 들어갈 수 있게 이렇게 말아서 팔이면 팔에다가 끼워주고, (면담자 : 한지 같은 건가요?) 예. 다리면 다리에다가 끼워주고, 모자면 모자에다 또 이렇게 형태를 갖출 수 있도록, 팔이며 다리며 모자며, 공기도 들어가고 형태도 잡을 수 있게 다 이렇게 종이 이렇게 말아서 다 끼워줘요.

그러면은 한 며칠을 말리고 나면 밑에 부분이 아무리 모기장이라도 공기순환이 잘 안될 수 있거든요. 그러면 한 3일 정도 지난 다음에는 또 뒤집어 줘요. 싹 뒤집어서 또 모양을, 형태를 잡아줘요. 그렇게 해도 이게 그 안에서 도는 공기라서 그냥 제가 계속 식당에 있을 수 없으니까 하루에 한, 제가 분향소에 좀 일찍 가는 편이어서 1시간 정도는 거기에 있으면서 창문을 열어줬어요, 공기가 순환이 되라고. 물론 에어컨도 틀고 선풍기도 틀지만 뻘 냄새가 엄청 났거든요. 뻘 냄새 빼려고 1시간 정도는 창문을 열었다가 닫아놓고, 이렇게 건조를 한 일주일 정도 시키면 웬만큼 얇은 옷들은 다 건조가 되고, 좀 두터운 점퍼 같은 거 신발, 가방 이런 것들은 건조가 덜 돼요. 그러면 또 한 일주일 정도 더 놔두고, 그렇게 한 보름 정도는 건조를 하는 것 같아요.

건조를 시킨 다음에는 중성 상자, 고운 어머님이 말씀하셨던 중성 상자와 한지를 팀장님하고 고운 어머님이 가지고 오셔서요, 그때 그 서고에서 일하고 계셨기 때문에. 가져오시면 저희가 이제 아이들 탈염한 그 옷을, 다 건조된 옷을 중성 상자에 한지를 한 번 깔고, 아이들 옷을 많이 접지 않는 방향에서, 최소한 한두 번만 접는 방향에서 옷을 넣고 또 한지 한 겹 넣고 또 옷 놓고, 이런 식으로 다 중성 상자에 넣어서 그러니까 포장, 딱 닫으면 저희는 거기까지만 저희 일이었고요. 그다음에는 고운 어머님하고 팀장님이 서고로 가지고 가서서 다시 한 번 더 크기에 맞는 상자를 준비해서 가지고 다시 한번 더 하신 걸로 알고 있어요.

면담자　혹시 지금 작업 과정 말씀하신 것에 또 보태거나 이럴 것 있으세요?

도언 엄마　이야기 들으시면서 그런 생각 안 드셨어요? '참 원시적으로 탈염을 했다', 원시적인 방법이거든요. 진짜 뭐 의뢰를 하거나 그러면 여기에 맞는 기계가 있을 것이고, 건조대가 있을 것이고, 그러나 우리는 우리 환경에 맞게끔 '밥값식당'의 그 좁은 공간에 식탁을 뒤집어서 그 진짜 모기장을 만들고….

면담자　원래 모기장을 쓰는 건가요? 아니면 대체를 한 건가요?

도언 엄마　없었어요. 대체를 한 거죠.

혜선 엄마　최대한 자국 안 남게….

도언 엄마　우리가 아이들 유품을 보존 처리를 해야 되니, 환경에 맞게끔 우리가 계속 구상을 하는 거예요. 그런 거 보면 참 서글프거든요. 지금 우리가 이렇게 이야기를 하지만, 그 이렇게 지금도 선해요, '밥값식당'의 문을 열면 식탁이 뒤집어져 있고, 모기장이 있고, 이쪽에 큰 다라이에다가, 진짜 거기다가 그 옛날 김장하는 큰 통 그런 데에다가 옷 담겨져 있고…. 그런 거 보면 '야 진짜 뭐 하는 건가' 좀 그런 게 있어요. 진짜 원시적인 방법이지만 우리가 할 수 있는 선에서 최대한 꼼꼼하게, 그죠? 꼼꼼하게, 세세하게 엄마의 마음을 담아서 이 작업을 했어요, 사실은.

면담자　제가 '밥값식당'을 가봐서 그 공간의 크기를 대충 아는데 사실 한 번에 탈염할 수 있는 양은 그렇게 많지 않았을 것 같아요. 그럼 기증받은 물품들은 일차적으로 어디에 보관하셨나요? (혜선 엄마 : 상록) 아 거기에 있다가 여기에 와서 순서대로 하신 거군요.

혜선 엄마　한 아이의 유품이 끝나면 또 한 아이의 유품이 오고, 그래서 저희가 한 6월 달, 7월 그쯤부터 시작을 했는데 날씨가 점점 추워져서 물을 버릴 데가 없는 거예요, 다 퍼부어서 밖에다 버려야 되는데. 그래서 한 12월 첫 주까지인가 하고 못 했어요. 바닥이 얼고 수돗물도 얼고, 호스를 연결해서 그냥 끌어오는 물이라[서요]. 그래 가지고 한 12월 첫째 주까지 하고 못 했던 것 같아요. 그리고 지금은 다 못한 거는 아직 상록구청 서고에 [있어요].

면담자　태민 어머님 어떠셨어요?

태민 엄마　그게, 글쎄요. 저는 그걸 하면서 건조할 때 아이들 옷가지 하나하나에다가 다 마를 수 있는 공간을 만들어주잖아요. 근데 그 바지며 아이들 교복 같은 것, 그거는 그걸[종이를] 집어넣어 놓으면 사람의 형태가 그대로 나오는 거야. [그걸 보고] 좀 많이 힘들었죠, 그때가. 다른 때보다 그때가 제일 힘들었던 것 같아요. 그 옷 사이사이에다가 살을 만들어 넣는다는 그런 생각이 되게 많이 들었어요.

면담자　그러면 아이들마다 유품이 나올 텐데 다 하신 건가요? 캐리어까지?

혜선 엄마   아니요, 아직도 좀 남아 있어요.

면담자   예를 들어서 옷이나 소지품, 캐리어까지 다 하셨는지를
여쭙는 거예요.

혜선 엄마   옷도 아직 남아 있어요.

도언 엄마   할 수 있는 것은 했구요, 캐리어 같은 경우는 어… 음…
세척만 해서는 되는 게 아닌, 탈염만 해서 되는 것이 아니기 때문에
그런 것은 전문 업체 맡겼어요. 의뢰를 해서 캐리어가 보존 처리되어
넘어왔구요. 그 이제 엄마들이 의류하고 금속류, 금속류 우리가 할 수
있는 것, 특히 동전, CCTV 모니터 이런 거 있죠? 그런 것 우리가 할
수 있는 것은 최대한 했어요. 아이들 캐리어 같은 경우는 우리가 할
수 없기 때문에 전문 업체에 [맡겼던 거고요].

면담자   다른 과정이 좀 더 필요한 거군요? (도언 엄마 : 네) 저도
한 번 보기는 했는데 굉장히 많은 아이들의 유품을 탈염하신 것 같더
라고요. 총 몇 건인지 기억하고 계신가요?

도언 엄마   음, 지금까지… 한 거는, 그 의류 같은 경우는, 의류는
126점, 전문가 의뢰는 11점 우리 엄마들이 한 게 115점이구요, 그리
고 지류 같은 경우는 100프로 의뢰예요, 전문 업체에 해야 되는 거구
요. 교수님이 재능 기부를 많이 해주셨어요. 원가만 받고 다 모든 걸
재능 기부를 해줘서 세월호 도면하고 책 포함해서 장수로 따지면
2,654장 한 거예요. 여기에 책 같은 걸 보면 아이들, 단원고 도서관에
서 책을 대여해서 가지고 갔는데 책 제목이 너무 가슴 아픈 거예요.
[지금 촬영하고 있는] 재성 선생님은 아시니까 고개를 끄덕끄덕하시는

데, (웃으며) 책 제목이 너무 슬픈 거예요. 의뢰 복원하고 나니까 책 제목이 그런, 맡길 때는 제가, 책 지류 같은 경우에는 제가 들고 가거든요, 팀장님이랑. 갈 때에는 생각 없이 갔는데 복원했다고 연락이 와서 갔을 때 보니까 책 제목이 너무 슬픈 거죠, (웃으며) 그런 것도 있고.

면담자   어떤 책 제목이었나요?

도언 엄마   (침묵) 세월호 이름하고 똑같아 가지고(울음).

고운 엄마   『세월의 돌』, 찬민이가 빌려간 책. 8반의 찬민이가 도서관에서 빌려갔던 책이에요.

도언 엄마   아, 어떻게 세월호 이름과 똑같은 이름의 책을, 아…(울음).

고운 엄마   저희 책 제목 보고 깜짝 놀랐어요.

도언 엄마   아유, 참.

면담자   저도 예전에 수학여행 안내서, 우리 하늘색 책 있잖아요, 얇은 거. 수학여행 가서 배에 반이 어떻게 배치되어 있고 제주도 가서 어디 갈 것인지 쓰여 있는 그것은 제가 봤는데 그것을 봐도….

(모두 잠시 침묵)

도언 엄마   아이고, 음(침묵).

면담자   네, 잠깐 쉬었다 하죠.

(잠시 중단)

6
기억교실 안내 에피소드와 교실 이전에 대한 바람, 걱정

면담자   좋은 말씀 많이 해주셨는데요. 이제 기억교실과 관련해
서 하셨던 활동, 기억교실과 관련된 에피소드들을 위주로 말씀해 주
시면 감사하겠습니다. 우리 혜선 어머님부터 하실까요?

혜선 엄마   질문, 질문이 생각이 안 나. (전원 웃음)

면담자   질문이요? 현재까지 기억교실과 관련하여서 여러 가지
일들이 있었어요. 최근에 이전도 했구요. 그러면 기억교실 안내를 하
셨을 수도 있고, 물품을 정리하거나 청소 등 여러 가지 일들이 있을
수 있는데요. 관련해서 활동하신 것이나 기억나는 활동 또는 에피소
드, 기억교실 방문자들에 대한 에피소드 등을 얘기해 주시면 되겠습
니다.

혜선 엄마   저희가 기억교실 관련하여서도 여러 가지를 하고 있지
만, 그중에 이제 그냥 제 개인적인 건데 제가 좀 내성적이에요, 성격
이. 그래서 남 앞에서 얘기도 못하고…, 지금 이 [구술을 하고 있다는]
게 굉장히 큰일이에요, 저한테는, 구술한다는 자체가. 그 정도로 남
앞에서 얘기도 못하고 많은, 대화가 많이 없었던 거죠, 살아오면서 그
냥. 그러다가 기억교실 안내도 해야 되고 시민교육 프로그램에서 인
사도 해야 되고, 이런 것들이 정말 부담스럽거든요. 처음에 이제 우리
가, 저희가 도슨트 할 때에도 그랬지만 한번 서서 얘기를 할라 그러면
앞이 아무것도 안 보여요. 누가 앉아 있는지도 안 보여요. 그냥 저 혼

자 막 얘기를 하고 있어요. 했던 이야기 또 하고 했던 이야기 또 하고 막 이랬거든요? 근데 기억교실 할 때까지도 그랬어요. 안내하는 게 제가 제일, 남 앞에서 얘기하는 게 제일 힘들었던 것 같아요.

그래 가지고 한번 안내를 하려면 혼자 종이에 막 써요. '무슨 얘기 부터 시작을 해서 무슨 이야기로 끝을 맺을까' 혼자 막 저녁에 써요. 그래서 아침에 가서도 막 읽어봐, 혼자. 남들 안 볼 때 막 읽어보고 그렇게 해서 서야 이제 나름 그래도 안내가 되고 얘기를 풀 수 있는 그런 정도의 내성적이었거든요. 근데 처음 기억교실 안내할 때만 해도 정말 앞이 안 보여가지고, 하얘 가지고 어떤 분이 오셨는지도 기억이 안 나는 거예요. 근데 이제 좀 시간이 지나고 그러다 보니까 지금은 음, 어떤 분이 오셨고 그분이 어떤 표정으로 나를 바라보고 있고 또 어떤 감정이 들어가는지까지도 이제 보이더라구요. 그런 것들이 자기 발전이죠. 음, 하면서 많이 발전을 했고 그런 면에서는 제 성격도 많이 변했고, 또 그냥 가협 활동만 하면서 집에 있는 것보다는 이렇게 나와서 세월호 참사를 기억해 주는 분들을 만나고, 또 그분들과의 생각의 교류도 있고, 이런 것들이 훨씬 더 좋았던 것 같아요.

고운 엄마   저 같은 경우에는 기억교실…, 그때 부산에 있는 여고였는데, 학교 이름은 정확하게 기억이 나지는 않아요. 근데 그때 제가 예약 안내 담당, 그날 당번이었던 것 같아요. 부산의 한 학교의 한 학년이 수학여행을, 수학여행 중에 일부 코스 중에 하나가 기억교실 방문이었었나 봐요. 지금 제가 기억교실 안내하면서 제일 속상했었던 때가 그때거든요. 그때 그 한 학년 전체가 수학여행을 오다 보니까 아이들 숫자가 꽤 많은 숫자였거든요. 근데 저희는 그 기억교실을 찾아오시는 분들이 한두 명이 오더라도 저희는 마음에 우러나서 마음을 갖고 와주길 바라거든요. 근데 거기는 수학여행을 학교에서 짜서 온 게 아니고, 어디 기관에다인가 수학여행 저기를, 프로그램을 다 맡겼더라구요. 그 프로그램 스케줄을 했던 곳이 별도로 있더라구요. 근데 거기에서 수학여행 일정 중에 하나가 기억교실 방문을 넣었던 거예요.

그랬는데, 와가지고 진짜 아이들이 일렬로 줄을 입구에서 서가지고요, 그 교실을 둘러보니까 둘러보는 시간 자체도 [얼마] 안 되고, 그 많은 아이들이 2층 올라가는 계단도 줄 서가지고서는 그냥, 말 그대로 그냥 휙 한 번 훑고 가는 그런 일정으로 기억교실을 방문을 했더라구요. 그래서 제가 그거 보고 너무 속이 상해가지고 학교 선생님한테 얘기를 했더니, 그 선생님은 자기네들도 "이런 줄 몰랐다"라고 말씀을 하시더라고요. 그래서 그분을 말씀을 해주시더라고요, 저분들이 스케줄 담당하신 분들이라고. 그래서 그분들이 일정표를 다 짜신 거예요.

그래서 제가, 그분이 선생님하고 얘기를 제가 나누고 있는 과정에 와가지고 "선생님. 아이들 시간 없으니까 빨리빨리, 빨리빨리 둘러보고 가야 된다"고 중간에 끼어들어서 말을 자르더라구요. 그래서 제가 그 순간에 너무 속상하고 화가 나서 그분을 밖으로 따로 불렀어요. 그래서 제가 말씀을 드렸죠, "이 기억교실이 어떤 공간이고, 우리 유가족들은 어떤 마음이고, 그래서 이 기억교실은 절대 이런 마음을 갖고, 이런 생각을 갖고 이렇게 촉박하게 시간을 갖고서 방문을 할 곳은 절대 아니다". 그래서 제가 설명을 하고 그 사람한테 사과를 받았던 기억이 있어요. 그래서 그분도 "죄송하다"고 "몰랐다"고, 제가 유가족인 것조차도 그분은 몰랐던 거죠.

그래서 제가 그때 당시에 그분하고 얘기하기 이전에, 1차[로 먼저] 협의실에 들어가서 한바탕 울고 나와가지고, 울어도 너무 속상한 마음이 가시지를 않더라구요. 그래서 안 되겠어서, 저희는 되도록이면 좋게 좋게 하는 게, 제가 제 기분대로 다 하다 보면 저희 유가족들이 욕을 먹기 때문에 제 기분대로 할 수는 없어요. 그래서 제가 한바탕 울었는데도 불구하고 억울하고 막 속상한 마음이 없어지지 않더라구요. 그래서 도저히 안 되겠어서 그분을 밖으로 불러내 가지고 제가 그거를 말씀을 드리고 화도 내고 그러니 결국에는 그분이 "죄송하다"라고 사과는 했지만, 제가 기억교실 안내하면서 제일 속상했던 일이 그 일이었었어요.

그리고 이제 힘들었던 부분이 대학생들, 그 시기가 저희 아이들 딱 대학생 새내기 됐을 그 나이인데, 그 대학생 아이들이 왔을 때, 그 대학생 아이들 안내 맡았을 때가 제일 힘들었어요. 다른 연령대보다 그 20대 대학생 볼 때, 스스로 이렇게 몇 마디 시작하면 스스로 저도 모르게 눈물이 날 정도로 그 아이들을 보고 있으면 우리 아이들, '우리 아이들도 이 나이면 대학교 가서 한창 캠퍼스 생활도 할 테고' 막 그런 그림이 그려지니까 그 아이들 볼 때 마음이 제일 힘들었던 기억이 지금도 있어요. 고운이 같은 경우에는 카메라 감독이 꿈이었다는 거를 알고 교실 방문했던 분이 [있는데], 그분도 학생이더라구요. 자기가 현재 카메라를, 있는 카메라를 쓰기 전에 썼던 카메라라고 그러면서 "고운이한테 주고 싶다"고, 그리고 저한테 주고 간 카메라가, 고운이 책상 위에 있었던 카메라가 그 카메라거든요. 그래서 그 학생도 기억에 남고….

그리고 한 여학생 같은 경우에는 제가 그… 안내 들어가기 전에 그 얘기를 했어요. "우리 아이들도 여기 친구 여러분들 나이 또래인데, 친구들 보면 우리 아이들도 대학생활 할 때의 그 나이라 참 마음이 아프다"라고 이야기를 했더니, 그 학생이 기억교실 다녀가고 난 다음에 자기 대학교 겨울 점퍼를 보내왔더라구요, 고운이를 주고 싶다고. 그래서 그거는 제가 교실에다가 두지를 못하고, 제가 보존 상자 넣어가지고 제 차에 계속, 뒷 트렁크에 실어놓고 다니거든요. 그게… 기억에 참 많이 남는 것 같아요. 기억교실…, 저장소 와서 기억교실 안내하는 게 처음에는 마음적으로 힘들고 그렇지만 '아, 이래서 뿌듯하고 보람이 있구나'라는 거를 제가 생각을 하게 되었죠. (일동 잠시 침묵)

도언 엄마   나 나쁜 사람만은 아니다, 그죠, 교수님? (다른 구술자들을 향해 미소) 그죠?

태민 엄마   저는 사실은 기억교실 안내하는 것, 저도 혜선이 엄마처럼 남 앞에 서는 공포증이 심해요, 저도. 사실은 어디 앞에 서면 제가 준비해 왔던 그것들이 새카맣게 하나도 없이 하얀 백지가 되는 거야. 그러니까 이야기하면서 [했던 이야기] 또 하고 또 하고 그런 게 사실 반복적으로 되게 많이 심했거든요. 사실 요즘도 사실 그런 게 있어요. 최근에 시민교육 프로그램하면서 이제 사람, 안내를 해야 되는데 '이걸 도대체 어떻게 해야 되지?' 한 달 전부터 고민인 거야. 그래 가지고 거의 뭐 한 잠도 못 잘 정도로 스트레스가 심했거든요. 근데 또 잘했다고 얘기해 주셔서 고마웠고….

가장 이제, 아이들 기억교실을 안내를 하면서 사실은 저희 매달마다 셋째 주에 오는 단체가 있어요. 근데 이제 그 단체는 '청소년이 꿈꾸는 4월'이라는 단체인데 거기는 이제 모집을 할 때, 인터넷 자체에서 모집을 하는데 자원봉사, 봉사 점수를 주기 위해서 만들어진 그런 단체인 것 같아요. 그것도 있지만, 선생님들이 취지는 그 기억교실이랑 안내를 해서 아이들한테 그런 식으로 알림을 하기 위해서 만든 목적이었지만, 저희가 맨 처음에 받아들이는 거는 '아, 이건 아닌데?'라는 생각을 되게 많이 했던 거죠. 근데 오는 아이들이 보면은 초등학교, 그러니까 중학교에서 고등학교 그사이의 아이들이 좀 많이 와요. 저번에는 대학생 어른들도 왔더라구요. 근데 이제 점수, 그런 점수를 주기도 하나 봐요, 대학교에서도. 그냥 자기 봉사 점수를 얻기 위해서 온 아이이기도 하지만 그래도 마음적으로 생각이 있어서 온 아이들도 몇 있거든요.

저희가 안내를 하면서, 그리고 저희가 맨 처음 기억교실 오면 영상을 보고 그다음에 기억교실을 어떻게 이곳에 이전을 해왔는지 그 과정만 설명을 하고 나머지 부분은 각 교실을 다니면서 그 선생님들이 다 멘트를 다 해주세요. 각 교실마다 다 일일이 설명을 해주시거든요. 근데 그렇게 할 때는 저희보다 오히려 더 자세히 하나하나 어떤 아이는 뭐에 어떤 식으로 구출이 되었고 이런 식으로 다 일일이 공부를 해가지고 오시는 선생님들이기 때문에 그만큼 더 자세히 설명을 해주시더라구요. 그리고 나서 전시관 오고 하면은 그 아이들이 맨 처음에는 다른 생각을 갖고 봉사 때문에 왔다고 생각을 하지만 그 아이들이 보고 또 느끼는 사실은, 저는 느끼는 게 있다고 생각해요, 보고 가면. 그러니까 전시관 와서 마지막에 이제 하루 일과를 정리하는 개념에서 노트를 또 작성해요. 오늘 보고 느낀 점이나 그런 걸 작성을 하는데 작성을 하고 있는 모습을 보면 그 아이들이 우리 세대 나중에, 이후에 그 아이들이 살아갈 세대이잖아요. 근데 그래도 '한 번 내가 이 공간에 왔다 갔다'라는 그런 생각을 갖고 있다면 '조금이라도 바뀌지 않을까. 조금 더 관심을 가져주지 않을까'라는 그런 생각을 많이 하게 되더라고. 그래서 그 아이들을 보면 또 뿌듯한 마음도 생기고 그런⋯⋯.

재강 엄마   순서에 돌아가며 해야 하는 거예요? 안 하면 안 되는 거예요(웃음)? 기억교실, 저는 기억교실 우리⋯, 안내도 힘들구요, 사실 기억교실의 영상을 못 보겠어요, 안에 들어가서 틀어줄 때. 그래서 저는 그 영상을 틀어주고 그 영상에 제가 집중을 못 해요. 그러면, 영상에 집중하면 제가 먼저 울컥해 버려서 그래서 막 다른 행동도 하고 이러거든요. 근데 시민분들도 오시면 영상을 보시면서부터 막 우시잖아요. 근데 안내할 사람이 벌써 울고 있으면 안 되니까, 이제 영상 보는 것도 기억교실에서는 [참 쉽지 않아요]. 사실 우리가 그 영상이 단원고에 있을 때 찍은 영상이거든요. 아이들 한 명 한 명의 이런 영상이니까 그게 딱 보면서 거기에 몰입을 하면 아이들이 막 가슴에 맺혀요. 아이들, 이 아이들이 그렇게 되었다는 것, 그렇게 희생되었다는 부분이 가슴에 막 맺혀요.

그래서 영상 보는 작업을 저는 잘 안 해요. 보더라도 짧게 보는 거는 괜찮은데, 몰입은 못 하겠는데⋯. 안내할 때 같은 경우에도 다 그렇겠지만 또 얘기하다 보면 많이, 제가 좀 눈물이 많아 가지고 많이 울어요. 근데 안내할 때도 아이들 친구 또래가 오면, 특히 저 같은 경우에는 남자아이이잖아요. 그러면 남자아이들이 왔을 때, 저번에는 어디에서 왔었는지 기억은 안 나는데 남자아이들이, 또래들이 왔어요. 사무실 안에 가서 펑펑 울었어요.

그런 기억이 있었는가 하면, 또 제가 한번은 서울시에서 [4·16]해외연대 분들을 초청해서 포럼을 한 적이 있었어요. 근데 그때 소장님이 저보고 "안내를 하라" 해갖고요, 엄청 제가 긴장을 많이 했었어요. 항상 제가 엄마들 다 그런 이야기 하잖아요. 앞에서 안내해 보지도 않고 남들 앞에서 이렇게 이야기하던 사람이 아니고 그냥 동네 수다 떨듯 그런 생활을 하다가 갑자기 남들 앞에서 얘기를 한다는 게 쉽지가 않아요. 앞에 딱 서면 머리는 백지가 돼요. 내가 뭔 얘기를 해야 되겠다고 생각은 해가지고 오지만, 딱 섬과 동시에 백지가 되면서 내 입에서는 내가 머리로 생각했던 것, 말과 틀리게 쫙 나가요. 그러면 나중에 마무리를 어떻게 해야 될지를 모르겠는 거예요.

그러면 하다가 중간에서 막 잘라버리는 경우도 있는데, 그 서울시 초청으로 해외포럼 왔을 때 얼마나 긴장을 많이 했는지, 중간에 소장님이 적당히 하고 자르라 해서 잘랐는데, 그분들 밥 먹으러 가시는데 [저는] 밥을 먹으러 못 갔어요. 위경련이 와가지고, 배가 아파 가지고 (웃음). 그리고 집에 들어갔어요. 배가 너무, (면담자 : 너무 긴장해서 가지고?) 네. 배가 너무 아파 가지고 집으로 들어갔었거든요. 그러니까 우리같이 일반인 사람들이 그렇게 얘기를 안 하다가 앞에서 안내를 한다는 건 진짜 쉬운 것 아니에요. 근데 그런 걸 저희들이 하게 되었고, 그렇다고 해서 지금 잘한다는 건 아니에요. 그래도 어느 정도의 조금 이렇게, 해외연대나 이런 건 아니고 소규모로 오시면 그 떨림은 조금 덜해요. 떨림은 조금 덜한데, 이게 그래도 이렇게 [참가한 사람들을] 돌리고도[돌아가면서도] 보는데, 옛날에는 이래 가지고 말하기 바빴는데, 지금은 그런 떨림 같은 건 좀 덜하긴 하지만 긴장은 하죠, 긴장은 하고.

기억교실에서 제가 이제 또 한 게 뭐냐 하면, 저는 단원고 기록물을 [기록팀의] 신주희 선생님하고 작년에 2층에서 정리한 적이 있었어요. 거기는 히터도 안 들어오고 둘이서 파카 입고 앉아갖고 아이들 단원고 기록물 정리를 했는데, 팀장님하고 주희 쌤이 저보고 볼 때 기록물 내용 볼까 봐 [걱정을 해요]. 제가 말은 그렇게 해요, "아이 나 글자 안 봐요". 근데 보면서 순간순간 이렇게 제가 내용을 읽게 되잖아요. 그럼 제가 또 거기서 내용을 읽고, 아이들 걸 읽고 울게 되면 주희 쌤이 좀 어리잖아요. 어린 실무진 쌤이 힘들잖아요. 그러니까 제가 많이… 밝게 하긴 했어요. 그런데 그건 또 아이들 한 명 한 명의 글씨, 또 한 명의 아이들이 써가지고 간 거, 이런 걸 보는 게 그닥 쉽지는 않았지만 그래도 뭐 조금 신주희 선생님[을] 도와줬다는 거에 보람도 있지만….

기억교실 안내하고, 저희 부모님들이 돌아가면서 안내하고 또 뭐 이런 부분에 대해서는 누구나 마찬가지인 것 같아요. 조금씩은 성장한 거죠. 저희들이 벌써 앞에 선다는 것 자체가 성장인 거예요. 지금 만약에 그렇게 하지 않았다면 또 어디 가서 이야기하라면 제대로 [못했을 거예요]. 간담회도 그래서 저희들 잘 안 다닌다 하잖아요. 간담회 다니시는 분들 딱 정해져 있는 듯이, 앞에 서는 것도 쉽지 않지만 [그래도 많이 성장했어요]. 그래서 이제 [지금처럼] 이런 구술할 때에는 이런 소규모로 해도, 순간 기억은 안 나지만 또 그런 [그동안 사람들 앞에서 말하는 경험 같은] 게 바탕으로 되어서 이렇게 이야기를 하게 되고…, 안내를 조금씩 하면서 [참 많이 성장했어요]. 이런 진행 같은 거는 다 잘했던 것 같아요, 저희들이, 나름.

면담자　　　우리 도언 어머님은 하실 말씀 없으세요?

도언 엄마　　단원고 기억교실…. (한숨을 쉬며) 뭐 방문…, 예약하고 방문하시는 분들에 대해서 어머님들이 진행하고 계시는 거구요. 저야 회복지원단하고 많이, 경기도교육청 회복지원단하고 많이 연계된 부분인데요. 그… 회복지원단에 오시는 분들에 의해서 좀 많이 달라지는 것 같아요. 첫째는 이전했을 때, 준비했을 때 그 사무관의 마인드랑, 그리고 바뀌어서 오시는 단장님하고 사무관에 따라서 일이 순조롭게 진행이 되느냐, 아니면 계속 하나하나 계속 이야기하고 논의하고 진짜 어떨 때는 큰소리를 내야지만 진행이 되느냐, 그 차이는 있는 것 같아요. 그래서 항상 그 이야기를 하거든요. 아까 고운이 어머님이 얘기하셨죠, "기억교실 방문을 할 때는 그냥 의무적으로 오면 안 된다"[고요]. 저는 항상 그 얘기를 했어요. "마음으로 와야 되지, 의무적으로 오면 우리랑 같이 일을 할 수 없다"고 얘기를 해요. 그런데 지금은 회복지원단이 많이 바뀌었고, 좀 같이 많이 진행을 하고 있어요, 진행을 하고 있고.

　　저는 그때 방문을 하시는 분들이, 방문하신 분들이 좀 이렇게 다양하잖아요. 학생도 오고, 초등학생도 오고 이렇게 하는데, 특히 이제 중요 인사들? 뭐 이렇게 정치인들이 오면요, 음… 눈에 보여요, 사실은. 보여주기 위해서 오시는 분들, 진정으로 오시는 분들, 다 보죠, 사실은. 그런데 그런 것 보면 참 안타까워요. 왜냐하면, 안산 모 의원도 저랑 청소년수련관 같은 운영위원이셨거든요. 작년에 이제 우리 안산시 의장이라서 왔는데, 틀린 거죠, 어차피 그냥 의장이니까 오신 거고. 그날 오셨다고 [해서, 가서 의원님께] 얘기를 했어요. 우리 청소년수련관 운영위원이었고 "그때 얘기한 얘기가 있다". 그 집에 아들만 둘이 있는데 자기 아들이 편지를 줬대요. "아빠는 아빠로서의 그 모습이 존경스럽고 당당하고" 뭐 이렇게 내용을 쭉 읽어준 것이 있어요, 그 사람이. 그래서 제가 "당신도 아들이 있지 않냐, 의장님도 아들이 있지 않냐. 그 아이들이, 우리 아이들이 희생된 거다. 그래서 교실이 중요하고 그래서 4·16생명안전공원이 빨리 건립이 되어야 되는 거고, 4·16시민교육이, [4·16민주시민]교육원이 빨리 건립이 되어야 되는 거다". 근데 이제 거기서 뭐 정확한 대답을 안 하더라고요.

그리고 또 당이 틀리니까[다르니까]…, 그래서 그런 부분이, 당은 틀려도[달라도] 사실은 마음은 같을 수 있거든요. 정치성은 달라도 요거는 아이들 일이기 때문에 같을 수 있는데, 그런 부분이 왜 우리, 교실 하나만 두고서도 왜 정치적으로 다가가는지…, 그런 게 좀 안타까웠어요. 그리고 글 내용을 적는 걸 보면…, 저희들이 방명록이 없고, 처음에는 있었는데요. 사실은 그거를 뭐 나중에 보관하기 위해서 하는 건 아닌 것 같아서 아이들의 책상에[서] 쓰게끔 해요, 교실에 오면. 저는 오신 분들은 의자에 앉아보라고 얘기를 해요. "희생자 자리에 앉아보셔라. 그래서 우리 아이들 느껴보고 가라"고 해요. 그래서 주요 인사들 와도 아이들 책상에 앉아서 아이들 노트에 그날의 마음을 적고 가시거든요(한숨). 그런데요, (웃으며) 참 그래요, 사실. 그런 거 읽어볼 때에도 어떤 분은, 당은 다르지만 진짜 마음에 와닿고 행동에 옮기시는 분이 있고, 또 그냥 글만 적으시는 분도 있고…. 그런 부분이 '그냥 어른으로서, 정치인 아닌 어른으로서 좀 바뀌었으면 좋겠다' [싶어요]. 아이들 교실을 항상 보면 제가 항상 느끼는 게 그런 거예요, '어른으로서 좀 바뀌었으면 좋겠다'.

작년이었나요? 작년, 2016년도인가, 교실을 개방하고 16년도 말인가 17년도 초인가 일베가 왔었어요, 교실에. 아… 그때 이제 그… 4반에, 4반에 인공기와 우리 아이들을 욕보이는 그런 걸 놓고 갔어요. 나중에 알게 된 거죠. 난리 났었거든요. (면담자 : 몰래 놓고 갔나요?) 예. 그때는 CCTV가 없었어요, 반별로. 들어오는 입구만 있었어요. 그래서 막 경찰서에 신고하고 난리 났었거든요. 그래서 그러고 난 다음에 반별 CCTV를 다 설치하라고 했어요. 그 하물며 아이들 마지막 공간에 와서도 일베들이 그런 행동을 하고 갔었어요. 이 공간이, 공간이 주는 의미를 우리가 잘 만들어갈라 그러면…, 그 하여튼 그런 공간을 제가 고민을 좀 많이 해요, 사실은. 또 그래서 그 고민하는 그사이에 엄마들이 고생도 많았죠.

재강 엄마   그 일베들에 대해서 잠깐, 그 왔을 때 저희들, 제가 놓쳤어요, 있었는데. 그 사람이 일베인 줄은 모르고 저희들은, 시민이 와서 아이들 교실 둘러보는 것처럼 보고 있었어요. (면담자 : 나이든 성인이었나요?) 아니요 젊은.

도언 엄마   청년.

재강 엄마   예. 우리 [촬영하고 있는] 재성 쌤처럼 젊은, 그런 대학생 정도 되었는데, 좀 이상하긴 했지만 그런 생각을 못 한 거죠. 일베가 설마 와서 그렇게 하고 가리라는 생각을 못 하고 그랬는데, 가고 나서 알아요. 저희들이 가고 나서 그걸 본 거예요. 책상 위에, 그 각 나라 국기가 있잖아요. 요만한 두꺼운 종이로 만든 걸 뭐라 하죠? 카드식으로 만든 그런 국기를 갖다가 인공기랑 막 이런 것 해갖고 4반 교탁 위에 막 펼쳐놓고 가고 이런 식이었었거든요. 그걸 가고 나서 봤죠. 우리는 처음에는 그 사람이 교실 둘러보는 줄 알고, 왔다 갔다 왔다 갔다 할 때에도 그냥, 4반 교실 들락날락할 때에도 그렇게 심각하게 생각을 못 했어요. 그러고 나서 소장님이 들어왔었을 거예요, 아마. 그래 가지고 보고, CCTV 입구의 걸 보고 그 사람을 경찰에 신고하고 가르쳐주고 [했었어요]. 근데 그 사람이 나간 길이, 또 CCTV로 찾아가지고, 아니 나가서 쫓아 나가봤는데 이미 사라지고 이런 상황이었던 것 같아요. 그때 제가 이제 기억교실에 있었는데 그 사람, 그 사람을 그렇게 안 봤었으니까…, 가고 나서 일베라는 걸 알고 신고를 했었어요.

면담자   그 사람 나중에 잡으셨나요?

도언 엄마   못 잡았어요. 이… 이게 법이라는 것이 참 애매해요. 인공기니까 일반 여기서 담당할 수 있는 게 아니고 어디로 또 넘어가야 된대요. 그래서 아니 뭐 하나 해결하자 하니 이거는 법 따지다가, 이것은 나의 부서의 일이 아니고 다른 부서의 일이고, 다른 어디에 뭐 신고를 해야 하고…. 그거를 [서로 그렇게] 출동을 [해가지고] 어느 세월에 그걸 하냐고요. 찾다 찾다 막 CCTV[를] 다 분석을 했는데, 기억교실 뒤에 주차장 쪽으로 해서, 이동통로가 그쪽으로 빠져나갔더라고요. 그래서 그다음에 찾을 수가 없죠. 그래서 그렇게 정리되어서 더 강화시킨 거죠, 경비를, 반별로 CCTV를 다 달았고.

CCTV 달고 난 다음에 작년에 또 이제 생존자 학생이 와서 좀 안 좋은 일이 좀 있었었어요, 2층에서. 근데 그것도 CCTV 보고, [경비] 반장님[이] 계시다가 좀 이상해서 올라갔는데 계속 왔다 갔다 하더래요, 그 학생이. 나중에 내려와서 CCTV를 계속 봤는데 거기서 조금 자해…가 조금 있었죠. 근데 그 학생은 계속 신경안정제를 계속 투여를 하고 있었고, 이제 그런 경우가 계속 주기적으로 있었다고 이야기를 하더라구요.

면담자　　알겠습니다. 기억교실에 대해서는 한 가지만 더 여쭙고 마무리하겠습니다. 소장님이 말씀하신 것 중에 "기억교실에 찾아오는 사람한테는 학생 자리에 앉아보라고 한다"고 하신 것처럼, 다른 어머님들도 본인이 안내할 때 특별히 강조하거나 보여주고 싶었던 것들이 있으실 것 같아요.

태민 엄마　　사실은 제일 먼저 아이, 특히 학생들한테 보여주고 싶은 게 방명록. 거기에는 부모님의 마음을 그대로, 그 아이한테 표현한 내용들이 있잖아요. 그리고 시민들이 와서 느낀 점이나 이런 것들을 많이 적어놓기 때문에 그거를 한 번쯤은 꼭 읽어봤으면 좋겠다는 얘기를 꼭 하거든요. 근데 읽으시는 분들이 그닥 많지는 않더라구요, 그냥 스쳐 가듯이 그냥 보고. 근데 한군데라도 앉아서 그 내용들을 몇 페이지라도 본다면 마음적으로 우러나오는 마음들이 되게 클 것 같다고 생각을 해요. 그런 이야기를 사실은 좀 많이 해주죠.

도언 엄마   좀 아쉬웠던 것 이야기해도 돼요? (면담자 : 네) 2014년 도에 도언이 찾고 교실을 갔는데요. 도언이 찾고 갔어요. 도언이 찾고 발인을 하기 전에 한번 제가 갔다 왔거든요. 그때는 이제 교실에 막…, 특히 교실이면 후배와 선배와 친구들이 와서 막 그거 "다시 아무 문제없이 건강한 모습으로 다시 돌아왔으면 좋겠다" 기도하는 글들이 많았어요. 근데 시간이 지나면서 그게 다, 그 위에 글씨를 덧쓰니까, 그게 사실 엄마, 아빠들이 적은 것이죠, 사실은. 엄마, 아빠들이 내 아이 이름 더 [강조]하기 위해서 막 크게, 진하게 이러면서 그 아이들이 적었던 소중한 그 마음의 글들이 사라지고 없는 거예요. 덧쓰여진 거죠. 그런 게 너무 안타까워요, 저는. 엄마들이 아이 이름을 알리는 것이 중요한 것이 아니라, 친구들, 후배들, 선배들이 와서 적었던 것[을 그대로 남기는 것이 중요한 건데…].

면담자   지금도 칠판에 더 쓸 수도 있는 거예요?

도언 엄마   아니요, 다 보존 처리를 했는데요. 해도 이게 시간이 지나니까 날아가더라고요. 그런 부분이 좀 안타까워요. 안타깝고, 또 이제 3반 같은 경우에는 제가 갔을 때, 아이들이 2학년 올라가면서 한 명 한 명이 부모님 번호와 이름과 1년 동안 어떻게 지내자는 그 내용을 적은, 큰 종이에 적은 것이 있었거든요. 분명히 저 봤거든요. 도언이 것만 찍어 왔어요. 도언이가 어떻게 지내자고 한 거였는데, 발인때 갔더니 사라지고 없는 거예요, 그 중요한 기록물들이. 막 우리 3반 밴드에 올리고 그랬거든요, '기록물 가지고 가신 분 다시 가져왔으면 좋겠다'[고]. 근데 없죠, 사라지고. 기록물 사라지고 막 아이들 적었던 그런 기록, 글들이 사라진 것[이 많이 아쉬워요].

면담자   3반의 어떤 분이 가져가셨을 거라고 생각을 하시는 거죠?

도언 엄마   생각은, '3반이니까, 내 아이의 이름이 있으니까 가지고 갔다'고 저는 생각을 해요, 아이 물건 찾으러 왔다가. 그러지 않았을까 생각을 하는 거죠.

고운 엄마   저 같은 경우에는 제가 당사자이고 유가족이고 엄마인데도 불구하고 설명할 때, 아까 앞에서 나왔던 얘기인데, 저희 지금 현재 공간은 말 그대로 저는 "상징적일 뿐이다"라고 설명을 해요. 진짜 상징적일 뿐이에요. 더 이상의, 단원고 교실처럼 아이들이 꿈꾸던 곳도 아니고 생활했던 곳도 아니고 추억이 있는 곳도 아니고, 그런 공간이 아니잖아요. "아이들 책걸상, 그리고 교실에 있었던 기록물이 있는 그런 상징적인 공간이다"라는 거를 제가 제 입으로 [이야기를 해요]. 저도 당사자임에도, 당사자이지만 제가 이 공간에 왔을 때, 단원고 교실에 있을 때 갖던 마음하고 지금 현재 여기 교실에 오는 마음하고를 설명을, 항상 얘기를 해요. "이 공간은 진짜 말 그대로 상징적인 거다"라는 거를, 제가 항상 이야기를 했던… 말 중에, 제일 [많이] 했던 말 중에 그런 말을 많이 했어요. "왜 단원고에 교실이 있어야 되는지, 교실 존치가 왜 됐어야 되는지, 그리고 아픈 역사지만, 과거지만, 아픈 과거도 역사의 일부분이다", 그리고 교실 존치가 왜 중요한지에 대해서 얘기를 하고 그래서 저는, 반대로 받아들여 '[피해당사자인] 엄마가 왜 이런 공간을 저렇게 얘기하지?'그렇게 생각할 수는 있어요. 그치만 저 개인적인 생각은, 저 공간은 항상 찾아가면 낯설고, 그냥 딱 저 스스로 내린 게 그냥 '아 이곳은 그냥 상징적일 뿐이다'라는 생각을 항상 갖고 있어요. 이게 단원고의 교실 찾아갔을 때하고의 마음이 전혀 없어요. 그래서 제가 안내할 때 많이 했던 얘기 중의 하나가 그 얘기였던 것 같아요. 지금도 그렇고, 지금도 그렇고 영원히 말 그대로 상징적일 뿐인 것 같아요.

면담자   안내하는 것과 관련해서 하실 말씀 있으신 분 있으신가요? 모든 분들이 다 돌아가며 꼭 하실 필요는 없어요.

도언 엄마   저는 꼭 남겨주세요. 꼭 별표 쳐주셔야 해요, 꼭 별표 쳐(웃음). 제가 안내할 때 항상 얘기하는 게 뭐냐 하면, 주요 뭐, 뭐 정치인이 왔을 때도 제가 얘기를 하구요, 교육감 왔을 때도 얘기를 했어요, 제가. 아이들 책걸상을 보라고 얘기를 해요. 보셨는지 모르겠지만, 아이들 의자와 책상 밑에는 청색 테이프가 칭칭 감겨져 있어요. 그리고 아이들, 진짜 쪼그만 의자도 있어요. 덩치 큰, 키 큰 아이들도 쪼그만 의자에 앉아서 공부도 했구요. 진짜 대한민국이 21세기 진짜 선진국을 달려, 선진국을 할 정도로 많이 성장을 했는데 책걸상 깨지고 무너지고 청 테이프를 감은 거기서 아이들이 공부를 했다는 거죠. 그래서 내가 만날 오시는 분한테 그 이야기를 해요. "이거 보라고. 이 거지 같은, 아이들[이] 거지 같은 책걸상에서 공부를 했다. 이게 말이 되냐. 하루 종일 아침에 가가지고 밤늦게까지 공부하는 아이들인데 어떻게 이런 곳에서 공부를 시킬 수 있냐" 전 맨날 그 이야기를 해요.

뭐 "4·16 이전과 4·16 이후는 교육이 달라져야 된다?", "웃긴 소리 좀 하지 마라. 이것부터 바꿔라" 제가 그 이야기를 하죠. 이것부터 바꾸지 않으면 뭘 바꾸겠어요. 아니 아이들이 분명히…, 내가 어떤 스님이 오셨을 때 이야기를 했어요. 자기가 건의를 했는데 안 바뀌더라는 거죠. "자꾸 이야기를 해야 되지 않냐. 아이들이 힘들다는데, 하루 종일 공부를 하는데, 어떻게 이런 데에서 키 큰 아이가 조그마한 의자에 앉아 있고, 덩치 큰 애가 왜소한 의자에 앉아 있고, 이게 말이 되냐" 제가 그 이야기를 했거든요? 그래서 이 부분이 저는 항상 강조를 해요.

이렇게 이야기를 하면서 "우리 아이들 숫자로 기억하지 말라"고, 250명이 아니라, 선생님들은 꿈을 이뤘지만, 교사라는 꿈을 이뤘잖아요, "근데 우리 아이들은 꿈도 이뤄보지 못했고 [그런데] 250명 숫자로 자꾸 기억을 한다. 한 명 한 명 이름을 기억해야 되고, 그래서 아이들 한 명의 책상에 앉아서라도 그 아이만 기억해 달라"고 얘기를 해요. 그리고 저는 책걸상 이 부분은 좀 많이 강조를 하고 싶어요, 사실은. 교실을 재현해서 4·16 이후의 교육이 바뀌는 것도 중요하지만 사실 이 부분이 먼저 제일 바뀌어야 되지 않을까. 물론 '가만히 있으라'는 교육이 당연히 바뀌어야 되죠. '가만히 있으라'는 교육을 바꾸기 위해서 아이들을 교육을 시켜야 하는데, 환경이 바뀌지 않는데 [뭐가 바뀌겠어요]. 아까 말씀드린 것처럼 단원고가 4·16 이후에 변신하기 위해서 우리 아이들 교실 뺀 후에 편백나무 테두리만 바꿨어요. 이게 했다고 바뀌나요, 교육 환경이? 바뀌는 건 아니잖아요. '하나하나 이렇게 좀 많이 바뀌어졌으면 좋겠다' 생각을 해요.

면담자   혜선 어머님 덧붙이실 얘기 있으세요?

혜선 엄마   다들 앞에서 이야기해서, 다 비슷한 마음이거든요. 저는 이제 특히 학생들이 왔을 때 그런 얘기를 하는데, 제가 혜선이를 키우면서 표현을 많이 못 했어요. 사랑한다는 말은 두말할 것도 없고

'잘했다' 이런 얘기도 별로 많이 한 적이 없는 것 같아요, 키우면서. 잘했으면 으레 잘해야 됐는 거고, 못했을 때는 혼내고 그렇게 키웠던 것 같아서 학생들이 오면, "부모님한테 표현을 많이 해줘라. 사랑한다는 말도 많이 해주고, 고맙다는 말도 많이 해줘라" 이런 얘기를 많이 하거든요. 제가 못 했던 걸 학생들한테 하라고 얘기하는 게 좀 말이 안되긴 하지만, 그렇게 한 번, 두 번 얘기를 하다 보면 부모님도 표현할수 있고 서로서로 내 마음에 있는 얘기를 하다 보면 또 많은 대화가오갈 수도 있거든요. 저는 혜선이하고 대화는 평상시에 많이 했지만, 그런 '잘했다' 이런 표현을 많이 못 했던 게, 특히 '사랑한다'라는 말을한 번도 못 해줬던 게 제일 마음에 걸려서 학생들이 오면 그런 이야기를 많이 하는 것 같아요.

태민 엄마   저도 사실은 저런 얘기를 많이 하거든요. 학생들에게 그런 이야기를 하면 학생 애들이 다 울어, 거의 대부분의 아이들이. 그니까 그만큼 공감을 한다는 얘기죠. 그래서 저도 아이들 오면은 "부모님들한테 사랑한다는 말 많이 해주고 그랬으면 좋겠다"고, 그런 얘기를 되게 많이 하는 것 같아요. 그러면 데리고 오는 인솔자 선생님들도 "너무너무 힘든 이야기일 텐데 이런 이야기해 줘서 너무 고맙다"고하시죠.

면담자   재강 어머님은요?

재강 엄마   뭐, 더 얘기 안 해도 될 것 같은데요.

면담자   네. 그러면 기억교실이 후에 새로운 건물로 다시 이전할 계획인 걸로 알고 있는데요. 기억교실에 대한 비전이나 바람, 또는 앞으로의 걱정에 대한 생각을 한번 나눠보도록 하겠습니다. 전문 안내원이 있으면 좋으시겠나요?

재강 엄마   기억교실 안내 같은 경우에는 전문 안내인보다, 저는 모르겠어요, 시민들도, 찾아오시는 분들도 가족분들, 저희들이, 엄마들이 안내해 주시는 걸 더 좋아하시는 것 같아요.

면담자   농담으로 얘기한 거예요, 저(웃음). (모두 웃음) 웃으시라고 농담으로 얘기한 건데 너무 진지하셔서 약간 당황했어요(웃음).

재강 엄마   아니 그게, 네, 그런 걸 엄마가, 저는 엄마들이 안내하는 게….

혜선 엄마   서툴지만.

재강 엄마   오는 사람들한테도, 그리고 또 뭐 굳이 거창하게 얘기를 안 해도 이렇게 좀 교실에 온다는 의미도 있고.

면담자   처음에는 어머니들이 직접 안내하시도록 하는 게 너무 힘든 일을 부탁드리는 게 아닐까 하는 의견들도 있었어요. 그런데 해보시니까 직접 하시는 게 더 나으신가요?

재강 엄마   의미 있죠.

태민 엄마   어떤 신입분이 저번에 안내를 했는데, 어른분들이 많이 오셨어요. 안내를 하는데 가족이라고 맨 처음에 소개를 하잖아요. 소개를 하고 이야기를 다 끝내고 나가시면서 하시는 이야기가 "이 세상이, 우리 대한민국이 너무 잔인하다"라는 거예요. "이렇게 힘든 가족들한테 안내를 부탁한다는 게 쉽지 않았을 텐데, 어떻게 가족들한테 안내를 시키는지 이 나라가 너무 잔인하다"고 말씀을 하시더라구요.

면담자　　　　맞아요. 그런 얘기를 하시는 분들도 있었어요. 또 다른 분들은 어떠세요?

태민 엄마　　　그런데 저는 사실은 일반 시민분들이 우리 가족들을 만나는 게 쉽지는 않을 거예요. 쉽지 않고 어디를 가도 사실은 가족이라고 얘기하지 않으면 모르잖아요. 그런데 이런 공간에 와서 가족이라고 얘기를 하고, 어떤 아이의 부모라고 이야기를 하면 그 아이에 관해서 조금 더 관심 있게 찾아볼 것 같아요. 찾아보고 또 뭐라 그럴까, 미안한 마음도 그만큼 더 크겠죠, 본인 스스로 받아들이는 게…, 그런 감정도 생길 것 같고. 오히려 저는 부모님들이 정말 힘들긴 하지만 그래도 안내하는 게 맞다고 저는 생각하거든요.

고운 엄마　　　저는 바람보다는 걱정 쪽인 게, 최상 최고로 좋은 조건은 단원고의 교실 그대로 있었더라면 좋았을 텐데 지금 현실은 그렇지 않잖아요. 근데 지금 기억교실 있었던 그 건물이 허물고 다시 신축을 해서 그 단원고 있었던 것처럼 2층, 3층으로 공간도 똑같은 공간 넓이로 들어가고, 기록물도 이제 문부터 해가지고 100프로 재현이 들어가지만, 아까 말씀하셨듯이, 아까 제가 말했듯이 기록물만 있는 그 상징적인 공간인 거는 더 이상 부정할 수도 없고 어떻게 할 수 있는 현실이 아니기 때문에 그거는 받아들이는데, 제가 제일 걱정되는 거는 그러지는 않겠지만, 이게 '점점점 시간이 지나면서 사람들이 찾지 않는 공간이 되지 않을까'라는 그런 걱정, 두려움이 네, 있어요. 바람보다 그 부분이 더 큰 것 같아요, 저 개인적으로는. 시간이 점점점 흐르고 지나면서 이 공간을, 이 기억교실을 사람들이 찾지 않는 그런 공간으로 변하게 될까 봐 그게 제일 걱정이고 제일 두려운 것 같아요. (일동 침묵)

면담자　　많은 어머님들이 공감하시는 부분일 것 같아요. 그죠? 또 다른 걱정이나 바람이 있다면 말씀해 주셔도 좋을 것 같아요.

도언 엄마　　기억교실은 우리가 전국 교육청에 전시를 하면서 항상 얘기를 해요. "기억교실 방문과 그리고 교육청의 직원들과 그리고 그 지역의 학교별로 다 공문 좀 띄워달라, 수학여행을 올 수 있게끔", 항상 그 얘기는 하긴 하죠. 그런데 오히려 이 가까운 데는 아이들이 와요. 오히려 선생님이 애들 안 데리고 와도, 학생들이 요구를 해서 선생님이 아이들을 데리고 오는 경우가 많거든요. 여기 우리가 지금 본관을 잠시 또 이전했다가 공사 들어가면 영원한 단원고 4·16기억교실의 공간이 돼요. 지금 엄마들이 우려하는 것처럼 죽은 공간이 되어 있으면 안 되거든요. 우리 아이들의 그냥 추모공간이 되면 안 되는 거죠. 우리가 이 교실을 재현하기 위해서, 이 공간 확보를 하기 위해서는 엄청난 투쟁과 싸움과 마음 아픔을 참고 교실을, 책걸상을 빼 왔기 때문에.

이대로 계획을 할 때 열린 공간으로 많이 기획을 했어요. 도면이, 기본적인 도면이 나왔구요, 교육감 이하의 계속 회의를 했고, 진행을 하고 있고, '어떻게 하면 우리 아이들이 추모의 공간으로 국한되지 않고 교육의 공간이 되고 상시 찾아올 수 있는 공간으로 활용할 수 있을까' 계속 생각은 하고 하는데, 그거는 다가오지는 않은 미래이기 때문에 예견은 할 수는 없을 것 같구요. 대신 우리가, 우리가 닫혀 있는 공간이 되지 않기 위해서 계속 회의는 해요. 그래서 교실이 공사가 끝나게 되면 교실이 넘어오고 그 공간에 4·16민주시민교육원이 건립이 그대로 진행이 되는 거잖아요.

이게 잘못 구성을 하게 되면 4·16민주시민교육원만 활성화가 되고, 단원고 기억교실은 진짜 말 그대로 이제 활성화가 안 되는 공간이 될 수 있어서 제가 어떤 제안을 했냐 하면, 원래 처음에 협약서에는 지하 주차장 없이 90억의 예산이[을] 확보를 하기로 했어요. 경기도교육청 45억, 경기도 45억, 공간은, 장소는 안산시에서 지원하기로 했는데, 제종길 시장이 부지를 안 주는 바람에 4·16민주시민교육원이 건립이 안 됐던 거였거든요. 작년에 이재정 교육감님이 그러면 안산교육지원청을 "여기를 써라" 이렇게 발표를 한 거잖아요.

그러고 진행이 되었는데요, 90억 원이 예산이 확보되어 있어요. 그거는 민주시민교육원 건립과 단원고 기억교실 재현에 쓰는 90억이고 그 외의 예산이 없었어요. 그러게 되면 진짜 죽은 공간이 되는 거죠. 그래서 운영위원장님하고 그 교육감님이 계속 미팅을 하면서 지하, 지하 공사를 하는 걸 계속 미팅을 하고 예산 확보의 노력을 했어요. 이번에 다시 재선이 되셨고, 교육감이 되셨고 이재명 도지사가 됐고, 그리고 경기도 의장분이 또 안산 분이셔요. 여기 상록구에 계신 분이라서 얘기가 잘 진행이 돼서 지하 주차장 파는 거와 하늘정원 만드는 38억이 이번 추경, 9월 추경으로 들어갈 거예요. 그래서 지하와 하늘정원이 되면 1층은 주차장이 없어지는 거고 열린 공간이 되는 거지, 말 그대로.

어느 누구나 쉽게 들어와서 이제 교실을 방문할 수 있게끔 만드는데, 거기에 제가 1층 카페를 내가 얘기를 했어요. 처음에 이제 민주시민교육원에 카페가 들어가[는 거로 되어 있어서] 그것도 생길 거라고 저는 봐요. 그래서 대신, "우리 기억교실 1층에 고대 쪽 방향으로 작은 카페가 있으면 좋겠다. 단 운영은 교육청에서 해라, 경기도교육청에서 해라". 그리고 거기 커피를 만들고, 커피를 하는 것은 안산 단원고등학교의 특수학교 학생들이 있어요. 단원고에서 커피를 가르쳤거든요. 동아리가 있어요. "거기에 있는 학생들이 그 커피를 서빙도 하고 만들고 이렇게 했으면 좋겠다. 그러면 더 의미가 있지 않겠냐. 우리 아이들은 단원고 학생이었고, 단원고에 있는 학생을 여기가 재활 겸 등등, 재활 겸 등등 했으면 좋겠고. 그리고 경기도교육청, 교육을 담당하는 경기도교육청에서 이렇게 아우러져 가면 참 좋겠다" [하고] 그것까지 제가 제시를 했어요.

[제시를] 했는데 설계가 확정은 아직 안 됐어요. 이제 다음 주 24일 날 미팅이 들어가요. 아직 거기에 대해서 카페, 만약에 이게 통과되어도 우리 가족들, 협의회에서 말이 많을 거예요, 협의회에서는. 밖에서 보는 시선은 '아 좋다' 이렇게, 왜냐면 제가 장학관님 등등에 얘기했을 때는 너무 좋아하세요, 단원고에 있는 학생들을 같이하기 때문에. 근데 '우리 가족들 안에서는 말이 많지 않겠냐' 그 고민은 있긴 한데요.

면담자   가족들 중에서는 어떤 반대가 있을 것 같으신가요?

도언 엄마   제 생각에는 '기억저장소가 이익을 창출하기 위해 진행하는 거 아니냐' 두 번째는, 아니 이게 두 번째고 첫 번째가 그거겠죠. 첫 번째가 '단원고 기억교실의 의미를 희석시키는 거 아니냐'. 사실 그게 제일 선두로 얘기를 할 것 같구요. 그 내면적으로 들어가게 되면 그거는 이익 창출 등등의 이야기가 나오지 않을까 생각을 해요.

면담자   이런 방안에 대해서 여기 계신 어머님들은 어떻게 생각하세요? 다른 의견이 있을 수 있을 텐데요.

태민 엄마   그렇게 될 수 있으면 좋죠. (전원 웃음) 지금도 다 바라요, 사실은. (재강 엄마 : 바람은 다 똑같아요) 100프로. 거기가 안 되면 건너편에라도 어떻게 해서든 [카페를 했으면 좋겠어요].

재강 엄마   저기 회복지원단하고 이번에도 교실 이전하면서 좀 많이, 저희 저장소 일이 되고 회복지원단에서 손 놓는 과정이었어 가지고…. 회복지원단한테 수시로 뭐가 하다가 저희들이 안 되면, 저희 같은 경우는 "그러니까요, 우리 단원고에서 왜 쫓가냈냐구요"그런 이야기를 하고, "단원고에 넵뒀으면은 이렇게까지…" 막 얘기를 하거든요. 엄마들 마음 다 똑같을 것 같아요. 단원고에 갈 수 있다면 지금도 가는 걸 원할걸요, 저 역시도 가면 더 좋고. 안 되니까 지금 뭐, 다시 단원고로는 못 가니까 기억교실을 새로 지어서 가는 거지만….
　이제 저희들은 그렇게까지 생각은 못 했지만, 카페 같은 것도 생각은 못 했어요, 사실은. 그런데 이제 건물을 지어서 죽은 공간을 만드는 거보다 카페가 들어오면 아무래도, 요즘 카페를 많이 가잖아요. 카페에 손님들이 오면 여기가 기억교실이라는 것도 알게 되고 또 안 오던 사람들도, 마음만 있고 못 오던 사람들도 한 번쯤은 올라가 보지 않을까 생각이 들긴 해요. 들긴 하지만, 또… 저는 이제 소장님이 오늘 그 얘기를 하기, 처음에 얘기할 때 "카페가 들어서면…", 그 얘기를 처음에 한 번 이야기했었어요, "단원고 아이들이 여기 와서 카페를 운영했으면 좋겠다".

저는 거기에 누가 와서 운영을 하는, 주체가 누구든 상관이 없었는데, 처음에는 소장님이 딱 그 이야기를 했을 때는 솔직히 빈정이 팍 상했었어요, 단원고라 해서 '아니 단원고?' [하고요]. 우리 항상 보면 그래요. 우리가 어디든 신경을 써준 만큼 이게 안 되니까…. 단원고 역시 마찬가지잖아요. 그때 그 아이들이 교실 못 빼게 조금만 힘써줬었어도 이렇게까지 안 왔는데, 우리가 왜 또 그 아이들을 신경을 써야 하는지…. 나는 그게 솔직히 빈정이 한 번 상했었지만 또 역으로 생각하면, 그걸 역으로 생각하면 지금 소장님이 말한 것처럼 그 아이들이 와서 하면 보기는 좋아요. 그런데 저는 부모 입장으로서는, 희생자의 부모 입장으로서는 아니고…, 그냥 봤을 때는 참 좋아요(웃음).

면담자   다른 어머님들은 어떠세요?

혜선 엄마   재강 어머님의 말에 공감을 많이 해요. 그냥 우리가 뭐 기억교실이 재현이 되고 나면 몇 년 정도는 호기심에 오시는 분들도 있을 거고 아이들을 기억하기 위해서 오시는 분들도 있을 거고, 몇 년 정도는 잘 오시는 분들이, 방문객들이 많겠지만 몇 년이 흐르고 나면 발길이 뜸해질 거 같은 그런 걱정이 항상 있거든요, 저도. 그런 면에서는 카페가 들어서면 지나가시는 분들도 목이 말라서 들어와서 차 한잔하시고 가시다가도 '기억교실이 있네?' 또 '단원고 기억교실에 갔더니 카페도 있더라. 커피도 한잔 마시고 아이들도 보러 가자' 이렇게 주위 분들하고 얘기를 하면서 오실 수도 있거든요. 그런 면에서 저는 소장님이 카페 얘기했을 때 '정말 기발한 아이디어다'라고 생각을 했습니다.

면담자   혜선 어머님도 약간 빈정 상하셨어요? 재강 어머님같이?

혜선 엄마   처음에 그랬죠. 카페 들어오는 것은 찬성인데, 뭐 우려
도 있지만 찬성인데, 단원고가 지금 가면 리본 하나도 안 달려 있잖아
요, 저희가 걸어놓았던 리본도 다 치우고. 그래서 단원고 하면 희생
학생을 낸 학교지만 세월호 참사에 대해서 제일 무관심한 단체가 또
단원고거든요. 그래서 단원고가 제일 적대감이 많이 들어요, 단원고
하면. 그런데 그 단원고 학생을 데리고 와서 카페 운영을 한다는 거는
일단 단원고에 대한 적대감이 있기 때문에 무조건 이렇게 배척이 되
는 거예요, 마음에서. 그런 면도 없지 않아 있지만, 또 그 아이들이 와
서 커피를 만들면, 물론 특수학교 학생들이지만 단원고라는 그 이름
만으로도 우리 마음이 굉장히 아플 것 같거든요. 그 아이들을 보는 아
픈 마음도 있겠지만 또 의미는 굉장히 크다고 생각해요. 그래서 괜찮
다고 생각해요.

면담자   고운 어머님 말씀하시려고 했었죠?

고운 엄마   저…도 소장님이 그 카페에, 단원고 아이들이 와서 하
는 부분에 대해서 의미를 생각하면 괜찮은데. 저 같은 경우에는 적
대, 단원고 자체의 적대감도 있지만 저 개인적으로는 그 그때 당시,
지금은 어떻게 변했는지 모르겠는데 저희 아이들 교실 빼 오고 나서
단원고 갈 일이 없으니까. 근데 그때 당시만 해도 그 커피머신이랑
있고 그 아이들이 수업하는 공간이 교실 옆의 컨테이너가 별도로 있
었어요.
    근데 저는 그 커피 하는 아이들하고 안 좋은 기억이 있는 게, 제가

그때 단원고 갔을 때 저희 부모들은 교실을 빼야 되니까 그 억장이 무너지는 마음을 가지고 아이들 물건을 정리하고 기록물 정리가 들어간 상태인데, 그 아이들은 그때 지도교수도 있었어요. 아이들도 밉고 선생님도 더 미웠어요. 우리 희생자 부모네들은 그러고 있는데 그 아이들은 막 그때가 물, 서로 물을 끼얹어 가면서 장난을 치면서 막 너무 크게 웃고 그러는 거예요. 그런데 거기 선생님 아무 말도 안 하는 거예요, 우리 희생자 가족 마음은 지금 교실을 빼야 돼서 마음이 무너지는데. 그래서 제가 그것을 가만히 처음에는 보고 있었어요. 그런데 그걸 보다 보니까 너무 화가 나는 거예요. 그래서 일단 애들한테 먼저 화내고, 애들한테 화를 내니까 그 지도교수가 한마디 하시더라구요.

그래 가지고 지도교수하고 싸웠죠. "우리 부모들은 지금 교실을 빼야 돼서 심정이 지금 이런 심정인데, 아이들은 어려서 눈치가 없으면 지도교수가 '지금 학교 상황이 이런 상황이고 그러니까 조금만 조심하라, 주의 좀 해라' 그렇게 얘기해 줄 수 있는 성인이지 않냐. 왜 우리 부모님들 마음은 요만큼도 헤아리질 못하냐", 그래서 그때 심하게 싸우고, 그리고 제가 단원고를 나왔던 기억이 있거든요. 그래서 그 얘기 들었을 때, 저는 적대감이 더 많았죠. 그런 지도교수 생각이 더 많이 났던 거예요.

솔직히 장난치는 당사자인 아이들도 미웠지만, 그 지도교수 때문에 저는 화가 더 많이 났던 것 같아요. 그 사람이 어른이고 우리 부모님들 조금만 생각하는 마음이 있었더라면 그런 배려 정도는 있었을 것 같아요. '지금 상황이 이러니까 애들아, 평소보다는 좀 조심 좀 하고 주의 좀 기울여라'라고 조금만, 선생님이 한마디 정도만 해줬어도 아이들이 조심했을 것 같아요. 근데 너무 큰 소리로 막 장난을 치면서 떠들면서 웃으니까 너무 막 화가 나더라고요. 그래서 제가 결국에는 그 선생님한테 사과를 받고 나오긴 했지만, 그 마음 지금도 똑같고. 그래서 단원고 애들이 오는 거 저는 진짜 반갑진 않아요. 차라리 다른 학교에서 와서 애들이 하면은 했지. 그러는데 또 의미를 생각하고 좋게 가는 차원에서 그러는 거지. 저는 그런, 개인적인 그런 일도 있었어요.

면담자   나중에 고운이 물건을 빼실 때 그날 있었던 일인가요?

고운 엄마   그 전이었어요. 하나둘씩 교실을 빼줘야 된다는 사실을 알고 부모님들이 드나들면서 그런 작업도 있었고, 실무진들이 저희 아이들에 대한 기록물, 막 정리 작업 들어간 그런 시점이었어요. 그러니까는 부모들이 교실 들어가고 나올 때 심정이 어땠겠어요? 그리고 거기 학교에 근무하는 선생님이면 돌아가는 상황을 알잖아요, 그러면 애들한테 좀 주의를 주었으면 했을 텐데, 그래서 본의 아니게 학교에서 선생님하고도 싸우고…. 뭐 마음이 내켜서 하는 사과는 아닌 것 같더라구요. 죄송은 하다고 그랬어요. 근데 저 개인적으로 그런 일이 있었어요. 그래서 단원고 애들이 거기 와서 그거 한다고 했을 때 별로 반갑지는 않았어요, 실제로도 그렇고. 그런데 의미를 따지고 좋게, 좋은 마음으로 가자고 그러면은 그렇게 가는 건데 솔직히 달갑지는 않아요, 단원고 애들이 오는 것.

면담자   혹시 다른 의견이나 뭐 지지 의견 같은 것 있으세요?

태민 엄마   다 같은 생각인 것 같아요.

면담자　　　네. 그러면은 혹시 기억교실과 관련해서 혹시 좀 더 하고 싶은 이야기가 있으신가요?

도언 엄마　　　저 있어요. 너무 이야기 많이 하는데, 이것만 이야기하면 될 것 같아요. 이거는 그래도 기록으로 남겨놔야 되지 않을까. 그… 우리가 교실을 모든 고정, 고정 기록물은 아직까지 단원고에 있고요. 이제 목록화를, [고정 기록물을] 제거하고 나서 다시 다 체크를 했어요, 몇 번을 확인해서 다 체크한 상태고. 교실을 이전해 올 때 그 강민규 교감선생님도 책걸상이 넘어와 있더라구요. 처음 교무실에 이 책걸상을 넣어야 되나 말아야 되나 이 이야기를 할 때, 제가 이제 그 이야기를 했어요. 그래도 여기는, 물론 세월호 참사로 희생된 분은 아니지만 단원고 소속이었고 이제 물건이 와 있는 상태[니까] "책걸상을 놓자" 해서 이제 합의하에 책걸상이 들어갔고….

　　그리고 강당 위에 아이들 한 명 한 명 이름을 적은 게 있어요. 250명과 선생님들 이름을 적고, 그것도, 거기에도 사실 강민규 선생님 성함을 넣었어요, 영상에도 사실 있고. 우리 '아이들 이름을 불러주세요' 그 영상에도 교감선생님이 있었어요. 그런데 사실 이것도 우리가 큰 마음을 낸 거예요. 왜냐면 가족들은 어차피 기억교실, 저장소에서 운영을 하고 있으니 엄마들 다 반대하실 때, 내가 하자면 하시니까 [그렇게] 일[을] 진행을 했는데, 내가 큰마음을 내서 우리가 배려를 했는데…, 이젠 하다 하다못해 강민규 교감선생님을 순직 처리를 해달라는 거예요. [순직 인정을] 받게끔 해달라는 거죠. (면담자 : 누가요?) 회복지원단에서요. 몇 번 계속 얘기를 하는 거예요. 계속 우리를 교육시키는 거지.

그래서 제가 엄청난 화를 냈구요, 그리고 또 이야기했어요. "이분은 단원고 소속이었지만 세월호 참사 희생된 분이 아니시고 우리 아이들을 그 배에 놔두고 본인 혼자 제일 먼저 구출이 되셨고, 어떠한 증언도 하지 않으셨고, 그 [상황을] 감당할 수 없어서 혼자 자살하신 분이다. 희생자가 아니다"라고 제가 이야기를 했어요. 몇 번이고 계속 이야기를 하는 거예요. "이제는 유가족이 안아줘야지", 유가족이 떠안아 주라는 거예요. 순직 처리할 수 있도록 유가족이 안으라는 거예요. 그래서 제가 강민규 교감선생님 책걸상을 이제 뺐습니다, 단원고에 얘기를 하고, 그리고 회복지원단에 이야기를 하고. 이전하기 전에 창고에서 먼저 뺐어요. 있으면 안 되겠더라고요. 왜냐하면, 우리는 큰마음 내서 해줬는데…, 혹시 시민들도 오해할 수도 있고, 당연히 희생자로 생각할 수 있을 것 같고…. 중요한 경기도교육청 관계자들이 이제 유가족이 그것까지 안으라는 거죠. 교감선생님까지. 그건 아니잖아요, 정확한 긴 거와 아닌 거는 정확하게 정리를 해야 하는데.

그래서 먼저 책걸상을 창고에 넣었구요, 그리고 이전할 때 강민규 교감선생님 책걸상을 단원고로 보냈습니다. 이거는 사실 기록으로 좀 남겨놓아야 하지 않을까, 나중에 또 시간이 지났을 때 '어라? 있다가 왜 없어졌지' 이렇게 이야기할 것 같아서 제가 또 추가로 말씀드린 거예요. (면담자 : 영상이라든지 다른 데 이미 들어간 것도) 다 삭제했어요. 영상도 재성 쌤한테 부탁을 드려서 그 부분 영상을 뺐거든요.

재강 엄마   그것도 치웠잖아요.

도언 엄마   이름도 뺐습니다.

재강 엄마   이름, 캘리[그래피]로 '강민규' [하괴] 쓴 것도 우리 신주희 선생님 시켜서 그것도 지웠어요. 그것도 찍어서 소장님 편에 탁 보내주고 "이거 이렇게 지웠습니다" 하고(허탈한 웃음).

면담자   알겠습니다. 그럼 기억교실에 대해서는 이 정도로 하겠습니다.

7
기억시 전시와 관련한 에피소드들

면담자   어머님들께서 2017년 들어 전국 곳곳에서 하셨던 작업이 육필시, 기억시 전시 활동이에요. 경기도교육청부터 각 도교육청에는 다 가셔서 전시하셨는데요. 기억시 전시와 관련해 기억나시는 에피소드나 어떤 활동을 주로 하셨는지 이야기를 나눠보도록 하겠습니다.

태민 엄마   저는… 각각 도마다 조금, 마음들은 사실은 다 아팠지만, 그래도 4주기 맞아가지고 제주도에서 했어요. 사실은 우리 아이들이 갔어야 될 공간이었잖아요. 근데 그렇게 기억시로밖에 못 갔는데, 그 당시에 그리고 아이들이 되게 많이 왔어요. 그러니까 고등학생 애들이 수학여행 와가지고 이렇게 지나가는 저기였는데, 거의 한 학급 아이들이 다 왔으니까, 3학년 아이들이. 그 아이들이 적어놓는데, 이런 메시지를 적어두었더라구요, 포스트잇에다가. '그 당시에 왔어야 될 영혼들이 오지 못하고 이렇게 지금 4년이 지나서, 이제야 도착

해서' 그런 식으로 적어놓은 거야. 저희 부모님들이 그거 보고 다 울었어요. 거기가 제일 많이 힘들었고 또 의미도 그만큼 컸고, 왜냐하면 4주기 맞아가지고 딱 그렇게 했기 때문에. 그런 기억들이….

면담자   그때 어머님들 다 가셨나요, 제주도에?

재강 엄마   네, 다섯 명 다 간 것 같아요. 근데 태민 어머니가 지금 말씀하신 거 중에 아이들 수학여행 온 반이라는 데, 그게 아니고 제주도에 있는 학교, 제주제일고인가? 그 제주도에 있는 아이들이, 학생들이 온 거예요, 수학여행 학생들이 아니고. 아마 교육청에서 오라고 했든지 이래서 왔던 것 같아요.

도언 엄마   학생문화원에서 했는데요, 학생들이 많이 왔어요.

재강 엄마   그것도 처음이었던 것 같아요. 전시하면서 그렇게 온 것은 처음이었던 것 같아요.

도언 엄마   4주기라서, 왜냐하면 우리가 4주기 때 안산은 합동… 합동영결식이 진행이 되는 4주기 때, 이제 제주도에, 우리 아이들이 가지 못한 제주도에서 아이들 한 명 한 명의 기억시를 전시하니까, 음… 좀 더 많이 힘드셨을 것 같아요. 엄마들 많이 울기도 많이 울었고….

면담자   그때 제주도를 가시게 되면서 마음도 복잡하셨을 것 같아요. 제주도에서 사람들을 만나 기억시를 나누는 과정은 어떠한 경험이셨나요? (일동 침묵)

고운 엄마   저는 솔직히 우리 아이들이 제주도를 가다가 그렇게 됐잖아요. 그래서 저는, 제 평생에 제주도를 안 가려고 했었어요. '내 평생에는 제주도는 절대 앞으로는 안 갈 것이다'라고 그렇게 다짐을 했는데…. 다짐을 하고, 그때 기억시 전시 때문에 제주도를 갈 때도 애들한테, 고운이한테 참 미안했었어요, 그 못 간 곳을 우리가 가는 거에 대해서 되게 미안했고. 그리고 이제 아이들이 가려고 했던 곳이었기 때문에 더 저희한테 특별했… 특별했고, 오히려 다른 교육청들도 다 똑같은 마음이었지만 저 개인적으로 제주도교육[청], 제주도에서 기억시 전시…, 학생문화원에서 할 때 더 마음이 더 가진 것, 갔었던 것 같고 더 의미 있었던 것 같고 더 뜻깊었던 것 같고….

그리고 저희 부모님들이 가장 많이 힘들어하고 가장 많이 울었던 곳이 제주도였어요. 그때 그 생각도 해봤죠, '이렇게 아이들 육필 시만 제주도에 오게 하고, 그 당시 우리 아이들이 수학여행을 정상적으로 왔다 갔더라면' 그런 생각도 하게 됐고. 이제 교육청 다, 한 곳 한 곳 다 소중하지만 제주도 학생문화원에서 했던 기억시 전시가 저희들한테는 가장 뜻깊었던 곳 같아요.

그리고 저희가 제일 처음에 국회회관에서 전시할 때, 그때가 제일 늦게까지, 그 저희 앞전에 행사했던 팀들이 철수를 6시에 하고 저희가 6시부터 들어가서 기억시 전시를 하다 보니까…. 그리고 시간도 늦었지만 저희가 그런 걸 처음 해보잖아요. 그러니까 경험이 없다 보니까 그 기억시 설치하는 그런 시간들도 되게 길었던, 길었고 제일 힘들었던 게, 처음 했던 국회회관이 저는 기억에 더 남아요.

재강 엄마　　12시 넘게까지 우리 했던 것 같아요.

혜선 엄마　　[새벽] 1, 2시까지 했어요.

도언 엄마 　　　(웃으며) 전시를 한 번도 안 해본 사람들이요. 참 우리 지금 보면 대단해요. 전국 전시를 하겠다고 기획을 한 거예요(웃음). 일정은 착착착 잡혀져 있는데, 전시를 한 번도 해본 경험이 없어. 그래 가지고 그때부터 고민을 하기 시작했어요. 날짜는 다 잡혀져 있어요, 벌써. 근데 액자를 걸을 철망은 어떻게 해야 되며, 막 정리가 안 되는 거예요. 그때 진짜 고생했어요, 엄마들. 진짜 고생했어요. 그래서 철망만 구매를 해놓으니 너무 보기가 싫은 거야. 그러면 또 "커버를 만들자" 그래서 또 천을 떼 와가지고 커버를 또 만들고.

태민 엄마 　　　(웃으며) 미싱으로 박고.

도언 엄마 　　　미싱으로 박고, 진짜 고생 많이 했죠.

면담자 　　　기억시 전시할 때는 누가 도와주시거나 아이디어를 주는 외부 전문가는 안 계셨나요?

도언 엄마 　　　우리끼리 했어요, 우리끼리. 우리끼리 철망, "그래? 그러면 철망에 걸자" [하고] 우리 다 검색해서 다 철망 또 주문하고…. 또 이제 철망이 왔어요. 조립을 해서 보니, 액자를 걸었더니 너무 보기 싫은 거예요, 양쪽으로 걸어야 되는데…. 그것도 제가 또, "우리 그럼 커버를 씌우자" 그래 가지고 일을 만들어서 또 천을 떠 와서 또 재단을 하고 미싱을 박고, 그렇게 다 했어요. 국회 전시하러 갈 때는 아빠들도 많이 가[서] 도와주셨거든요. 진짜 고생했어요. 진짜 고생을 많이 했고, 그때가 또 우리… 3주기 전이었거든요. 3주기 전에 전시를 했는데, 그 당시에 한창 박근혜 [탄핵되고], 아직까지 [박사모들이 저항이] 많을 때잖아요.

그래서 조원진이 무슨 뭐 세미나를 했었어요, 국회에서. 그게 다 박사모들이잖아요. 와가지고 우리 아이들 기억시 훼손을 좀 많이 했어요. 훼손했고, 작품도 다 뜯어내고 막, 자기들은 그걸 자랑이라고 '애국 TV'인가 거기에 막 동영상 퍼뜨리고 이랬었거든요. 그래서 제가 또 거기에 대해서 고발도 했고, 고소도 했고, 이런 과정을 거쳤는데, 전 제주도도 많이 생각이 나지만 사실 처음 우리 진짜 고생했던, 전시란 전시를 평생 처음 (태민 엄마 : 맞아, 고생했어) 무데뽀로 시작한 게 국회 전시입니다(웃음). 국회 전시로 시작이 됐던 거죠.

면담자   국회 전시에서 혹시 기억나는 관람자는 없었나요?

도언 엄마   아니요, 없었어요. (웃으며) 없었던 것 같구요, 그때 진행했던 거도 더불어민주당에서 유은혜 의원님을 먼저 섭외해서, 그 의원님을 통해서 당에서 조금조금 후원금 모아서 진행이 됐던 거고요. (고운 엄마를 바라보며) 기억에 남는, 그거 좀 이야기해 주시죠? 우리 유은혜 의원님 비서님이 했던, 은정 어머님 이야기, 사건.

면담자   도와주러 나오는 분들은 안 계셨나요?

재강 엄마   저는 기억이 안 나요(웃음).

도언 엄마   자꾸 찔러서 '언니라는 얘기를 할 수밖에 없다'는 이런 이야기.

혜선 엄마   기억이 안 나요.

태민 엄마   저도 모르겠는데? (일동 웃음)

고운 엄마   저 같은 경우는 그 충남교육청도 기억이 나는 게, 그때 소장님하고 윤희 어머님이 독일에 가서 있을 때였어요. 근데 그 충남교육청에서 처음에 잡았던 날짜, 처음부터 거기 충남교육청은 애를 먹였던 교육청이었어요. 이게 기억시 전시를 하기 위해서 저희 저장소에 문의만 몇 수십 차례 하면서 애를 먹이기 시작을 해서, 또 한다고 결정이 난 이후에도 그 기간을 가지고 저희하고 또 참 힘들게, 기간을 잡았던 거에서 반으로 줄여가지고 전시를 한다 그래 가지고, 또 독일에 가 있는 소장님한테 전화를 하고, 그때 한참 그래 가지고 [좀 힘이 들었었죠].

저희가 막상, 미리 그것도 얘기를 안 하고 저희가 실무진하고 은정 어머니하고 저하고 그때 답사를 갔었거든요. 근데 저희가 내려오기도 전에 얘기를 한 게 아니구요, 저희가 답사 가서 딱 사무실 도착을 하니까 이 기간만큼 전시를 못 하겠다는 거예요. 한 2주로 줄여서 전시를 해야 되겠다는 거예요. 근데 이제 실무 선생님 같은 경우는 이게 맘껏 자기 할 이야기를 하고 화를 내거나 그러질 못하는 입장이다 보니까, 제가 너무 화가 나가지고 그 자리에서 막 따지고 안 좋게 싸우고 그랬던 기억이 있고….

그 당시에 바로 또 독일에 있는 소장님한테 "충남교육청에서 기간을 갖다가 4주에서 2주로 줄여서 전시를 하자고 그런다"는 등 그거를 제가 다 미리 알렸어요. 그래 가지고 또 그게 소장님이 "그러면은 우리는 기억시 전시를 못 한다, 안 한다" 그래 놓으니까 이제 충남교육청 담당자가 소장님 연락도 안 되고, 독일에 있으니까, 계속 전화를 하고 "다시 잡아서 하겠다"고 또 연락이 온 데다가, 저희는, 소장님이 끝까지 "이런 식으로 저희가 이런 대접받고 전시 절대 할 이유도 없고, 안 하겠다"고 그래 가지고, 계속 그렇게 나가니까 결국에는 회복지원단을 통해서 사과하러 올라오겠다고 그래 가지고, 저희는 또 사과 안 받는다고 그러는데 또 회복지원단은 중간에서 자리 마련해 가지고, 또 그 담당자가 아닌 그 윗분이 저희 전시관까지 와서, 직접 와 가지고 사과까지 하고 [했었지요]. 그러고 나서 소장님이 "그럼 생각해 보겠다" 그래 가지고 또 다시 진행해서 기억시 전시를 했던 기억이 있어요. 그 충남교육청이 진짜 애를 많이 먹였어요.

도언 엄마   (웃으며) 진짜.

면담자   그래서 결국 한 달, 원래 계획대로 하셨나요?

고운 엄마   네 원래 계획대로 전시를 했던 기억이 있어요.

도언 엄마   아유, 진짜 힘들었어요.

재강 엄마   그게 우리가 전시 얘기했잖아요. 전시, 소장님 독일 간 거, 독일 가는 시점, 목포 우리가 신항 일주일 로테이션 돌아가는 것, 또 이 전시가, 그때 5월, 6월 같이 같이 되었었던 [거예요]. 지금 얘기해[서] 생각나는 게, [기억시 전시를] 서울시, [아니] 세종시에서 철수하면서 서울시로 넘어가는 과정일 때 저는 그 전주에 목포를 갔다 왔어요, 태민 어머니랑. 근데 서울시 전시를 가야 되는데 갔다 와서 제가 허리가 안 좋아 가지고 서울시 전시를 못 갔어요. 못 해주러 갔어요, 서울시 전시는. 왜냐하면, 허리가 [아파 가지고]. 근데 그다음 주에 내가 목포를 가야 돼요. (웃으며) 그래 가지고 저는 하루 늦게 갔어요. 이게 허리가 안 나아가지고 하루 늦게, 틀어진 허리를, 또 있잖아요, 허리가 덜 나았는데 내려갔어요.

왜냐하면 교대해 줄 사람이 없었어요. 둘이 독일 가 있지, 고운 어머니는 △△[고운이 동생]이 때문에 못가고, 아이가 혼자 있으니까. 저는 ○○[재강이 동생]이 아빠가 있으니까 ○○이를 두고, 혜선 어머니랑 그 저기… 영만 어머니가 갔다 오고 우리가 맞교대를 다시 한 거예요. 한 주 갔다 오고 그다음 주 갔다 오고 그다음 주 맞교대를 또 해야 되는 거야. 근데 그 중간에 제가 허리를 다쳤는데, 교대해 줄 사람이 없는 거예요. 왜, 그때는 또 은정 어머니가 공방장이라 가지고, 공방장은 그때 또 바빴어요. 아무도 교대해 줄 사람이 없는 거야. 그래서 다시 아픈 허리를 잡고 다시 갔다가 왔던 기억이 나네요.

고운 엄마　　한 팀은 목포에 가 있지, 소장님하고 윤희 어머니는 독일에 가 있지, 그 상황에 [충청남도교육청하고] 그 사달이 벌어졌던 거예요.

재강 엄마　　그리고 보니까 작년에도 만만치 않았던 것 같아요.

고운 엄마　　충남교육청이 제일 애를 먹이고 기억시 전시를 했던 교육청 중의 하나가 충남교육청.

도언 엄마　　그래서 제가 항상 하는 말, "엄마들 울 시간 만들어주면 안 되는 거야, 바쁘게 일 시켜야 되는 [거야], 다른 데 생각 못 하게" (전부 웃음) '이제 활동 안 해야 되겠어' 이런 생각 안 먹게 일을 막 시켜야 돼요(웃음).

면담자　　기억시 전시하시는 중에 특별히 좋았던 기억이라든지 이런 거는 없으세요?

재강 엄마 저는 부산에 갔을 때[가 기억에 남아요]. 그 교육청마다 다 특징이 있어요. 근데 이제 뭐… 처음에 국회는 우리가 뭐 진짜 아무것도 모르고 진행도 그쪽에서 하라는 대로 따라 했던 것 같긴 한데, 근데 이제 그러고 나서 경기도교육청하고 세종시 갔을 때, 오프닝을 할 때 좀 틀렸던 것 같아요. 이색적으로, 우리가 또 그동안 했던 오프닝과 다른 오프닝…, 그렇게 했던 것. 또 부산교육청 갔을 때 음…, 그 아이들 기억시 전시하는 밑에 곳곳에 꽃을 놔준 거. (면담자 : 어디서요?) 부산교육청에서요. 그런 것, 부산교육청이 저는 그게 되게 인상에 남았었어요.

면담자 그럼 부산교육청 외에는 다른 어머님들이 전시 준비를 할 동안에 몸으로 도와준다든지 그런 건 없었나요?

도언 엄마 항상 오셔서 도와주셨구요, 같이, 같이.

혜선 엄마 저희들 힘만으로는 할 수가 없었죠.

고운 엄마 교육청 분들도 많이 도와주셨죠.

도언 엄마 전시 준비할 때, 오프닝 할 때, 철수할 때, 같이, 교육청 관계자는 같이.

면담자 아까 국회 의원회관 들어가셨을 때는 너무 힘드셨다고 그래서.

도언 엄마 너무 힘들었어요. 그리고 국회는 그 생각이 나요. 그… 국회는 일반인들이 잘 못 들어가잖아요. 신분증 한 번 들어갈 때 내고 나올 때 내고 다시 또 해야 되는데, 그 지키는 방호원인가, 방호를 하시는 선생님들이…. 우리가 싸웠잖아, 싸웠어. (전원 웃음) 우리가 이제, 우리가 그냥 이렇게 막 작업복을 입고 가니까 막 무시를 하는 거예요, 차는 못 대게 하고, 앞에. 그래서 좀 많이 싸웠었죠.

재강 엄마　　'많이'라고 이야기하면 안 되고(웃음).

고운 엄마　　그래서 그 문제로도, 신분증 그것도 저기 하길래 좀 저기 했었고요. 그러고 보니까 왜 나는 돌아다니면서 맨날 싸움을 하고 다니는 거야? 저도 교육청 중에 세종시교육청이 기억에 많이 남아요. 저희 다른 교육청은 그러지 않았었는데 세종시는 저희 그 아이들 책상에 달력 제작해 주신 활동가분['노란 우산 프로젝트'를 진행했던 사진가 서영석]이, 활동했던 그 우산 있잖아요, 노란 우산에 시민분들이 이렇게 메시지 남겨놓은…. 그런 노란 우산을 세종시교육청 2층하고 3층 저기에다가 노란 우산을 다….

태민 엄마　　난간, 난간 위에다가 다 진열을 해놓았더라구요.

고운 엄마　　다 진열을 해놓으셨더라구요. 그래서 그게 참 눈에 많이 들어왔구요. 그리고 오프닝도 다른 교육청에서는 그런 게 없었는데, 거기는 그 실제로 직업적으로 춤을 하시는 분이 오셔가지고, 그 오프닝 때 그 코너도 있었어요. 세종시교육청이 분임했을 때도 제일 좀 다채롭게 했고 신경을 많이 썼던 것 같아요. 교육청 자체가, 그 노란 우산으로 해놨다는 것 자체가 저희는 세종시교육청 가서 첫인상이 되게 인상 깊었고 '아, 실제로 교육감님이 마음이 있으신 분이구나'라는 거를 저는 그 노란 우산을 보고 느꼈어요. 교육감님이 그런 마음이 없으면 교육청이 그런 걸 설치조차도 안 해놨겠죠. 그래서 저는 교육감님을 만나 뵙기 전에 그 노란 우산을 딱 보면서 '아, 이 세종시 교육청은, 교육감님은 참 마음이 있는 분'이라는 거를 그 우산을 보면서 느꼈어요.

도언 엄마 　　그때 우리 '기억의 벽'에 사진이 있었던 것이 전북이었어요, 충북이었어요? 기억의 벽에, 교육청 건물에. 그 교육감, [4·16전시관 큐레이터인] 나연이 데려가고 사진관.

태민 엄마 　　따로 공간 만들어가지고 거기에다가….

도언 엄마 　　기둥 벽에.

태민 엄마 　　아이들 사진이었나?

고운 엄마 　　전북이요, 전북.

도언 엄마 　　전북교육청에 가면 로비에, 1층 로비에 '기억의 벽'이 있어요. 이렇게 큰 둥근 벽에 세월호 활동했던 그 타일을 다 전시를 했어요. 그 교육감님이 뭐라 하셨냐면, 세월호 참사 나고 나서 자기가 요 활동을 했을 때 교육부에서 징계가 내려왔었대요. 그게 아직까지 진행이 되고 있대요. 계속 이제 뭐 법원 왔다 갔다 해야 하고 그런데 자기는 "세월호 참사에 대해서 [활동을] 멈추지는 않을 거다" 그 이야기를 했구요. 전시를 하러 갔을 때 저한테 사진을 보내준 게 뭐냐 하면 합창, 초창기 합창단에서 그쪽에 가서 한번 노래 부른 적이 있어요. 거기 안에 제가 노래 부른 거 찍은 게 거기 벽에 있는 거예요. 그래서 엄마들이 전시 일 준비하러 갔다가 그 사진을 찍어서 저한테 보내준 거예요. 저는 모르고 있었는데 그것이 턱 있는 거예요. 교육감에 따라서 달라지는 것 같아요. 아이들 교육도 그렇고 세월호 참사를 기억하는 방법도 달라지는 것 같아요.

면담자   교육청 중에서 너무 좀 뭐랄까 호의적이지 않거나 한 경우는 없었어요?

고운 엄마   충남이요. (일동 웃음)

도언 엄마   아니 그것은 교육감은 아니고 실무관이 그런 거지. 아이 그건 아니지.

면담자   뭐 호의적이라고 보긴 힘들긴 하네요.

도언 엄마   호의적이지 않은 데는 아직까지 전시를 못 했어요, 전시를. 전남, 전남[은] 하려다 못 했어요.

고운 엄마   무산되었어요.

재강 엄마   전시한 교육청은 다 대체적으로 잘했던 것 같아요.

혜선 엄마   네, 다 잘했어요.

재강 엄마   충남교육청이 처음에 할 때만 그렇지 [실제 전시할 때는 괜찮았어요].

혜선 엄마   나중에 잘 도와줬어요.

도언 엄마   전남, 전남.

면담자   전남은 왜 안 됐었던 건가요?

도언 엄마   (혜선 엄마를 바라보며) 언니가 이야기하는 것이 낫지 않나요? 언니가.

혜선 엄마   그 건에 대해서는 제가, 그때는 제가 담당이 아니었던
것 같아요. 윤희 엄마가 담당이었던 것 같은데, 장소가 협소해서 못
했다고 기억하고 있는데….

도언 엄마   아니 그게 아니라 실무, 경기도교육청이랑 진행을 했는
데, 우리 [전시관 담당하는] 나영 쌤, 실무진 선생님이 답사를 갔어요.
답사를 갔는데, 처음에 답사를 가면은 장학관님이거나 장학사가 미팅
을 해서 조율을 해요, 어떻게 전시를 하고 [할 것인지에 대해서]. 사진을
보고 공간도 보고, 사진 촬영을 해서 우리한테 보내주거든요. 그리고
뭐 뭐 준비할 거를 서로 공유를 하는 거예요. 왜냐하면 그거는 오프닝
행사 할 때 필요한 것들이기 때문에, 홍보 등등[에 필요해서요].

　　근데 장학관님이 이 기억시 전시를 하는 의미를 모르셨던 거죠.
"왜 우리가 여기에 대해서 진행을 해야 되며, 왜 우리가 여기에 비용
이 나가야 되죠?" 이런 식으로 계속, 그래서 "우리는 해줄 수가 없다"
이렇게 된 거예요. 이제 연결이 돼서, 왜냐하면 경기도교육청 통해서
이미 연락이 왔고, 실무진과 계속 통화를 하다가 답사를 간 거예요,
전시를 하기 전에. 정작 답사를 갔더니 그렇게 얘기를 하신 거예요.
그래서 나영 쌤[한테서] 전화가 온 거죠, 저한테. "소장님 이러이러한
데 어떻게 할까요?" 그러길래 "그런 생각을 하고 있으면 전시를 할 수
없지 않냐. 왜냐하면 전시를 기본 한 달을 하는데 우리가 지킬 수 있
는 것도 아니고, 교육청에서 관할을 해줘야 되는데 어떻게 관리가 되
겠냐" 그거죠. 그래서 그게 지금 무산이 된 거예요.

고운 엄마   저희 이제 저장소 운영위원으로 있는, 가족운영위원으로 있는 아이들 기억시는 저희가 이제 순차적으로 돌아가면서 저희[가] 직접 기억시 낭송을 했거든요. 그런데 저는 제가, 고운이 거를 제가 기억시를 읽었던 것보다 제3자인 교육감님이 읽어줬던 게 저는 훨씬 더 좋았던 것 같아요. 저 같은 경우에는 제주도 교육감님하고 창원 교육감님이 고운이 기억시를 낭송해 주셨거든요. 그래서 제가 읽는 것보다 오히려 교육감님이, 제3자가 읽어줬을 때 더 뿌듯하고 마음이 와닿고 더 좋더라구요, 제가 읽는 것보다. 그래서 기억시 전시하게 된 일 중에 그런 부분도, 다른 분도 그런 일이 있었을 거예요. 그래서 저는 그거 참 좋더라구요, 교육감님이 읽어주시는 게 제가 읽는 것보다, 오히려.

재강 엄마   그게 다 저희가 저장소 와서 움직이는, (면담자 : 동력인가요?) 힘들게, 그렇다고 봐야 되겠죠? 저가 교육감님이 또 읽으면서, 이 아이 시를 읽으면서 이 아이를 기억할 것 아니에요. 거기에 또 우리 엄마들은 힘을 얻는 것 같아요.

면담자   보통 몇 명 아이들에 대한 시를 전시하나요?

도언 엄마   지금 다 가죠. (면담자 : 빠지는 아이들은 없구요?) 반대하신, 뭐 안 적으신 분들도 몇 명은 있긴 한데요. 거기 우리 단원[고] 희생자 플러스 김관홍 잠수사까지 해서 이동이 돼요.

면담자   그러면 네, 그러면 교육감님이 시를 읽어주신다고 했는데, 그걸 다 읽으실 수는 없잖아요.

도언 엄마   오프닝 행사 할 때, 이제 오프닝 행사 할 때, 우리 가족들 [중] 한 분이 기억시를 낭송을 하구요, 그리고 교육감님, 교육감님이 아이들 한 명을 낭송을 하고, 교육문학창작회 선생님이 두 명, 보통 두 명 정도 이렇게 낭송을 해요. 그래서 우리 저장소 엄마들은 기본적으로 무조건 넣으라고 이야기하고요. 고생을 한 만큼 해야 되기 때문에 무조건 넣고, 교육문학창작회는 교수님들이 자기가 지은 기억시 아이들을 낭송을 하는 거죠.

8
기억시 전시 후의 활동 계획에 대해

면담자   그렇게 진행하시는 거군요. 네, 그럼 기억시 전시 관련해서 마지막 질문을 드리려고 하는데요, 전국을 돌아다니면서 전시 활동을 해보셨는데, 이후에도 이런 방식의 전시를 더 하고 싶은 마음이 있으신지요? (일동 웃음)

고운 엄마   솔직히 말씀드려도 되나요?(웃음)

면담자   만약에 하고 싶다면 어떤 걸 하고 싶으신지, 만약에 안 하고 싶다면 왜 그러신지.

태민 엄마   아 범위가 넓은데(웃음).

혜선 엄마   너무 멀리 가셔요, 교수님(웃음).

고운 엄마   솔직한 심정으로는 기억시를 마지막으로 [전시는 더 이상] 안 했으면 좋겠어요. (일동 웃음) 안 했으면 좋겠는데. 소장님이 다른 생각을 갖고 추진해서 하시겠다고 그러면 하기는 하겠는데, 저 솔직히 말씀드려서는 기억시 전시를 마지막으로 안 했으면 좋겠어요. (일동 웃음)

면담자   뭐가 제일 힘드시던가요?

고운 엄마   저 같은 경우에는, 저희 북 콘서트도 이미 시작을 해서 그것도 있어요. 전국 다녀야 되는데. 저 같은 경우에는 기억시 전시하러 다닌 부분도 있지만 저희가 이제 이 안산에서 거리가 멀수록, 거리가 멀어지면은 1박 2일로 갔다 오게 돼요. 그럼 이게 저 같은 경우에는 잠자리가 바뀌면 잠을 못 자요, 화장실도 그렇고. 그래서 그런 부분도 솔직히 있긴 있어요. 그래서 솔직히 말씀드리면 안 가고 싶어요.

면담자   전국을 도는 건 안 했으면 좋겠다는 건가요?

고운 엄마   안 하고 싶어요, 솔직히. 근데, 솔직한 마음은 그런데 우리 아이들을 알릴 수 있는 그런 일이라면 (재강 엄마 : 또 해야죠) 해야죠(웃음).

혜선 엄마   결론은 항상 "해야 되죠"[야].

면담자   어떠세요, 다른 어머님들은?

혜선 엄마   저 같은 경우에는 기억시 전시하면 물론 힘들어요, 몸도 힘들고 제일 힘든 게 마음이고. 그렇긴 한데 저는 기억시 전시를 그냥 교육청에서만 저희가 하고 있잖아요. 교육청에 오시는 분들만 볼 수 있잖아요. 예전에 어머님들한테도 한 번, 소장님한테도 한 번 말씀드렸는데 우리 아이들이, 젊은 아이들이, 젊은 세대들이 많이 봐

줬으면 좋겠어요, 저는. 그래서 우리 아이들이 비록 대학 진학은 못했지만, 물론 아이들이 다 목표하는 대학을 정해놓은 건 아니에요, 근데 우리 아이들이 가고 싶었던 대학이 있을 것 아니에요? 그런 대학이 있으면, 우리 아이들이 가고 싶어 했던 그 대학에서 아이들 기억시 전시를 한번 했으면 좋겠어요. 그러면 우리 아이들하고 같은 세대의 아이들이 우리 아이들의 기억시를 읽고 '이 아이가 어떤 꿈을 꾸었으며 우리 학교에 와서 이런 꿈을 이루고 싶었구나' 그런 것도 기억을 해주고, 이 아이를 오래오래 기억해 줄 수 있잖아요. 그래서 젊은 세대들이 많이 봐줄 수 있는 곳에서 전시를 한번 했으면 좋겠어요, 그거를 전국 순회를, 우리 아이들이 가고 싶었던 학교에다가 전국적으로 돌면서. (일동 웃음) 물론 몸은 힘들어요, 마음이 힘들긴 한데.

면담자　　교육청보다는 대학의 숫자가 더 많기는 해요. (일동 웃음)

혜선 엄마　　그래서 혜선이 같은 경우에는 부산의 [한국]해양대학교를 진학을 하고 싶어 했거든요. 저는 그냥 부산 해양대학교에 전시를 한번 했으면 좋겠어요. 그런 식으로 가고 싶은 대학교가 있으면 그런 의견들을 모아서 한번 했으면….

고운 엄마　　저희가 전국을 돌아다니면 솔직히 몸도 마음도 다 힘들죠. 근데 시간이 지나면 지날수록 점점 더 잊혀져 간다는 그런 생각이 있기 때문에, 우리 아이들을 알릴 수 있는 기회이고 그런 거라면 다닐 수 있죠.

면담자　　혜선 어머님이 말씀하신 것처럼 대학에 하는 거는 불가

능한 일 같지는 않은데요. 다른 어머님들은 어떠세요? 꼭 기억시 전시가 아니더라도 하고 싶은 게 있으신지, 아니면 절대로 안 하고 싶으신지. (일동 웃음)

재강 엄마   한다는 거는 아직 뭐 생각을, 모르겠구요. 아이들… 또 세월호를 알린다는 거에 힘들지만 해야죠. 근데 이제 옛날에, 일전에 창원 같은 경우는 당일로 갔다 오니까 엄청 힘들었어요, 그런 거는 힘들지만 그래도 또 우리 아이들 일이니까 하는 거고. 또 어떤 아이템이 소장님이 또 갖고 올지는 모르지만 또 할 것 같아요 저희들은, "힘들다" 하면서도 또. 지금 그렇잖아요. 전시, 기억시 전시 다니면서 우리 맨날 "힘들어, 그만했으면 좋겠어" 막 그러거든요. 그래서 지금, 그런 와중에 '북 콘[서트]가' 탁 들어오고 있잖아요. 또 아무 소리 안 하고 하잖아요. 또 이게, '북콘' 이게 착 들어가면 소장님이 또 뭘 하나 싹 들고 올 거예요. (도언 엄마 웃음)

태민 엄마   내년에 또 뭘 들고 오려나?

혜선 엄마   뭔가 머릿속에서 구상이 되고 있어요.

도언 엄마   아이고 머리야, 아이고 머리야(웃음).

재강 엄마   저는 세월호 알리는 일은 다 할 것 같아요.

도언 엄마   그냥 움직이는 거는 우리 아이들을 알리는 뭐…, 우리 아이들은 기본이고 세월호 참사를 알리기 위해 다니잖아요. 근데 저는 지방을 다니는 거는, 제가 지방을 엄마들 보낼 때 얼마나 눈치를 보겠어요. 저 눈치 안 볼 것 같죠? 저 눈치 엄청 봐요, 저. 대신 그냥 안 보는 척하는 거죠. 근데 어… 이렇게. (면담자 : 그래도 보내시잖아요, 결국) 그렇죠. (일동 웃음) 아니, 요즘에는 제 돈 들여서 가요. 제가 그 장거리를 사실 가는데요, 저는 이제 운전도 힘들지만 꼭, 부산을 다 같이 갔어요. 부산 가는 5시간 동안 한 공간, 봉고차 한 대 안에서 웃고 떠들고, 울다가 웃다가 이런 시간이 사실 엄마들의 힘듦을 덜 수가 있어요, 왜냐하면, 밖에 나가서는 그렇게 못하니까. 사실은 이 시간이 중요하다고 생각하거든요, 저는. 그래서 눈치는 보지만 저는 할 거예요. 죄송해요(웃음).

면담자　　소장님은 그럼 '북 콘서트' 말고 또 전국을 도는 기획이 있으신가요?

도언 엄마　　지금은 이제, 그… 아우 또 이거 이야기하면 엄마들.
(일동 웃음)

혜선 엄마　　벌써 구상이 돼 있다니까?

재강 엄마　　지금 시선 집중되고 있잖아요.

태민 엄마　　아이고야, 내년쯤에 또 나온다니까(웃음).

도언 엄마　　'북콘'은 '북콘'이고요, 이제 우리 엄마들이 편지 적은 거를 액자로 만들 계획을 하고 있어요(웃음). 그래서 기억시하고 같이 접목시켜서, 사실 그렇게 구상을 좀 하고 있구요.

태민 엄마　　좋다, 좋다(웃음).

도언 엄마　　하고 있고요. 5주기 때는 아직까지 정확한 계획은 못 잡았는데요. 우리『그리운 너에게』도 사실 한 달 만에 기획을 잡고

통과시켜서 급박하게 진행된 건데, 5주기 때는 한번, 언뜻 엄마들한테 이야기를 했어요. '아이들 기록물로 좀 [뭔가] 있으면 좋겠다, 아이들의 글씨체가 있는 편지 등. 우리 엄마들이 적은 것 말고, 아이들이 남겨놓은 글씨체가 있는 편지글이든 메모든, 공부했든 뭐 노트에 적었던 거든. 이렇게 해서 고걸로 한번 좀 알렸으면 좋겠다', 사실 그런 구상을 하고 있어요. 근데 아직 계획은 못 잡았구요, 아마 하지 않을까. (혜선 엄마 : 할 거예요) (웃으며) 제가 하지 않을까 생각을 하고 있어요.

태민 엄마   근데 그거 좋은 것 같아요. 아이들의 흔적이 있는 그 기록물, 아이들이 메모해 놓았던 것, 그거는 정말 의미가 있을 것 같아요.

도언 엄마   그것을 했으면 좋겠다.

재강 엄마   70프로는 다 혼자, 찬성 다 한 거예요(웃음). 이만큼 나온 거는, 우리한테 말 뱉을 때는 70프로는 다, 구상 다 했어요. 30프로는 언젠가 기회를 봐서 우리한테 이제 논의하실 거예요. 그러면 이제 우리가 '아~'(끄덕끄덕하는 흉내를 내며) 이렇게. 70프로는 했을 것 같아요.

면담자   소장님이 어떤 제안을 하실 때 '아, 그건 안 된다. 그건 하지 말자' 이런 이야기를 해보시거나 막 그런 적은 없나요? 이게 해봤자 안 될 거라고 생각하신 건가요? (일동 웃음)

고운 엄마   그런 것보다도 아마 같은 마음이라서 그럴 거예요, 우리 운영위원이나 소장님이 같은 마음이라서. 아이들을 알리고 세월호를 알리기 위한 그런 마음이 같기 때문에, 그런 [반대하는] 입장이 안 나오는 것 같아요, 제 생각에는. 그니까 그냥 일반 회사, 회사 같은 경우에는 뭐 반대적인 성향, 얘기가 다 나올 수가 있겠지만, 밑바탕의 저희들의 마음은 그런 마음이 있기 때문에 그런 입장이 안 나오는 것, 그런 거 아닐까 저는 개인적으로 그렇게 생각해요.

면담자   모두들 우리 아이에 대한 기억, 기록을 좀 더 많은 사람들에게 알리고 잊히지 않도록 하는 것에 한마음이기 때문에 소장님이 좀 무리한 안을 내신다고 하더라도, 겉으로 불평불만은 하더라도, 다 같이 진행을 하신다는 뜻이라고 이해를 하면 되겠죠? 혹시 기억시 전시와 관련하여 더 하시고 싶은 말씀 있으신가요? (일동 침묵) 직접 시를 써보시거나 혹시 이것을 계기로(웃음).

혜선 엄마   교수님 그렇게 말씀하시면 안 돼요. (웃으며) 우리 소장님 또 머릿속으로 또 뭘 추진하실지, 뭘 추진하실지 몰라. (전원 웃음)

혜선 엄마   안 돼요, 안 돼. (면담자 : 편지를 넘어서 시로) 시는 정말 소질이 없어요(웃음).

면담자   네. 오늘은 이걸로 마감하도록 하겠습니다. 모두 참여해 주셔서 감사드리고요. 다음에 2차 모임 때 다른 이야기들 더 나누도록 하겠습니다. 수고하셨습니다.

모두   (박수) 수고하셨습니다, 수고 많이 하셨습니다.

2회차

2018년 8월 27일

1
시작 인사말

면담자 　본 구술증언은 4·16 사건에 대한 참여자들의 경험과 기억을 기록으로 남김으로써 이후 진상 규명 및 역사 기술에 기여하고자 합니다. 지금부터 기억저장소의 증언을 시작하도록 하겠습니다. 오늘은 2018년 8월 27일이며 장소는 안산시 단원구 4·16기억교실입니다. 참석하신 구술자는 도언 엄마 이지성, 태민 엄마 문연옥, 혜선 엄마 성시경, 고운 엄마 윤명순, 재강 엄마 양옥자이며, 면담자와 부면담자는 이현정, 김세림이고 촬영자는 강재성입니다.

2
4·16민주시민교육 1회차 경험과 소감

면담자 　어머님들 지난 며칠 동안 잘 지내셨나요?

모두 　네. (모두 웃음)

면담자 　그동안 기억저장소에서는 뭔가 특별한 일이 있었나요?

도언 엄마 　기억저장소에서는 그냥 꾸준히 하는 일이구요, 저만 좀 있었죠. 저는 이제 단원고 4·16기억교실 설계도면 계속 수정 들어가니까, 그 중요한 일이 좀 있었어요.

면담자 　그 도면 수정에서 변화가 있나요? 지난번 마지막 이야기했던 게 기억교실에 대한 이야기였는데.

도언 엄마　　　그렇죠. 그래서 그날 조금 난리 났었습니다, 설계도면을 변경을 안 해 와서. 아니, 이제 변경을 하려고 했는데 회복지원단에서 논의와 뭐, 중간에 그런 토론 없이 그냥 일방적으로 변경을 안 해가지구요, 그때 회의할 때 조금 안 좋았었어요.

면담자　　　그래도 앞으로 진행이 잘될 거라고 예상하시는 거죠?

도언 엄마　　　글쎄요. 그 어떤 사람이 진행하냐에 따라 조금 다른 것 같아요. 왜냐하면, 내가 이제 그날 무슨 얘기를 했냐면 "어떻게, 어떻게 교육감한테 보고를 했냐. 운영위원장님이랑 동수 아버님께 그랬어요. 어떤 식으로 보고를 했고 어떻게 이 카페를 계획했는지 설명을 잘 했냐" [그랬더니] "그냥 가족들이 원해서" 이런 식으로 얘기를 했다는 거예요. 그래서 하여튼 운영위원장님이랑 저랑 좀 그거에 대해서 이야기를 좀 많이 했구요. 그것도 조금 뭐… 조금 (웃으며) 계속 논의가 있어야 될 것 같습니다.

면담자　　　다른 어머님들은 어떠세요. 꼭 기억저장소 일이 아니더라도 같이 얘기 나눌 만한 일이 있으셨나요?

재강 엄마　　　아, 저기 갔다 왔는데, 기무사, 국방부에 고발 갔다 왔어요, 그리고 거기서 기자회견 하고. 국방부에 가서 고발하고, 우리 고발인들, 소장님, 저, 고운이 어머니는, 고발인들은 잠깐 국방부에 들어간 사이에 고발인들 아니신 분들은 잠깐 한 20분 정도 피켓[팅]했다더라구요. 근데 짧은 기자회견이지만 엄청 날씨 더웠잖아요…. [그래도] 잘하고 왔죠.

면담자　　　예전에 가족분들이 생각하셨던 게 정말 사실로 밝혀지니까 놀랍고 기가 막히기도 하죠. 혹시 또 나눌 이야기 없으신가요?

혜선 엄마   (웃으며 태민 엄마를 향해 속삭이며) 왜 얘기 안 해, 그 서울시 보고 건.

태민 엄마   (속삭이듯이 작게) 아, 빨리 얘기해.

모두   (웃음)

도언 엄마   빨리 얘기하래(웃음).

태민 엄마   언니가 얘기해.

면담자   저희가 보통 시작 때 근황을 여쭙거든요.

태민 엄마   아, 맞다 그 일이 있었구나.

혜선 엄마   태민 엄마가 얘기할 거예요.

태민 엄마   (웃으며) 사실은, 언제 갔었죠, 우리?

혜선 엄마   토요일 날.

태민 엄마   토요일 날 갔죠. 토요일 날 아침 7시에, 이제 세월호도 직립해서, 사실은 저는 처음 가봤거든요. 갔는데 이제 제일, 사실은 그 안을 보고 싶은 저거…, 사실은 왜 갔냐면, 목포도 가고, 팽목 일대 정리를 하잖아요. 마지막 한마당 축제 비슷하게 해서 그걸 이제, 거기를 참석하기 위해서 갔는데, 사실은 태민이가 나온 자리를 솔직히 보고 싶었어요. 근데 너무 충격적이었고, 사실은 저희가 그 뒤 아이들 사진 찍은 것 이런 걸로 봤을 때에는 솔직히 방이 어느 정도 큰 줄 알았어요. 어느 정도 크기는 되는 줄 알았어. 근데 정말 침대 들어가면 걸어 다닐 수도 없는 정도의 크기였고, 그게 너무너무 충격이었고⋯. '정말 어떻게 그렇게 개조를 했을까'라는 생각을 되게 많이 했어요.

면담자   선실이 실제로 아이들이 들어가기엔 너무 빽빽하게 있었고 조그맣고⋯.

태민 엄마   그러니깐 [만약에] 탈출을 하라고 그랬[다고 가정]을 [했을] 때[도], '그 공간에서 어떻게 탈출을 할 수 있었을까' 그런 생각도 되게 많이 들었고⋯. (끄덕이며) 좀 많이 힘들었어요.

면담자   같이 가셨어요? 혜선 어머니는 어떻게 느끼셨어요?

혜선 엄마   음⋯. 저는, 저도 이제 혜선이가 하룻밤을 보냈지만, 아이가 자던 곳을 보고 싶었고, 또 CCTV를 봤을 때 식당에서 아이가 움직이는 모습을 봤거든요, CCTV에서. 그 공간을 보고 싶었는데, 혜선이 9반, 10반이 머물던 다인실은 다 들어내고 없어요, 지금. 4층 SP-1, 2, 3[방이]가 다 없어졌기 때문에 그냥 오히려 더 허한 마음이 더 컸어요, 갔을 때.

그리고 CCTV로 볼 때는 식당이 공간이 굉장히 넓어서 아이들이 자유자재로 움직이는 것 같이 그렇게 보였었는데, 실제로 가니까 정말 공간이 너무 작은 거예요, 이게 식당인가 싶을 정도로. 테이블 한 네 개 정도만 놓으면 더 이상 못 넣을 것 같은 그런 공간이었어요. 하여간 '세월호가 정말로 돈벌이하기 위해서 만든 배구나. 아이들의 뭐 즐거운 수학여행의 추억을 주기 위한 게 아니라 돈벌이 수단밖에 안 된다'는 생각이 들더라구요.

아이들이 폭죽 터뜨렸다는 장소도 가봤는데 너무 협소했어요. '여기 300명이 다 들어설까' 그게 제일 의문이었어요. 그냥 프로그램만 짜서, 아이들은 그냥 폭죽놀이 한다고 좋아했었거든요, 혜선이도. 그냥 현혹시키기 위한 그런 프로그램인 것 같아요. 돈 벌려고 아이들 많이 태우고, 사람들만 많이 태우고 왔다 갔다 하는 그런 수단인 배, 아이들의 추억은 정말 못 사줄 것 같은 배였어요.

면담자   네, 태민 어머니하고 혜선 어머니, 직접 배 안을 들여다보시고 여러 가지 심란한 마음이셨을 것 같아요. 참사 이후에 해수부가 가족분들을 대하는 과정에서도 확인했던 건데, 배 안을 들여다봐도 '정말 이들한테는 돈과 권력밖에 없구나'를 확인하게 됐을 것 같아요. 저도 그런 생각이 들고요. 여하튼 힘든 시간이지만, 지난번에 이어서 기억저장소에서 활동해 오셨던 이야기를 나눠보고자 합니다. 오늘은 4·16기억교실에서 '새로운 4·16교육을 해봐야겠다'는 생각을 가지고 시작하신 게 시민교육 프로그램이죠. 소장님께 기획 과정을 듣고, 어머님들이 그 과정에 어떻게 참여하시게 됐는지 같이 이야기를 해보도록 하겠습니다.

도언 엄마   계획은 17년도 11월 달에 했지만, 아마 기획은 2016년도 아마 겨울부터 진행을 했던 것 같아요. 그때부터 진행을 했고 우리 운영위반에서 논의가, 간단하게 논의가 있었고…. 아, 처음에 시작했던 것은 제가 조금 교육에 좀 관심이 많았구요, 개인적으로. 개인적으로 관심이 많았고, 그리고 흔히 맨날 세월호 단원고 희생 학생 그러면 다 '가만히 있어라 교육'을 얘기하잖아요. 그래서, 나 또한 어렸을 때부터 '가만히 있어라'는 교육을 배워왔고, 그리고 내가 또 내 자식한테 '가만히 있어'라는 교육을 많이 시켜요, 사실은. "학교 가면 선생님이 말씀하면 따라가라. 그대로 해야 된다" 이렇게 '가만히 있으라'는 교육을 많이 했기 때문에…. 근데 또 '가만히 있으라'는 교육으로 우리 아이들이 희생이 돼서 사실은 그 교육을 바꾸고 싶었어요, 저는.

그래서 기획을 하게 됐고, 기획을 하는 과정에 음… 뭐 많이 도와주셔서 힘들었지만 참 보람 있어요. 저 이 책 만들 때, 기획하고 만들 때 진짜 거의 잠을 못 잤거든요, 혼자 다 중간중간 편집을 제가 다 하고 했기 때문에. 그리고 제가 제일 중요한 것은 물론 이제 이현정 교수님, 김익한 교수님이 내용을 해주신 것도 있고, 그리고 우리 희생학생 친구들이 한 내용도 있어요. 그 내용, 좌담회 내용, 그리고 뭐 세월호를 기억할 수 있는 여러 가지 방법들에 대해서 했을 때 처음이지만 엄청 뿌듯했거든요, 사실. 뿌듯했고 '이 책이 전국 도서관에 다 들어갔으면 좋겠다' 그 생각을 좀 많이 했어요.

제가 참사 나기 전에 안산에서도 시민교육을 참 많이 받아봤거든요. 시민교육을 많이 받았는데, 거기도 사실은 교육비를 내고 해요. 거기에 뭐 CEO들, 자영업자들 하다 보면 비용이 비싸서 배우고 싶어도 못 하시는 분들이 많으세요. 그러니까 4·16시민교육은 그냥 누구나 와서 세월호 참사를 기억하고, 그리고 '대한민국을 바꾸는 흐름이 움직일 수 있는 기본이 좀 되어갔으면 좋겠다. 자발적으로 촛불을 들든, 리본을 달든 그 방법 하나씩 터득했으면 좋겠다' 그렇게 해서 기획이 됐던 거예요.

면담자　　　강의 시수는 어떻게 짜게 되신 건가요?

도언 엄마　　처음에는 아마 6강이었던 것 같아요. 6강에서 너무 이제, 보통 안산의 시민교육은 8주 아니면 10주거든요, 너무 긴 거예요.

그래서 일단은 처음 시작할 때는 '제일 중요한 포인트만 짚고 넘어가자' 해서 4강으로 줄였던 거죠. 처음엔 6강이었었어요. 그렇게 하나씩 하나씩 줄이고, 그래서 이제 4·16 이야기는, 사람 한 분 한 분이 4·16을 느끼는 마음이 달라요. 사실 저는 첫해에, 우리 1회 때 수업을 하실 때 오셨던 그분들 기록도 다 남겨놨거든요. 4·16 기억과 약속, 그날의 기억과 앞으로의 약속을 글로 다 적어놨는데, 그 내용에 보면, 특히 안산에 보면 우리 애들이 아직 다 올라오지도 않았고, 핸드폰 찾지도 못했고 포렌식도 안 되고 있는데, 안산 시내에 현수막이 걸려 있었대요.

그 세월호 참사에 나왔던 휴대폰에 대해서 교체해 준다는 그런 현수막이 걸려 있어서 우리 여기 시민교육 수료, 교육받으러 오신 분이 거기 가서 항의를 했다 하더라고. "어쩜 이럴 수가 있냐. 어떻게 상업적으로 이용할 수 있냐? 아직 아이들 찾지도 못하고 돌아오지도 못했는데. 당장 현수막 떼"라고 얘기했다는 거예요. 그런 것처럼 한 사람 한 사람 마음을 다 담은, 담아낼 수 있었고 기록으로 남길 수 있었던 게 사실 4·16민주시민교육이라고 저는 생각을 해요.

면담자   처음에 기획하실 때 강의나 강사를 구성하고 프로그램을 짜는 과정은 어떻게 진행됐나요? 다른 어머님들하고 의논하면서 진행하신 건가요?

도언 엄마   처음에는 통째로 다 논의를 했구요, 세부적으로는 저 혼자 좀 많이 했어요. 왜 그러냐면 처음에는 구상을 하다가 (헛웃음을 치며) 운영위원회에서 몇 분 교육에 진행팀, 좀.

면담자   그때 기억교육위원회가 같이 논의했던 거죠?

도언 엄마   진행팀이 있었는데요, 진행이 좀 잘 안 됐어요. 이제 진행해 주기로 했는데 진행을…, 안 되고 있어서 제가 급히 이제 제가 투입이 돼서, 저는 이제 총괄만 하기로 하고 제가 교육을 시작을 했는데, 나중에 보니 진행이 안 되고 있어 가지고 제가 처음부터 끝까지 다 마무리를 좀 했죠.

면담자   그러면 1회 4·16기억교실 시민교육 프로그램을 시작한 다음에는 어머님들 다 같이하셨잖아요? 그때 기억나시는 것 위주로 한번 이야기를 해보도록 하죠. (모두 침묵) 너무 오래전이라서 기억이 가물가물하시죠? (모두 웃음) 제 기억에 1회 맨 처음에는 신대광 선생님이 시작하셨던 것 같아요, 그죠?

고운 엄마   저… 같은 경우에는 사진을 담당하고 있었어요. 처음부터 제가 사진을 담당해서 사진 촬영을 들어갔기 때문에 1강부터 4강까지 매 수업에 다 참여를 했는데, 모르겠어요. 거기 교육을 받으러 오신 분 입장하고 저는 당사자인 엄마 입장으로 바라봤을 때 그 4강 중에 저는 제일 좋았던 게 1강, 신대광 선생님 '아이들의 꿈'. 그리고 저희 고운이에 대해서는 제 아이기 때문에 어떤 아이였는지 꿈이 뭐였는지 정확히 알고, 잘 알고 있지만 그래도 다른 아이에 대해서는 잘 모르잖아요. 근데 신대광 선생님이 하는 그 강의를 듣고 여러 아이들이 생전에 어떤 모습이었는지, 어떤 아이였는지 알게 됐고. 그리고 '아이들 하나하나마다 다 소중한 꿈을 간직하고 그 꿈을 이루기 위해서 나름 노력하고 있었구나' 그걸 듣고서, 제가 실제로 신대광 선생님 강의를 듣고 울었던 기억이 나요.

면담자   어머님은 일반 시민들이 기억교실에 와서 수업 듣는 걸 볼 때 어떤 생각을 하셨나요?

고운 엄마   처음에는 저도 이제 시민교육 프로그램을 시작한다고 해서 반신반의했거든요. '과연 강의를 들으러 올 사람들이 있을까?' 그런 생각을 가졌었는데, 막상 이제 시작하고서 많은 분들이 참여를 해주셔서 '아, 내가 생각했던 것하고는 사람들의 인식이 많이 다르구나. 내 일이 아닌데도 이렇게 교육을, 4·16에 관해서, 4·16, 교육보다는 4·16에 관심이 있기 때문에 이 자리에 참여했을 거'라는 그런 생각 때문에 아직도 이렇게 시간이 흘렀는데 지금도 이렇게 관심 갖고 조금 더, 내가 알았던 것보다 더 깊이 알아보고자 해서 참여를 해주신 분들을 보고 그때 또 한 번 감사함을 느꼈던 자리였었어요.

면담자   고운이가 사진을 찍고 싶어 했기 때문에 어머님이 사진 촬영을 하시게 된 거죠? 그리고 시민들이 아직까지 기억하고 관심을 보여주는 것에 대한 감사를 말씀하셨고요. 다른 어머님들도 1회 때 기억나는 것 있으면 말씀해 주시길 바랍니다.

재강 엄마   저는 1회 때 김익한 교수님, 신대광 선생님의 '아이들의 꿈'도 좋았지만 김익한 교수님이 '4·16과 기억'이라는 내용으로 하셨는데요. 그 내용이, 교수님 말씀이 참사 났을 때 저희들… 진도체육관 이야기, 그걸 부모님들이 그걸 몸으로 기억하고 있다고 말씀하시고, 또 동거차도 가서 가지고 10반 어머니들 인터뷰하는 내용, 그런 게 되게, 되게 가슴 아팠어요. 또 교수님 강의하실 때 진도 팽목항 얘기를 하시니까 그날의 또 우리가 이렇게 처절했던 그런 모습들이 다시 비쳐졌었어요. 그래서 그날 많이 울었던 것 같아요. 교수님, 그러니까 시민분들은, 강의 들으시는 분들은 새롭고 또 4·16에 대해서 뭐 아무리 얘기를 해도 그 현장에서 겪은 사람과 겪지 않은 사람은 모르잖아요, 내가 설명 [들어]갖고도 겪은 사람과[는] 틀리니까. 그러니까 강의 듣는 사람들은 '아 그렇게 했었구나' 하는 생각이 들겠지만 직접 겪은 당사자로서는 '어, 좀 더 많은 사람들이 그날 4·16에, 그날 비참함을 좀 알아야 하지 않을까. 그래야 이 4·16 기억하고 하는 게 오래가지 않을까' 하는 생각도 들고요.

그리고 1회 때는 저는, 제 개인적인 바람으로는 4·16 활동가들이 아닌, 저는 지금 시민교육 프로그램 모든 회마다 활동가들이 아니신 분들이 오서 갖고 듣고 마음이 좀 변했으면 좋겠어요. 그런데 그런 분들은 완강히 4·16을 거부하니까 '교육에 참가하라'고 말하기도 그렇지만 그런 분들은, 그런 분들이 와서 좀 시민교육을 듣고 변화하는 그런 안산시가 되었으면 좋겠다는 생각이….

면담자   네. 또 다른 어머님들도 말씀해 주시죠.

태민 엄마   저는 이제 1강, 그러니까 1회 할 때 3강에서 했던 것 같아요. 4월 16일 날 그날 당일 날 본인은 무엇을 하고 있었는지, 그런 이야기를 나누는 시간이 있었어요. 근데 거의 대부분 분들이 "나는 무엇을 어떻게 할 줄 몰랐다"라고 많이 말씀을 하셨고…. 그 심정, 그러니까 그 부모님들의 마음 이런 것들, 그리고 그날의 기억들을, 다른 기억들은 다 잊었는데 그 당일 날 정말…. 저희가 [시민교육 프로그램을] 17년도 말부터 했었잖아요. 그러면 거의 3년의 시간이 흐른 거예요,

해로써 따질 때. 3년의 시간이 흘렀음에도 4월 16일의 기억들은 다 생
생하게 기억을 하고 계시더라고요. 그만큼 본인들한테 충격으로 다가
왔던 것이었고, 그런 걸 봤을 때 '모든 사람들이 다 기억을 하고 있을
거라고 저는 생각을 하거든요. '그럼으로 해서 그 기억들이 사실은 기
억으로만 남을 것이 아니라, 사실은 표현을 하고 이야기를 나누고 함
으로써 이런 사건들이 다시는 정말 일어나지 않아야 된다'는 그런 생
각을 되게 많이 했었고…. 또 오신 분들이 하나같이 하시는 말씀들이
"미안하다. 그 당시에 마음을 같이 나눠주지 못해서 많이 미안했고"
그런 이야기들을 되게 많이 하셨어요. 근데 그 시간이 되게 의미 있었
던 것 같아요. 함께 나눔으로 해서 "그때 그 당시에 어떤 심정을 갖고
있었고 지금 내가 어떻게 해야 되고" 하는 이야기들을 나눔으로 해서
'이 교육이 그만큼 더 발전할 수 있지 않을까'라는 생각을 했어요.

면담자   아까 재강 어머님께서 "활동가들이 많이 참여를 했는
데, 활동가 말고 일반 시민들이 들어왔으면 좋겠다" 이런 말씀을 하셨
는데 태민 어머님도 비슷하게 느끼셨나요?

태민 엄마   네, 네. 그러니깐 평범하게 지냈던 일반 시민분들이,
어…, 모르겠어요. 더 많이 감성을 느꼈던 것 같은 그런 생각이 되게
많이 들었어요, 그때 그런 이야기를 나눔으로 해서. 왜냐하면 일반 시
민분 같은 경우는 사실은, 그러니까 활동을 하고 계신 분들은 많은 정
보를 많이 알고 계시지만 그 이외의 분들은 사실은 본인이 정말 생각
이 있어서 찾아보지 않는 이상은 이런 뭐 관련된 이야기들을 사실은
잘 모르잖아요. 그러기 때문에 그러니까 '일반 시민분들, 평범하게 학
생으로 있었던 그런 분들이 더 많이 들어야 된다'고 생각을 하거든요.

면담자 그때 1회에서는 태민 어머님은 어떤 역할을 맡아서 하셨어요?

태민 엄마 특별한 역할은 없었어요(웃음).

면담자 앞에 안내도 하시고 그때 약간 간식거리도 준비되어 있었던 그런 기억이 나요. 그게 다 어머님들이 준비하신 거라고 생각이 듭니다. 우리 혜선이 어머님은 어떠셨어요?

혜선 엄마 1회 때요? 음… 저는 그때 이제 교육에 관해서가 아니라, 어… 신대광 선생님의 '아이들의 꿈' 하시면서 형제자매 관해서도 얘기를 많이 했거든요. 그 아이들이 얼마나 힘들었는지, 학교생활을 어떻게 하는지 그런 얘기를 많이 했는데, 저는 제가 힘들었기 때문에 그냥 제 입장에서는, 이제 혜선이 언니가 있는데 별로 신경을 쓰지를 못했어요. 근데 그 신대광 선생님의 형제자매들 얘기를 "학교에서 아이들이 이렇게 지냈고, 이만큼 힘들어했고, 이만큼 고통스러워했다" 그런 걸 보여주시는데 '나만큼 우리 아이들도 힘들었겠구나' 하는 생각을 다시 한번 하게 되었던 그런 계기가 되었던 것 같아요.

큰아이도 이제 그때는 대학생이라 기숙사에 있었고 또 시험기간이었거든요, 막 직후, 4·16 직후가. 그런데 전혀 신경을 써주지 않았는데, 그 교육받으면서 드는 생각이 '이 아이는, 우리 혜선이 언니는 그 시간을 어떻게 견뎠을까?' 그런 생각이 문득 들더라구요, 제가 보듬어주질 않았기 때문에. 그래서 그다음에 왔을 때는 그냥, 말로는 해주지 않았지만 한번 엉덩이 두드려주고 한번 안아주고 그랬던 기억이 있어요.

면담자　　　어머님들은 어떤 면에선 주최 측이신데 동시에 또 수
강을 하시면서 많은 생각을 하셨던 것 같네요. 소장님은 어떠셨어요?
1회차 교육에 대한 아쉽거나 좋았던 점.

도언 엄마　　　'좋았다'라기보다는, 제가 2014년도 참사 나고 나서, 이
제 뭐 고 앞에 개인 구술 내용이, 내용이 다 들어가 있지만, 사실 그때
우리 전국 서명 다닐 때 그 얘기를 했었어요. 가면, 항상 간담회 서명
이 끝나면 간담 자리가 그렇게 만들어져요. 교육감을 미팅을 하고 이
렇게 큰 자리에 가면 제가 우리 3반에, 3반에 이제, 포항, 대구, 충주,
이렇게 돌았거든요. 항상 가면 이제 승희 아빠가 있어요. 신승희 아버
님이 계시는데, 그 아버님한테 항상 내가 요구했던 게 뭐냐면 형제자
매를 챙겨달라고 얘기하라고 했었어요, 그 당시에는 항상. 우리 희생
자 때문에 사실 서명을 받고, 그래서 생존자 아이들 뭐 잠수사만 이렇
게 부각됐지만 형제자매는 다 방치였거든요. 사실 뭐 꼬맹이들도 있
었고, 뭐 다 이렇게 동생들 다 있고, 우리도, 우리 아들도 이제 군대
막 입대하기 전이고 막 이래서, 그때부터 저는 형제자매를 얘기하고
다녔었어요, 사실은.

　　　그때 이제 승희 아버님이 뭐라 했냐면 "왜 자기한테만 자꾸 형제
자매 얘기를 하라고 그러냐"고 그러니까 "중요하다"고 "얘기하셔야
된다"고, 이제 그 당시에는 몰랐어요. 이제 내가 자꾸 하라하라 하니
까 이제 하셨는데, 시간이 그때 승희 언니가 고3이었고, 그리고 대학
생이 [되어]가고 그 시간이 지나니까, "아 도언이 엄마 그때 요구했던,
말씀하라고 했던 것이 의미를 알겠다"고 말씀하셨어요. 그래서 그 내
용이 사실은 내가 항상 생각했던 부분인데, 책에 이 내용이 들어간 거

159
•
2회차

예요. 그래서 '아, 이렇게 생각은 똑같구나' 그 생각을 했어요. 저는 교육자는 아니었지만 교육에 관심 많은 사람으로서 '교육자가 바라보는 눈과, 그리고 아이들을 바라보는 [눈은] 똑같고, 형제자매를 바라보는 눈은 똑같구나' 이제 그 생각을 했구요.

그리고 저는 이 교육에 오신 분 한 분이, 아까 뭐 안산 시민분들의 말씀은 들었지만 한 분이 대학교 때 운동권이셨대요. 친구가 운동을 하면서 사망을 했대요. 사망을 하고 그러고 나서 이 사회운동에 대해 자기는 눈도 닫고 귀도 닫고 살았대요, 아예. 아예 그냥 [그렇게] 했는데, 세월호 참사가 나고 우리 아이들이 희생이 되니까 너무 미안하다는 거죠, 그때 끝까지 싸우지 않아서. 그래서 우리 시민교육에 그때 수강을 하러 오셨다고 얘기를 하시더라구요. 그래서 '아 이 모든, 그 앞에 대한민국을 바꾸지 못했던 분들이 미안함으로 다시, 우리 아이들의 희생의 몫으로 대한민국이 바뀌는구나' 사실 그걸 느꼈구요. 아쉬웠던 거는요, 그분은 좀 실수는 하셨겠죠, 강의 있는 날인데 강의 날을 잊어, 잊어버리신 거예요. 너무 충격이었습니다, 사실은.

면담자   우리 김×× 선생님 말씀하시는 거죠?

도언 엄마   네(웃음). 혹시 그 성함이 나가는 거 아니겠죠? (웃으며) 지금 어디 중요한 자리 지금 차지하고 계신다는데, 이런 게 사실 교육이 안 바뀌었다는 거죠. 그 사회적, 그 진짜 중요한 강의하는 날과 강의하는 시간 잊어버리는 사람이 지금 대한민국 현직의 중요한 자리를 차지하고 있다는 거, 이거 지금 잘못되었다는 거죠. 이게 참 속상해요. 지금도 속상해요, 저는.

면담자   처음에 교육을 시작하시면서 사람들은 어떻게 모집하셨나요? 그때 모집 인원이 총 몇 명 정원이었죠?

도언 엄마   제가 얘기할 것밖에 없는데 (웃으며) 또 제가 얘기드려야 하는데 어떡하죠?(웃음)

혜선 엄마   소장님 하세요(웃음).

도언 엄마   아유, 처음에 얘기해서, 우리 실무진들도 아무 경험이 없어서 제가 다 모집을 했어요.

면담자   어떻게 통해서 하셨나요?

도언 엄마   제 지인들 통해서도 막 홍보를 하구요, 그리고 안산시에 막 현수막, 전광판….

면담자   아, 현수막하고 전광판도 하셨군요?

도언 엄마   예. 제가 다 홍보를 하라고, 제가 얘기를 했었어요. 그리고 페북 뭐 우리 저장소 홈피에 다 홍보 들어가고. 그래도, 그래서 저는 진짜 20명이 안 될 줄 알았어요. 그런데 25명이 신청을 했어요. 그래서 진짜 한시름 놓았어요(웃음). 왜냐면 저는 많은 인원보다, 다른 시민 단체가 많이 모집을 했다가 우후후 떨어져 나가거든요. 실제로 수료한 사람은 한 열몇 명밖에 안 되고, 강의를 다 안 들어도 수료증은 다 줘요. 그게 너무 싫었던 거예요. 저는 그래서 "1강부터 4강까지 다 받으신 분들, 다 하신 분에게 수료증을 주겠다" 해서 소수 정예 제도…. 20명을 제가 [예상]했는데 25분이 신청하셨던 거죠.

면담자   네. 그리고 1회 때 '기억과 약속의 길'을 진행하셨죠. 그때 다른 분들도 같이 움직이셨나요, 아니면 영석 아버님 혼자 진행하셨나요?

재강 엄마   저희도 같이 걸었어요.

면담자   다 같이 걸으셨죠? 그러면 그때 코스나, 당시에 나누었던 이야기 중에 기억나시는 것 있으면 같이 이야기해 보죠.

재강 엄마   출발은 분향소에서부터 했죠. 그날 비가 왔어요. 비가 와서 이제 우산을 쓰고 그렇게 출발해서 분향소에서 생명안전공원 부지 들러서 그리고 전시관, 전시관 들러서 단원고 앞으로 해서 기억교실까지 오는 거로 했었거든요. 영석 아버님[이] 안내를 하고 저희들은 이제 뒤에서 이렇게 따라서 걷는…, 같이 걸었는데 이제 그때는 뭐 각자 그냥, 저희들은 저희들끼리 뒤에서 따라와서 걸어가지고 시민분들하고는 [별 이야기를 나누지는 못했어요]. 그때는, 1회 때는 시민분들하고 어우러져서 이야기한 게 아니고 시민분들은 앞에서 그, 아니 수강생들은 영석 아버님의 얘기를 듣고 오고 저희들은 뒤에서 저희들끼리 따라왔던 것 같아요, 제 기억엔.

면담자   프로그램이 끝나고 정리 모임이라든지 이런 건 없었나요?

재강 엄마   그런 것은 없었던 것 같은데요, 바로 기억교실로 와서 수료증 받고 끝났던 것 같아요.

면담자   아, 그게 맨 마지막 강의라서 그렇게 진행됐었군요?

재강 엄마   예.

면담자　　　알겠습니다. 혹시 기억과 약속의 길에서 다른 분은 기억나시는 것 없으신가요?

태민 엄마　　너무 오래돼 가지고… 잘 기억이…. (모두 웃음)

도언 엄마　　그때….

재강 엄마　　1회 때하고 나중에 2회 때 수업을….

도언 엄마　　비가 많이 와가지고 그때 내가 운전해서 막 비상등 키고 걸었잖아, 그때.

재강 엄마　　그거는 2회 때 아니에요?

도언 엄마　　1회 때, 1회 때.

재강 엄마　　1회 때 차 가지고 움직였어요?

도언 엄마　　비 많이 와가지고, 그때 맞아요, 1회 때. 먼저 비 왔다고 말씀하셨잖아요.

재강 엄마　　비 온 건 아는데, 비 온 건 아는데 소장님이 운전을 했는지는 기억이 없어.

3
4·16민주시민교육 2회차 경험과 소감

면담자　　　네. 지금 너무나 많은 활동을 하시고, 또 조금 오래된 일이어서 그러실 수 있어요. 2회 때는 강사분들이 조금 바뀌시죠. 원래 5강에서 4강으로 줄이고 강사분들도 바뀌는데요, 그때 새롭게 모시게 된 김태현 선생님을 어떻게 섭외하게 됐는지 먼저 말씀해 주시면 좋겠습니다.

도언 엄마　　　김태현 선생님이요? 나의 4·16 이야기? (면담자 : 네, 네) 아 네, 어 김순천 작가님이 그 책을 작업 좀 하셔야 된다고 하셨어요. 그래서 작가님 빠지시고, 그리고 중요한 거는 작업도 있지만 본인의 자아를 찾고 싶다고 하셨어요, 너무 힘들었다고. 그래서 원래는 "나의, 본인의 자아를 좀 찾고 난 다음에 그리고 저장소에 합류를 하겠다" 말씀하셔서 [빠지셨고] '나의 4·16 이야기'는 사실은 본인 개개인에 있는 그날의 감정을 얘기하는 거기 때문에 [그 부분에 대해 잘 말해줄 수 있는 분이 필요했던 거고] 그래서 저장소 운영위원이셨고, 지금은 컬쳐75 협동조합 이사장님이시거든요. 그분을 이제 우리가 같이 강의를 하게 된 거죠.

면담자　　　그리고 2회부터 운영을 맡아주실 새로운 분들을 모시게 된 거죠?

도언 엄마　　　운영은 아니구요, 교육 방식은 이제 1회 때에는 거의 강의식이었어요, 강의식이었는데 이거는 참여형으로 좀 바꾸자 해서 김익한 교수님께서 이대훈 교수님을 저한테 소개를 시켜주셨었어요. (면담자 : 네, 성공회대 이대훈 교수님) 네. 그래서 텔[레그램]로 먼저 전화번호를 공유해 주셨고 그리고 제가 통화를 했었어요. 그 첫 만남은 이제 국회에서 만났는데요, 그때 우리 박주민 의원께서 패스트트랙으로 법안을 하나 해놓은 게 있는데 그 날짜가 되는 시점이, 그 사회적참사 특별법 뭐 거기에 통과되는 날에 그날 뵀었어요, 국회에서. 그날 한 30분 얘기한 것 같아요.

면담자   흔쾌히 하겠다고 해주셨나요?

도언 엄마   네. 이대훈 교수님 엄청 좋아하시던데요? "아, 좋다"고 그러셔 가지고, 저도 "좋다"고 그냥 흔쾌히 악수하고 그랬습니다. 그리고 바로 미팅에 들어갔어요, 전체적인 미팅에 들어갔어요.

면담자   그러면 이제 같이하셨던 어머님들께 여쭐게요. 그때 이대훈 교수님이 소개해 주신 여러분들이 참여해서 운영이 됐잖아요. 1회와 어떤 차이점을 느끼셨었나요?

재강 엄마   1회 때는 소장님 말씀하셨듯이 강의식으로 딱 앞에 자기 자리에 앉아서 했잖아요. 이제 피스모모[평화교육단체] 이대훈 교수님과 문아영 대표님이 참여하면서, 사실은 그때 어머니들 다 회의에 참석은 안 했어요. 근데 소장님하고 이제 저는, 저하고 이제 이렇게 가족운영위원에 들어갔는데, 이대훈 교수님이 "운영위 어머님들 다 같이 참여해서 이 프로그램을 해가자"고 하셨고, 그래서 어머님들이 다 같이 합류를 하셨던 것 같아요. 근데 이제 2회 때는 1회 때 그 강의 방식과 다른 방식을 설명해서 가지고, 저는 사실 처음에 '이게 잘될까?' [했어요]. 근데 이제 회의를 거듭해 가면서 보니까 '1회 때보다 낫겠다' [싶더라고요]. 왜냐하면, 어디든 저희들이 가서 강의를 들으면 사실 50분 들어도 50분 집중이 안 되잖아요, 그리고 또 하다가 보면 끝까지 못 가는 경우도 있고. 강의가 지루한 경우도 있는데, 2회 때 수업 방식을 바꾸는 걸 보니까 되게 좋더라구요, 저는.

면담자　　　　구체적으로 어떻게 바뀌었나요?

재강 엄마　　　1회 때는 앉아서 무조건 50분 강의를 듣지만, 2회 때는 50분 강의를 다 듣는 게 아니고 모둠으로 해서 처음 만났을 때 좀 수강생들끼리 자기 인사를 좀 하고, 또 하다가 강의 좀 듣고, 또 다른 프로그램에 잠깐 넘어갔다가, 이렇게 했던 것 같아요. 그렇게 수업을 진행하셨던 것 같아요.

도언 엄마　　　다른 수업을 하면, 다른 데 가면 1회 수업이 처음부터 끝까지, 1강부터 4강까지 같은 수강생들끼리, 교육생들 교육받으시는 분끼리 친숙의 단계는 거의 없었던 것 같아요, 그냥 강의만 듣고 헤어지고. 왜냐하면 강의 끝나고 나서 다 같이 밥을 먹거나 다른 일반 시민 프로그램처럼 가서 술을 한잔 먹거나, 뒤풀이가 없다 보니까 친숙의 시간은 없었던 거예요. 그래서 조금 서먹서먹했었어요. 근데 2회 때부터는 첫 시간부터 친숙의 시간을 먼저 가진 거죠. 딱 그냥 기본적인 운영위원장님 그리고 저장소 운영위원끼리 끝나고 나면 바로 친숙관계에 확 들어간 거예요. 첫 시간부터 계속 친해져서 끝날 때까지 그 관계가 계속 유지됐던 것 같아요.

면담자　　　다른 어머님들은 어떠셨어요? 2회 때 혹시 기억나는 에피소드나 감상이 있으시면 말씀해 주시죠.

태민 엄마　　　감상보다는, 1회 때 경우는 정말 책상 위에 앉아서 듣는 것 위주로 했기 때문에 서로 옆에 사람이랑 대화하는 시간도 없었고, 무슨 일을 하는지 얘기를 나눌 시간도 없었어요. 근데 2회 [때는] 첫 시작 1회 때부터 둥그렇게, 의자를 만들어서 둥그렇게 해놓고 시작을 했었거든요. 그렇게 하면서 서로 인사를 하고 서로 알아가는 시간들, 둘이 둘이 짝지어서 서로 이야기를 하고, 어떻게 해서 이 공간에 오게 됐고 이런 이야기를 서로 편하게 하다 보니까, 그리고 또 일대일[로] 그렇게 얘기하다가 또 다른 사람을 만나서 다른 이야기를 나누고, 그런 시간들이 되게 괜찮았다고 생각을 해요. 그리고 1회 때부터 그런 시간을 갖다 보니까 2회, 3회, 4회까지 가는데도 서로 아는 사람들이 그만큼 더 많았던 거죠, 처음 왔을 때[처럼] 머쓱하지도 않고.

면담자　　네. 또 다른 어머님들 2회 때 혹시 기억나시는 것 있으신가요?

혜선 엄마　　2회 때는, 1회 시민교육 때는 없었던 게 2회 시민교육에서부터 간담회 자리가 생겼어요. 교육받으시는 분들하고, 이제 부모님들이 다섯 명이잖아요. 소장님은 안 계셨죠?

도언 엄마　　저는 간담회 빠졌죠, 저는.

혜선 엄마　　네, 네. 저희 네 명이서 네 팀으로 나눠서, 시민교육생분들하고 네 팀으로 나눠서 내 아이 교실에 들어가서 그분들과 많은 얘기를 했거든요, 1시간 동안.

면담자　　그거는 언제인가요, 기억교실에 갔을 때 인가요?

혜선 엄마　　네, 이동해서 4강 때 간담회 시간을 넣었어요. 그래서 했는데, 처음에는 1시간을 간담회를 하라고 그러니까 '1시간을 무슨 얘기를 해야 되고 어떻게 시간을 때울까' 고민이 정말 많았거든요. 근데 끝났을 때는 1시간이 부족하더라고요, 부족한데….

면담자　　　　어떤 이야기를 나누다 보니 1시간이 부족하던가요?

혜선 엄마　　　처음에 간담회를 들어갈 때는 아이에 대해 질문을 많이 하실 줄 알았어요. 근데 막상 간담회가 시작되니까 아이에 대한 얘기보다는 "지금 우리, 세월호 참사를 겪은 우리들이 처해 있는 상황, 어떤 상황에 처했고 또 우리가 하고 있는 일들이 어느 정도 진전이 있고, 또 사회에 바라는 게 무엇이고, 국가에 바라는 게 무엇이냐" 이렇게 폭넓게 질문을 많이 주시더라고요, 2회 교육 때. 그래서 거기에 대해 서로 질문을 받으면 제가 얘기를 하고, 제 얘기에 대해서 시민분들이 "저는 이렇게 생각합니다" 또 그런 의견들을 주시고 하다 보니까 1시간이 짧더라고요. 그래서 저는 그 시간이 굉장히 의미 있고 좋았어요.

면담자　　　　지난 구술에서 말씀하실 때는 도슨트 하거나 발언하는 게 너무 힘들어서 일주일 동안 연습하고 하셨었는데 (모두 웃음), 이제는 간담회 1시간 얘기하는 것도 시간이 모자라시고(웃음).

재강 엄마　　　아, 그렇게 한 게 아니에요. 내 혼자 들어간 게 아니고요, 우리 같이 보조해 주실 선생님 한 분이랑 같이, 저하고, 저는 이제 신대광 쌤하고 들어가고, 혜선 어머니가 네 명이라 그랬는데 다섯 팀이었어요. 영만 어머니까지 계셔 갖고 소장님 빼고 다섯 팀이 각 반에 갔는데 6반은 두 명이잖아요, 그래서….

태민 엄마　　　제가 6반 들어가고.

재강 엄마　　　영만 어머니가 다른 교실에서 하시고.

면담자　　　그리고 한 분씩 다른 보조교사분이 같이 가셨군요.

혜선 엄마　　예. 얘기가 끊어질 것 같으면 그분이 살려주고 그런 역할을 해주셨어요.

면담자　　　그러면 보조교사로 그때는 어떤 분이 같이 참여해 주셨나요? 신대광 선생님 말씀하셨고.

도언 엄마　　그때 저는 조를 짰어요, 조를

재강 엄마　　[피스모모의] 문아영 선생님, 임은경 선생님, 이대훈 교수님 그리고 고명선 씨.

혜선 엄마　　1회 교육생 중에 고명선 님.

면담자　　　아아, 1회 교육생분이 오서가지고 그다음에 같이 또 준비해 주셨군요.

재강 엄마　　근데 혜선 어머니는 시간이 부족했다고 했는데, 그게 좀 틀린 게[다른 게], 저 같은 경우는 시간이 많이 남아가지고…. 그날 들어오는 수강생에 따라 틀려요[달라요]. 혜선 어머니네 들어간 수강생과 저하고 같이 들어가신 분들은 학생들인데, 그날 우리 2회 때는 또 1회 때랑 틀리게[다르게] 3강, 4강만 들어온 학생들 팀이 있었어요. 그런데 '기억과 약속의 길' 할 때도 조금 힘든 학생들이었고, 그리고 각 교실에 들어가서 간담회 할 때 그 그룹들이 사실은 7반에 왔었어요. 그래서 제가 얘기할 때, 얘기하는 앞에서 졸고, 자고…, 그러니까 저 같은 경우는 시간이 남았어요. 그리고 신대광 선생님하고 저하고 아무리 이야기를 이끌어가려 해도 이분들이 주무시거나 아니면 이렇게 하니까 시간이 남아가지고, 마지막에 저희는 할 게 없어서, 오셨으니까, 시간은 50분을 채워야 하니까 방명록에 제가 글을 남기라고 했어요. 그래서 시간을 맞췄던 것 같아요.

면담자   네, 다른 반은 어떠셨어요? 우리 태민 어머님하고 고운 어머님도 하셨을 텐데,

태민 엄마   저희 같은 경우도 시간을 1시간 정도 딱 채웠던 것 같아요. 초반부에는 아이의, 태민이 대한 이야기나 "어떤 꿈을 갖고 있냐", 그다음에 동생들에게 관련된 이야기들. 그런 거 하고 공원에 대해서 이야기하고…. 저희가 현재 어떤 활동을 하고 있고 그런 얘기들이 위주였던 것 같아요.

면담자   우리 고운 어머님은요?

고운 엄마   저 같은 경우는 2회 때 제일 기억에 남는 게, 저희가 학교 다닐 때도 그렇고 1회 교육 때도 그렇고 저희는 그냥 의자에 가만히 앉아서 강의를 듣는 그런 거에 익숙한 세대이다 보니까 2회 때, 저는 제일 지금도 생각에 남는 게 물건을 얘기하면 그 물건을 몸으로 표현하는 시간이 있었어요. 그래서 그 강의 한 타임 끝나고 나면 이제 집중도가 떨어지거나 졸릴 때쯤 해서 몸으로, 몸으로 표현하는, 피스모모 이대훈 교수님이 그때 진행한 거로 제가 기억하는데요. 그게 참가하신 분들 모든 분들이 자기 몸으로 자기표현을 해가면서 들었던, 그리고….

재강 엄마   (작은 목소리로) 3회 때는 그림으로.

고운 엄마   그게 제일 자기가 수동적이 아닌, 능동적은 아니고, 직접 나가서 몸으로 표현하다 보니까 몸도 다 자유롭게 풀리고, 그리고 이제 또 같이 합심해서 그 동작을 표현해야 되는 그런 과정을 서로 겪다 보니까 더 친분도 쌓이고 그래서 2회 때부터 점차 수강생들끼리 그런 관계가 1회 때보다 많이, 그런 관계가 유지가 됐고요. 그리고 아까 재강 어머니가 말씀하셨던, 교육을 받으러 오신 분들이 자기의 마음이 있어서 교육을 들어오신 분은 그렇지 않았는데 그…, 단체인지 일시적인 캠프라고 저는 기억을 하는데, 선생님 분들이 아이들, 청소년들을 데리고 2회 때부터 참석을 했었거든요. 근데 그 아이들은 4·16에 관심이 없었던 아이들, 대부분인 아이들이 선생님들에 의해서 교육에 참여를 하다 보니까 관심도도 떨어지고 듣는 거를 되게 힘들어해서 수업 시간에 많이 졸고 수업 시간에 좀 자주 왔다 갔다를 했어요.

그래서 제가 이제 조금 계속 눈여겨보다가, 제가 이제 사진 촬영을 하니까 저는 계속 1강부터 2강까지 계속 참여를, 그 강의 끝날 때까지 그 자리에 있다 보니까 자꾸 눈에 거슬리게 되더라고요. 또 이제 눈에 거슬려도 바로 얘기가 하기가 그렇더라구요, 아직 애들이고 해서. 그래서 제가 계속 눈여겨보다가 그게 점점점 심해지더라구요, 밖으로 들어갔다 나갔다 하는 횟수가. 그래서 거기 담당하시는 쌤한테 말씀을 드렸죠. "좀 다른 분들 듣는 거에 조금 방해가 되니까 지금 하시는 행동을 조금 자제해 줬으면 좋겠다"라고 제가 부탁을 드렸던 기억이 있어요. 그리고 저희 어머니들 다섯 팀 나눠서 간담회 할 때도 저희 반에도, 1반에도 들어왔었거든요. 그런데 그 두 명이서 아예 그냥 존 게 아니고 잘 정도 수준으로 자고 있더라고요.

그래서 그걸 보면서 제 마음은 그랬지만, 그래도 다른 분들은 다 제 얘기에 [귀] 기울여 주시고 그런 분들 계시니까, 그래서 그분들하고 1시간 동안 고운이 얘기하고…. 그래도 이제 시간이 남아서, 저희 『그리운 너에게』 책을 가지고 들어갔었거든요, 그 시간을 못 채울 것 같아서. 그래서 그 책을 가지고 들어가 가지고 맨 마지막에 제가 썼던 편지를, 제가 읽은 게 아니고 다른 분에게 대신 좀 읽어달라고 해서 그 읽고 나니까 1시간 시간이 딱, 저 같은 경우는 맞았었어요.

면담자　　2회차 강의에서는 정원이 몇 명 정도 됐었나요?

도언 엄마　　그때도 20명이 넘었었어요. 넘었었는데요, 처음엔 이제 단체가 온다 해서 사실 망설였거든요, 중간에 딱 투입이 되니까. 근데 온다고, 강의를 들으러 오겠다는데 오지 말라 할 수 없잖아요. "그 대신 수료증을 줄 수 없다"라고 얘기를 하고 신청은 받았는데요.

면담자　　몇 분이나 되시는 건가요?

도언 엄마　　그때가 한 20몇 명 됐을 거예요, 학생들이.

면담자　　고등학생들인가요?

도언 엄마　　중고등이 있었던 것 같아요. 그래서 어…, 장단점이 뭐냐 하면 음…, 우리는 사실 속상하잖아요. 우리는 이제 주최하는 입장을 떠나서 아이들의 교실이기 때문에, 이 공간이 참 중요한 의미를 가지는 공간인데, 이 공간에서 함부로 하면 속상하죠, 저희들은. "대한민국의 교육을 바꾸자" 해서 엄마들이 움직이고, 이제 아이들의 유품이 하나하나가 다 소중하고 훼손이 되면 안 되는 부분인데. 근데 또 반대로 우리 가족들 외에 피스모모 또 교수님은 어떻게 말씀을 하시냐면, 한번은 "관심이 없다가도 이렇게 와서 교실을 보고 가면 나아지지 않을까" 그 말씀하시는데, 이게 좀 다른 마음인 것 같아요. 우리는 '이 취지에, 중요한 공간이고' 이런 마음이고 또 이분들은 "관심이 없지만 여기 와서 뭐 하나라도 배워가지 않을까"라는 말씀을 하시는데, 그거는 어떻게 뭐… 저희는 늘 같을 순 없을 것 같아요.

면담자　　　가족들의 마음하고는 조금 다르다는 거죠?

도언 엄마　　다르죠. 네, 다르죠. 그래서 하여튼, 근데 또 분위기가 사실은 중간에 투입이 되고 학생들이다 보니까 1, 2강 때 오셨던, 1주차, 2주차에 오셨던 분들이 안 나오기 시작하는 거예요, 사실은. 그래서 2회에 수료하신 분 두 분밖에 없어요. 3회, 4회 오면서 분위기, [학생들이] 3회 때 투입되[었]는데 분위기를 막 흐려놔 가지고요. 1회 때, 2회 때 오신 분 아무도 안 나오시고 딱 두 분만 수료를 하셨어요. 그래서 3회 할 때 내가 "단체는 안 된다"라고 했던 거죠. 안 되고, 안 되고 "관심 없는 분은 받는 걸 조금 다시 한번 고려해 봐야겠다"라고 해서 3회 때는 이 학생들이 오는 걸 받지는 않았어요.

면담자　　　네. 1회는 2017년 11월 1일부터 25일까지 진행이 됐고, 2회는 2018년 3월에 4주간 진행이 됐구요. 그다음에 3회가 얼마 전이죠? 7월부터 진행하고. 이번엔 단체를 안 받으시고 정원은 20명으로 하셨나요?

도언 엄마　　20명? 25명? 처음에 35명을 잡았었는데요. 이번엔 스물…, 20명 가까이 접수가 됐었던 것 같아요.

면담자　　　네. 그러면 3회차에도 소장님이 직접 공지하고 아는 사람 통해서 오시는 건가요? 아니면 직접 찾아오시는 분들이 많으신가요?

도언 엄마　　　2회 때보다는 3회 때는 6·13선거가, 지방선거가 있었어요. 그래서 저희가 홍보를 할 타임이 없었었어요. 선거 끝나고 나서 6월 말쯤부터 홍보가 들어가 가지구요, 7월에 교육이 들어갔잖아요. 홍보할 시간이 없어서 우리 교육 진행팀들이 (웃으며) 배당을 했습니다. 인당 세 명씩, 다섯 명씩 이렇게 그렇게 해서 모집을…. 기본적인 모집은 됐는데 한 15분은 모집은 됐는데요, 그 외에는 이대훈 교수님이 수녀님들 한 10분 모셔 오시고 그렇게 해서 인원이 된 것 같아요.

면담자　　　4회 때는 어떠한 기억이 나시나요? 어머님들 기억나시는 것 한번 이야기해 보시죠. 그리고 재강 어머니하고 태민 어머님께서 '기억과 약속의 길' 진행하셨던 경험들도 말씀 부탁드립니다.

태민 엄마　　　(재강 엄마를 가리키며) 2회 먼저 하시는 게 낫지 않을까?(웃음)

재강 엄마　　　그러기 전에 아까 교수님, 저희들이 1회는 4회를, 4주를 했는데요, 수업을. 2회, 3회 때부터는 2주 수업, 2주 강의예요.

도언 엄마　　　짚으셨어요. (속삭이며) 아까 다 체크하셨어요.

재강 엄마　　　아, 그래요?(웃음)

도언 엄마　　　죄송해요. (혜선 엄마와 웃음)

재강 엄마   아, 2회 '기억과 약속의 길' 할 때 그날도 비가 왔어요. 근데 제가 하는 날 1회 때는 영석 아버님 뒤에 따라갔으니까 몰랐는데요, 2회 때는 제가 앞에 서서 그렇게 안내를 해갖고 갔는데, 제가 목소리가 커서 마이크 없이 했어요.

면담자   2회차에는 왜 재강 어머님이 맡게 되신 건가요? 그리고 다른 어머님들 중에서도 왜 재강 어머니가 하시게 된 건가요?

재강 엄마   그때는 이제 영석 아버님이 아마 계셨으면 '기억과 약속의 길'을 계속하셨을 건데, 영석 아버님이 기억저장소를 그만두시고 이제 회의할 때 저희도, 제가 밀린 것 같아요(웃음). 그게 아니고 제가 기억교실 하고 있다고 해서 했는데, 3회 때는 제가 소장님한테 "'기억과 약속의 길'을 돌아[가며] 한 분씩 어머님들 같이하자"고, "왜냐하면 저만 하면 내 얘기만 나온다"고, 그런데 아이의 이야기만 계속 수강생들한테 할 수가 없잖아요. 그래서 태민 어머니가 하시고 이렇게 수업을, 강의를 했던 것 같은데요. 2회 때는 아까 그 학생들, 단체 와가지고 앞에서 설명을 열심히 하고 데리고 갔는데 학생들이라 그러니까 따라오는 것도 지치고 힘들어하고, 비 오니까 되게 힘들어했었어요. 그래서 뒤에서 같이, 어머님들이 뒤에서 오시는 게 힘들었죠, 줄도 엄청 길었고. 그때는 박은수 선생님이 뒤에서 고생을 좀 많이 했구요.

그런데 학생들이 자기네들끼리 다툼도 좀 있었어요. (면담자 : 왜요?) 아까 제가 학생들, 앞에 학생들만 데리고 열심히 설명하고 오는데 한 학생이 자기 친구가 제 설명만 듣고 자기는 안 챙겨준다고, 거기서 근데 확 애가 성질을 내니까 같이 듣던 애가 아니라고 와서 같이 들으라고, 저도 이제 같이 들어도 된다고 했더니 이 학생은 안 듣고 뒤로 빠져버리는 그런 일도 있었었죠. 그래 가지고 이 아이들은 걸어올 때 데리고 오는 게 쉽지는 않았어요.

4
4·16민주시민교육 3회차 경험과 소감

면담자 네, 그런 좀 어려운 일이 있으셨군요. 네, 우리 2회 때 말고 3회 때 이야기를 해볼게요. 3회 때는 준비하면서 제일 신경 쓰신 부분은 무엇이었는지, 그리고 진행하시면서 기억에 남는 장면은 뭐였는지 편하게 말씀해 보시죠.

태민 엄마 재강 엄마, 도언 엄마(웃음).

고운 엄마 저희는 이번에 3회 때, 3회 같은 경우에는 여름이었잖아요. 그리고 또 올해 111년 만에 폭염이었기 때문에, 저희 당사자인 엄마들은 별로 걱정이 안 되는데 교육받으러 오시는 분들이 폭염 속에 '기억과 약속의 길'을 걷는다는 그 자체가 되게, 걱정이 되게 많았어요. '과연 이렇게 더운 날씨에 정상적으로 거기까지 걸어서 다녀올 수 있을까' 그런 걱정을, 소장님을 비롯해서 저희 엄마들이 걱정을 많이 했거든요. 그러다가 '또 탈 나거나 또 어디 그런 분들이 생기면은 어떻게 하지'라는 그런 걱정이 되게 많았었거든요. 그래서 저희 소장님이 노란 우산 준비한 것도 '뙤약볕에 그냥 걷는 것보다 그래도 햇빛도 막고 4·16을 표현하는 노란색 우산을 단체로 쓰고 가면 좋지 않을까'라는 그런 아이디어도 낸 계기가, 그래서 그게 나온 거거든요. 그래서 한여름이라 그게 제일 걱정거리가 컸던 부분이었던 것 같아요.

도언 엄마　　　회의를 할 때, '기억과 약속의 길'이 참 의미 있는 길이죠. 아이들 다녔던 길이거든요. 아이들이 다녔던 길이기 때문에, "이거를 이제 순례하는, 순례, 성지의 길을 아예 만들자" 이렇게 회의 석상에 얘기가 나왔어요. 그래서 그냥 그 전에는 각자 편안한 옷을 입고 왔는데 "어떠한 의식이 담겨 있거나 눈에 튀는 뭘 하자" 이렇게 돼서 거기서 뭐 몸자보로 하니 현수막으로 하니 온갖 게 다 나온 거예요. 그래서 결론이 그때 어떻게 나왔냐면….

태민 엄마　　　노란 나비.

도언 엄마　　　"나비를, 나비를 만들어, 나비를 들고 다니자. 한지로 팔랑, 바람, 걸으면 팔랑팔랑하게 나비를 만들자"고 했어요. 그걸 진행하다가, 그걸 선거 끝나고 준비하려고 했는데, 빨대도 가져오고 한지도 사고 했는데요, 그때 너무 더웠던 거, 이제. 고운 엄마 말씀하셨던 완전 폭염이었던 거예요. 도저히 안 되잖아요. 그렇다고 해서 그냥 종이 모자 씌자니 그것도 안 될 것 같고, 그래서 급하게 이제 우산 40개를 준비하게 된 거죠. 근데 의외로 햇빛 가리는 그런 것도 있지만 누가 봐도 눈에 확 띄잖아요. 그래서 참 잘했던 것 같아요.

면담자　　　그리고 '기억과 약속의 길' 다 걸은 다음에는 각자 가지고 가신 거예요? (모두 웃음)

도언 엄마　　　다시 사무실에 잘 넣어놨어요(웃음). 그게 돈이 만만치 않아서 사무실에 잘 보관돼 있습니다(웃음).

태민 엄마   다음에 또 써야 하기 때문에.

도언 엄마   번호를 다 적었습니다, 번호를(웃음).

태민 엄마   언제든 써야 하는.

면담자   노란 우산을 기념품으로 가져갈 수 있다고 하면 많은 사람들이 혹시 노란 우산 때문에라도 신청하지 않을까요?(웃음)

도언 엄마   돈, 그니까 돈을 마련해야 되겠습니다(웃음).

면담자   네, 그렇군요. 태민 어머님 이제 3회 때 '기억과 약속의 길' 하셨잖아요. 우리가 이때는 이제 [정부합동]분향소가 없어진 다음이잖아요? 그럼 경로가 좀 어떻게 바뀌었나요?

태민 엄마   어, 걷는 길은 우선 여기서, 기억교실에서 먼저 시작을 했어요. 그 전에는 분향소에서 먼저 시작을 했는데, 기억교실[에서 시작하게 된 거죠]. 그다음에 거기서 영상을 먼저 보고, 묵념을 하고 영상을 보고 그러고 출발을 했어요. 원래 우리 아이들이나 기억교실에 방문을 하면 '기억과 순례의 길'이 따로 있어요. '[기억과] 약속의 길'이 따로 있는데, 그 길을 그대로 똑같이 걷는 거거든요. 그 전에는 단원고에 추모 조형물이 안 세워져 있고 [생명안전공원] 부지도 확정이 되지 않은 상태였기 때문에 그 안에 들어가지는 않았지만 이번에는 사실 그 안까지 들어가서 어느 부지에 세워질 거라고, 또 어떤 모형으로 만들어질 거라는 설명을 다 드렸어요.

　　그리고 사실은, 제일 사실은 걱정이 됐던 게 '너무 더워서 어떤 불

상사가 생기지 않을까'라는 그런 생각도 많이, 사실은 했었고, 끝까지 못 갈까 봐 그런 걱정을 되게 많이 했어요. 그래서 전시관, 단원고 들러서 전시관 가는 길에 그곳에서 에어컨을 빵빵하게 틀어놓고, 가기 20분 전에 들어가서 "얼 정도로 춥게 좀 해놔라" 얘기를 해서, 그 공간에서 시원하게 물도 좀 마시고 한 20분, 30분 정도 쉬었다가 다시 공원 지어지는 부지 쪽까지 이동을 했거든요. 근데 여러분들이, 사실은 모든 분들이 정말 '그 정도는 아이들을 위해서 함께 걷는 그 길이 가볍지 않을까'라는 그런 생각을 되게 많이 했던 것 같아요. 아이들이 함께 걸어주고 있다고 생각을, 저도 사실은 그 안내를 하면서 "정말 힘들겠지만 우리 아이들이 옆에서 함께 걸어준다고 생각을 하시면 그 걸음걸음 한 걸음이 힘들지 않을 거라"고 생각을, 얘기를 했어요. 모든 분들이 그런 생각을 갖고 [있어서] 힘든 과정이었지만 끝까지 잘 마칠 수 있었다고 생각을 하고요. 부지에서 또 단원고까지 걸어오기는 사실 무리였거든요. 그래서 차량으로 저희 부모님들이 다 기억교실까지 안내를 하고 그랬던 기억이 있습니다.

면담자   기억교실을 출발해서 단원고에 갔다가 기억전시관을 지나서 생명안전공원을 마지막으로 가고 차로 돌아오셨군요. 그러면 태민 어머님께서는 폭염 속에서도 같이 걷기를 결심한 분들을 보면서는 어떤 생각이 드시던가요?

태민 엄마   저는 사실은 3회 때가 의미가 큰 게, 저는 사실은 어릴 때부터 수녀님이 꿈이었어요. 사실은 수녀님이 꿈이었고 천주교 신자기 때문에, 또 수녀님들이 사실은 2회 때, 할 때 좀 많이 왔어요, 2강 할 때. 그래서 마음이 더 많이 따뜻했던 것 같아요. 그리고 또 함께

'기억과 약속의 길' 걸으면서 수녀님과 함께 이런저런 이야기 "제가 어 렸을 때 수녀님 되고 싶었고" 이런 이야기들 나누면서 마음이 정말 따 뜻했었던, 다른 횟수보다 3회 때가 더 많이 그랬던 것 같아요. 그리고 힘도 또 많이 얻었고요.

면담자   네, 그럼 지금 단원고는 기억과 약속을 길을 가기 위해 지나가겠다고 하면 막지는 않나요?

도언 엄마   네. 미리 얘기를 하면 [괜찮다고] 이분들이 얘기를 했거 든요. 그래서 지금은 괜찮습니다.

면담자   네, 예전에는 들어오지 못하게 한 적도 있죠. 3회째 강 의에는 또 선생님 구성이 조금 바뀌었죠? 피스모모 임은경 선생님이 하신 걸로 아는데 3회 때 분위기는 어땠나요?

고운 엄마   제가 2회 때하고 3회 때하고 달라진 게 또 있는데요. 저 회 2회 때는 재강 어머니가 '기억과 약속의 길'을 안내를 하셨잖아요. 그런데 맨 앞에 서서 안내를 하다 보니까 뒤에 있는 분들은 무슨 얘기 하는지 잘 안 들리거든요. 그래서 이제 그때, 그때 당시에는 그렇게 진행이 돼서 중간중간에 저희 엄마들이 몇몇이 맡아가지고 나름 각자 전달, 정보 전달하기로 했었는데, 혜선 어머니 같은 경우는 비디오카 메라를 들고 촬영을 하셨고 저는 카메라 촬영을 했었어요. 그날 또 비 가 왔어요. 그래서 우산 쓰고 비옷 입고 카메라 또 젖을까 봐, 그것 때 문에 그런 역할을 저희가 못 했어요. 각자 그 교육받으러 오신 분들 케어를 저희가 제대로 못했거든요. 그래서 이제 3회 때는 그런 실무 진 쌤들이 촬영을 다 하고 저희 엄마들이 중간중간에 투입이 돼서, 앞에서 진행하시는 분, 진행하는 태민이 어머니가 얘기하시는 걸 뒤의 분들이 못 들으니까, 저희가 중간중간에 그렇게 투입이 돼서 각자 나름 다른 얘기를 해가면서 안내를 같이하고 왔던 점이 2회하고 3회하고 달라졌던 점이 있거든요.

면담자　　　그렇군요. 3회까지 진행을 하시면서 나름의 노하우를 쌓아가고 계신 것 같아요. 고운 어머니는 사진 촬영을 한다고 하셨고, 혜선 어머니는 비디오카메라 촬영을 하시나요? 그럼 기억저장소에서 그 역할을 전담하고 계신 건가요?

혜선 엄마　　　시민교육 할 때만 영상을 찍고, 또 뭐 저희 기억시 전시 가면은 그때도 영상 찍고 그렇게 하고 있습니다.

면담자　　　비디오카메라 담당이신 거죠?

혜선 엄마　　　네(웃음).

면담자　　　네, 알겠습니다. 혹시 우리 시민교육 프로그램 관련해서 추가적으로 말씀하고 싶은 내용이 있으신가요?

재강 엄마　　　저는 시민교육 1회, 2회, 3회 때 중에 3강 ‘4·16 나의 이야기’를 1회 때도 못 들었고 2회 때도 못 들어갔었어요. 이제 3회 때 처음에, 처음으로 수업을 하는 걸 봤는데요. 되게 저는 신선했고 또 제가 처음으로 경험한 거라 가지고 그 수업이 되게 좋았어요. 피스모모 임은경 선생님이 하셨는데, 전지를 가져와서 자기 몸을 그려갖고 그날 4·16 당시의 내가 그림으로 표현하는 거였어요, 그날 당시를. 그래 가지고 이걸 교육실에 걸었었거든요. 그런데 이제 다 각자가 자기 그날, 4·16 자기가 경험했던 자기 느낌을 몸으로 표현하는 그런 수업이 되게 좋았었어요. 그때는 공간이 좁아 가지고 복도에서 그리시는 분, 협의실에 들어가서 그리시는 분, 그런 거는 있었지만 저는 그림으로 '나의 4·16'을 표현하는 그 수업이 제가 처음 들어서 그랬는지 되게 좋았었어요.

면담자   '4·16과 나의 이야기'에서 다른 시민분이나 활동가분들이 이야기하는 걸 들으시면서 어떤 생각이 드셨나요? 같이 나누실 이야기 있으신가요?

고운 엄마   무슨 일이든지 회를 거듭하면은 보완이 돼서 조금씩 좋아지거든요. 근데 저희 시민교육도 1회, 2회, 3회 거치면서 조금씩 조금씩 발전하는 모습이 눈에 보이더라고요. 제일 큰 변화가 그냥 가만히 앉아서 듣는 강의에서 내가 직접 참여하는 강의로, 내 몸으로 표현하고, 내 몸을 이용해서 4·16을 이야기하고 그런 교육 시스템이 눈에 보이게, 누가 봐도 1회 때보다 2회 거쳐서 3회 거쳐서 왔을 때, 이렇게 큰 변화가 생긴 거는 누구든지 다 보면 느낄 수 있을 정도로 큰 변화 있었거든요. 그래서 이제 앞으로 올해 또 한 번 남아서, 4회가 남아 있는데, 그 4회 때는 '어떤 방식으로 또 수업이 강의가 진행될까, 어떤 게 추가가 될까' 그런 기대도 좀 어느 정도 있어요. 처음에는 반신반의하는 그런 마음이 컸었는데, 지금은 그런 마음이 좀 더 많이 부분을 차지하고 있고. 그래서 이제 저희가 4·16기억저장소에서만 시민교육을 현재는 맡아서 하고 있다 보니까 교육생들 모집하는 부분도 그렇고 저희가 홍보하는 부분도 그렇고 한계가 많이 있거든요. 그래서 이게 나중에는 시민교육원이 새로 만들어져 가지고 더, 홍보도 더 많이 할 수 있고 점점 더 계기나 이런 범위가 넓어져서 많은 사람이 한 번쯤 다 와서 들어볼 수 있는 그런 쪽으로 더 발전이 계속되어 갔으면 좋겠어요.

면담자 　　　네. 혹시 다른 어머님들께서도 기대하거나 바꾸고 싶은 부분이 있으신가요?

도언 엄마 　　　저는 이번에, 우리 항상 하면 설문조사를 하거든요? 거기 이제 다른 것 다 좋게 말씀 많이 하셨어요 "너무 좋다. 신선해서 좋고, 서로 마음을 표현할 수 있어서 좋고, 특히 엄마들이랑 간담회 했던 거와 기억과 약속의 길이 너무 좋았다" 다 좋다고, 평가 다 좋았어요. 근데 그중에 한 분이 뭐라고 얘기하셨느냐면 "이 교육이 왜 4·16민주시민교육인지를 모르겠다" 이렇게 적으신 거예요. 그래서 제가, 저도 고민이 되더라고요. '아 그래? 우리 여기 4·16민주시민교육을 타이틀로 교육을 들어가고 있는데 이분은 의미가 좀 다른가 보[다], 다르기 때문에 이렇게 말씀하시지 않는가'에 대해서 사실은 고민을 저는 지금도 하고 있거든요. 근데 아직까지 답은 내리지는 못했어요. 그래서 이분이 그렇게 말씀했을 때는, 이 부분이 뭔가 부족하겠죠. 이건 답은 우리가 좀 찾아가야 되지 않을까….

면담자 　　　네. '4·16민주시민교육'이라고 하지만 사실 기존에 없던 걸 새로 만들어가야 되는 거라 쉽지 않을 것 같아요. 제가 조금 빼먹은 추가 질문이 있어서 말씀드리려고 해요. 우리 일일 수강생 아까 그 고명선 씨가 두 번째는 약간 보조교사처럼 참여하셨다는데, 그런 모습도 굉장히 좋은 것 같아요. 어떻게 해서 그분은 그렇게 참여를 하시게 된 건가요?

도언 엄마 　계속 참여를 하시겠다고 말씀하셨어요. 왜냐하면 이제 이대훈 교수님이 국회에, 그때 하룻밤 우리가 농성하고 있을 때 그다음 날 뵙고 나서 그 피스모모 팀이랑 같이 미팅을 했거든요. 미팅했는데 그분들이 오히려 "단원고 기억교실에서 4·16민주시민교육에 참여할 수 있게 해줘서 너무 감사하다"고, 본인도 "어떤 식으로든 참여를 하고 싶었는데 참여를 할 수가 없었다"고 말씀을 하시더라고요. 그래서 우리가, 우리 이제 저장소에서, "저장소 교육 진행팀들이 반대하지 않는 이상은 자기들이 끝까지 가고 싶다"라고 얘기를 하셨어요. 그래서 아마 계속 발전된 모습 보여주지 않을까 싶습니다.

면담자 　알겠습니다. 그러면은 잠깐 쉬었다가 다음 진행하겠습니다.

모두 　네.

(잠시 중단)

5
『그리운 너에게』 출판 작업 과정

면담자 　네. 지금까지 4·16민주시민교육에 대해서 얘기를 나눠봤고요. 오늘 두 번째로는 『그리운 너에게』라고 어머님, 아버님들이 그리운 아이들에게 마음을 담아 편지글을 모아서 책을 내는 작업을 하셨어요. 그 이야기를 나눠보고자 합니다. 먼저 이 책이 어떻게 기획

되고 어떤 과정으로 진행됐는지 소장님께서 말씀을 해주셔야 할 것 같아요. 간단하게 그 이야기 먼저 듣고, 어머님들이 어떻게 참여하셨는지 이야기를 나눠보도록 하겠습니다.

도언 엄마   네. 『그리운 너에게』…, 사실은 좀 갑작스럽게 기획을 했던 거구요. 올 2018년 1월 달에 이제 기획을 해서 짧은 시간 안에 책이 좀 나왔고요. 그 전에 사실은 우리 한 명 한 명 기억시가 있어요. 기억시가 있는데 그거는 아이들 『약전』[『416단원고약전』]을 토대로 해서 이제 기억시가 만들어지는 거였고요. 『약전』을 토대로 2차적 창작물이 아이들 기억시인데, 기억시를 좀 책으로 낼라고 그랬어요. '전시 액자로 나가는 것도 중요하지만 책으로 나오면 참 좋겠다' 싶어서. 그 것도 이 책이 그냥, 우리 저번주에 보셨던 시민교재는 사실 교육 오시는 분만 보실 수 있는 거잖아요. 근데 이제 책으로 출판되면 우리가 죽어도 나중 후대에 계속 남을 수 있는, 그 기록물이라고 그래야 되죠? 기록으로 남는 거래서 저는 책으로 남기고 싶었어요. 근데 2차 창작물을 내기 위해서 진행하다 보니까 『약전』에 [참여하셨던] 소수 몇 명께서 반대를 하신 거죠.

면담자   『약전』 작업을 하셨던 작가분들께서?

도언 엄마   네. 작가 분들이 거의 다, 창작하시는 소수 몇 분께서 반대를 하시는 거예요. "안 된다. 나의 저작권이기 때문에 허용할 수 없다"라고 얘기하시는 거예요. 보통 이제, 많은 분들이 참여를 했기 때문에 우리가 경기도교육청에서 저작권을 가져올 때도 60프로 이상이 찬성해서 다 가져온 거였거든요, 가족협의회로. 그거 서류를 제가 다 준비를 했었어요. 그래서 운영위원장님이 가서 사인을 받고 저작권을 가지고 오셨고. 그리고 저작권이 가족협의회에 있고, 그리고 2차 창작물을 하려고 하니 소수 몇 분이 반대를 하신 거죠. "나는 허락해 줄 수 없다" 이렇게 해서 그게 계속, 한 1년 이상을 진행이 안 됐었어요.

면담자   그러니까 『약전』 그대로가 아니라 『약전』을 보고 쓴 시인데도 안 된다고 반대를 하신 거군요.

도언 엄마   안 된다. 왜냐하면 보통 그렇게 되면 그 앞에 당연히 이제 "『약전』을 토대로 [시를 창작했다"는] 내용을 넣어서 시집이 나올 건데도 아예 안 된다고 이제 얘기를 한 것이죠. 사실 『약전』에 똑같은 단어가 들어갈 수 있고, 그건 당연한 저는 생각, 왜냐면 연극이 나오든 뭐 영화가 나오든 노래가 나오든 그 단어가 나올 수는 있어요. 그런데 소수 몇 분께서는 '나는 고생해서 이 『약전』을 만들었는데 그것을 뺏겼다'고 생각하시는 거죠, 그래서 반대를 하셔서 이제 기억시는 나올 수가 없었고. 그리고 우리 저장소에는 단원고 희생자 포함해서 304명 알리는 역할이잖아요. 자료 수집을 해서 연대를 하고 공감을 하는 일이 저장소의 역할이다 보니까 '일단은 우리 아이들이라도 먼저 다시 시작을 하자. 하나하나 하자' 해서 『그리운 너에게』 책을 기획을 하고 준비가 된 시작점이 있다고 보시면 될 것 같습니다.

면담자   네. 그러면 『그리운 너에게』를 진행하면서 후마니타스에서 책이 나오기까지 어떤 분들에게 도움을 받으시고 진행되었나요?

도언 엄마   처음에는 사실은 먼저 책을 내기 전에 출판사와 뭐, 디자인은 먼저 미팅을 하고 시작을 해야 되는데 우리는 좀 반대가 됐어요. 먼저 기획을 하고 편지를 받기 시작하고 난 다음에 제가 출판사랑 이제 미팅을 갖게 된 거구요. 유명한 출판사를 할 수도 있었지만 저는 사실은 이게 엄마의 편지를 그대로 그냥, 원본 그대로 책을 넣고 싶었고, 두 번째는 '작은 출판사와 같이 연대해서 갔으면 좋겠다' 그런 마음에서 처음에는 도어스 출판사를 먼저 얘기를 했었어요. 도어스 출판사는 우리랑 〈천개의 햇살〉 전시했던 팀이에요, 전시관에서. 근데 그 출판사에서는 "마케팅 쪽으로는 자신이 없어서 본인은 도와드릴 수 없다" 그래서 제가 후마니타스를 갔어요.

면담자   후마니타스는 어떻게 알게 되신 건가요?

도언 엄마   후마니타스는 우리 기억저장소, 저장소 로고를 만들어 주신 팀이에요. 그래서 연락을 하고 찾아뵈러 갔죠. 처음에 이제 기획 의도를 말씀드리고 찾아갔고 본인은 "오케이"하셨어요, 대표님께서는. 흔쾌히 "오케이"를 하셨고, 그리고 이제 편지지도 우리는 한지에, 한지, A4 한지에 편지를 다 적기로 했는데 이분은 책을 많이 만들어 보신 분이기 때문에 "그러면 안 된다"고 얘기를 하시더라고요. 그래서 그쪽에서는 사회 쪽에 디자인을 많이 해주시고 이번에, 올해도 이한열 열사의 앞의 표지 로고를 만들어주셨더라고요. 그러면서 이제 후마니타스하고 연결이 된 거예요.

면담자   네, 알겠습니다. 책이 오히려 화려하지 않기 때문에 어머님들 마음이 더 느껴질 수 있는 면도 있는 것 같아요. 『그리운 너에게』책이 나오기까지 어머님들 각자가 하신 역할이 많이 있다고 들었습니다. 어떤 일을 맡아서 하셨는지 이야기를 좀 해주시죠. 그와 관련해 에피소드가 있다면 말씀해 주셔도 좋을 것 같고요. (모두 침묵) 편지글은 어떻게 수집하셨나요?

혜선 엄마   아…, 책을 이제 내기로 한 다음 소장님의 명령이 떨어지고, (모두 웃음) 그다음부터 제[저희]가 이제 영만 어머니까지 포함해서 다섯 명이잖아요. 그래서 제[저희] 아이들 반도 10반이에요. 그래서 엄마, 운영위원 엄마 한 분당 두 반씩 맡아서 엄마, 아빠 전화번호를 다 이제 전시관에 입력되어 있는 게 있어요. 그걸 이제 다 뽑아가지고 한 분 한 분 전화를 다 드렸어요. 엄마가 안 받으면 아빠한테, 아빠가 안 받으면 엄마한테, 이런 식으로 전화를 다 드려서 일일이 다, 이제 한 분 한 분한테 다 여쭤본 거죠. "이런 이런 책을 계획하고 있는데 우리 아이들한테 편지글을 썼으면 좋겠다" 이렇게 설명을 충분히 드리고 이제 "쓰신다", "안 쓰신다" 이런 분 물론 계셨지만 "다 쓰셨으면 좋겠다. 언제 또 이거를 [하겠냐]. 쓰기는 힘들지만, 우리 아이들한테 쓰는 편지가 정말로 힘들고, 나부터도 '내가 이걸 어떻게 쓰지' 그렇게 생각을 했으니까 힘든 줄 알지만 우리 아이들한테 그래도 편지 한 장은 남기자" 그렇게 설득을 해가면서 반반이 이제 맡아서, 두 반씩 맡아서 그렇게 시작을 했어요.

면담자   네, 혜선 어머님은 몇 반, 몇 반 맡으셨나요?

혜선 엄마   저는 9반이라서 9반, 10반을 했고요, 저는 인원이 그렇게 많지 않아서 다른 분들보다는 좀 덜 힘들었거든요, 저희는 한 반에 20명씩이라서 40명밖에 안 되니까. 9반은 그래도 "거의 좀 힘들지만 쓰겠다" 하시는 분들이 많았고, 10반 분들은 좀 많이 안 쓰셔 가지고 많이 안타까웠어요. 연락드려도 전화 안 받으시는 분들 많고 그래서 한 일곱 분인가 여덟 분밖에 안 쓰셨던 것 같아요. 그게 조금 아쉬웠어요.

면담자   사실 4개월도 채 안 되는 기간에 책이 출간되는 건 굉장히 어려운 작업인데, 직접 쓰기도 하셔야 됐던 거잖아요. 편지를 쓰는 게 힘드셨나요? 아니면 사람들을 모으는 게 힘드셨나요?

고운 엄마   제 생각에는… 저희가 이제 저희 유가족분들 만나야지 그나마 저희 아이들 얘기를 할 수 있는 기회가 있지 그 외에는 아이들 [이야기를] 할 수, 얘기할 수 있는 기회가 없어요. 그러다 보니까 벌써 이제 4주기, 4년 동안 아이들에 대한 얘기는 이제 엄마들 아니고서는 같이 대화를 나눌 수 있는 상대가 없다 보니까, 그게 다 말은 밖으로 꺼내지는 못해도 이 마음에 많은 얘기들이 다 담겨져 있어서 원고 그런 게 없어도 할 말은 너무너무 많아서, 너무 많아서 어떤 거를 어떤 내용을 함축을 해서 써야 될까 그런 부분도 힘들었지만, 오히려 써야 되는 그 과정, 마음이 힘들었던 거죠. 글 쓰는 게 힘든 게 아니고, 아이한테 그 편지 써야 되는 그 마음 과정이 제일, 제 생각에는 제일 힘들었던 것 같아요.

그래서 저뿐만이 아니고 다른 어떤 부모님도, 그게 한 번에 다 쓸 내용이 없어서가 아니고 쓰는 게 너무 마음 아프다 보니까 한 번에 다 못 썼던 것 같아요. 저도 그랬어요. 그래서 몇 번에 나눠서 [썼어요]. 그리고 이게 편지가 밤에 쓸 때랑 이렇게 환한 아침이라든가 이렇게 다른 시간대에 쓰는 거랑 또 달라요. 밤 되면 오히려 더 감성적으로 변해서 더 쓰기가 힘들었던 것 같아요. 그래서 제가 그 힘든 부분을 알기 때문에 그 소장님이 정해준 기간이 있잖아요. 그러니까 그 기간 내에 저희가 이제, 저 같은 경우는 1반, 2반을 담당을 했었거든요, 그러니까 저도 편지도 써야 되고 그 1, 2반을 다 일일이 얘기도 해야 되고, 또 편지 쓰면 또 직접 갖다주는 사람도 있지만 갖다주지 않으면은 제가 더 답답하고 아쉬우니까 그 집 앞에까지 가서 또 편지를 받아 오고 그런 과정이 있었어요.

근데 제가 힘든 걸 알기 때문에 [뭐라 할 수는 없지만], 다른 분들이 100프로 다 그 정해진 기간 내에 딱 맞춰서 써주지는 않았어요. 하루, 이틀, 사흘씩 이렇게 늦어지는 부모님도 계시는데, 정해진 시간에 주지는 못해도 그거를 재촉할 수 없는 게 그 마음을 아니까, 그 쓰는 과정이 얼마나 마음 아프고 힘들다는 걸 아니까 재촉을 못 하겠더라고요. 그래서 마지막에는 이제 그 기간은 맞춰야 되겠고 그래서 제가, 처음에는 저희 반 같은 경우 민지, 1반은 저희 민지 아버님이 항상 대기실에 상주하고 계세요. 그래서 저희 1, 2반은 주로 민지 아버님한테 맡겨놓으면 제가 가서 가져오고 이런 방식이었는데, 나중에는 이제 시간이 하루 이틀 넘어가고 촉박하게 되다 보니까 나중에는 제가 댁이 어딘지 집이 어딘지를 다 물어봐서 직접 수거하러 다니고 그런 역할까지 했었어요.

면담자   편지는 '어떤 종이에 어느 정도의 양으로 쓰셔라' 하는 기준이 있었나요?

고운 엄마   처음에는 있었어요.

면담자　　　　어떤 기준이었는데요?

고운 엄마　　처음에는 아까 소장님이 말씀하셨듯이 한지, A4 용지 한지를 가지고서 쓸려고 했는데 이게 이제 그… 회의, 계속 미팅하는 과정에서 편지지가 크기가 바뀌었어요, 처음에는 A4였다가 A4로 가면 책 사이즈 커지게 되면 책 두께가 얇아져서. 사이즈가 이렇게 바뀌면서 일곱 장 내[외], 한지를 다 저희가 저장소에서 구매를 해가지고 다 나눠서 드리고. 그러니까 편지 수거하기 전에 편지지 나눠주는 그 작업부터 저희가 다, 일일이 다 장수에게 맞게 이제 봉투에 다 담아…서.

면담자　　　　일곱 장씩?

고운 엄마　　네, 여유분으로. 여유분으로 한두 장씩 더 넣어서, 쓰시겠다고 하시는 분이 10분이면은 10분 거를 다 봉투에 일일이 다 담아가지고 나눠드리는 역할도 같이 저희가 했었고…. 그래서 일곱 장 내외로 정해놓긴 했지만, 일곱 장 넘어가신 부모님도 계시고, 평균적으로 한 네 장 정도 쓰신 분들이 제일 많더라고요, 저도 네 장 정도 썼고. 그렇게 장수는 정해져 있었지만 넘어가신 분도 계시고 그랬던 것 같아요.

면담자　　　　그리고 우리가 여러 사람을 모아서 책을 만들 때는 보통 공통으로 어떤 나름의 규칙을 정하거든요. 혹시 같이 정하신 것이 있었나요?

도언 엄마　　그건 없었어요, 그냥 마음 가는 대로. 이제 4주기가 되면서 세월호 참사가 잊혀지고 있었거든요. 우리 생명안전공원 부지 발표도 안 돼 있고[요]. 보통은 다른 모든 사람이 세월호가 '다 끝난 거 아니야? 다 해결됐잖아, 정권 바뀌었는데 뭘 또 이야기해' 이런 분위기였어요, 그때는. 침체기였어요. 우리 가족으로 보면 침체기였거든요. 그래서 기억시를, 시집을 내려고 했는데 안 돼서 이제 『그리운 너에게』[라는 편지글 모음 책으로] 나왔고요. 의도는 다시, 그래서 이제 형식 없이, "우리 아이들한테 이제까지 4년 동안 말하지 못했던 것, 남기지 못했던 것, 그리고 또 차마 남 앞에 가서 얘기 못 했던 거를 글로 써보자" 이렇게 해서 계획이 됐던 거예요.

면담자   편지지는 어떻게 한지로 정하셨나요?

도언 엄마   처음에, 우리 기억시가 육필이잖아요. 액자에 넣은 게 너무 이쁜 거예요. 그래서, 기억시도 책으로 나오면 한지 그대로 나오[게 하]려고 했었거든요. 너무 이쁜 거예요. 그래서 "엄마들 손 글씨로 적어서 나중에 액자도 만들고, 책을 내면 너무 예쁘겠다" 했는데 (웃으며) 한지는 안 되고 다시 이제 편지지가 만들어진 거죠.

면담자   고운 어머님께 조금 더 여쭈면, 1반과 2반을 맡으셨다고 하셨는데 반별로 분위기가 다르기도 하고 집집마다 또 사정이 있기 때문에 편지지를 모을 때 어렵거나 기억에 남는 일 있으신가요?

고운 엄마   음… 이게 편지 쓰는 부분도 아이러니하게 그 활동하고 안 하고 하고의 관련이 있더라고요. 그래서 저 같은 경우는 2반을 담당했었는데, 활동하신 분들이 적은 반이 또 2반, 그 반 중에 2반이 있거든요. 그래서, (면담자 : 그렇죠) 네. 그래서 그것도, 또 편지 쓰는 것도 그게 활동하고 안 하고가 많이 결정이 되더라고요. 그래서 2반 같은 경우에는 딱 네 분밖에 쓰질 않으셨어요. 그래서, 그리고 이제 다른 어머니도 이제 쓰신다고 했다가 "저 도저히 못 쓰겠다"라고 연락이 와서 중단했던 엄마도 있고….

저희 반 같은 경우에는 성빈이 아버님하고 수진이 아버님이, 엄마가 안 쓰고 의외로 아버님이 편지를 썼어요. 그래서 똑같은 자식을 낳아서 키우고, 똑같이 18년 동안 같이 생활을 했지만 그래도 '엄마가 기억하는 부분, 아빠가 기억하는 부분이 100프로 같지는 않다'라고 생각을 하거든요. 그래서 편지 쓰는 것도 엄마가 쓰느냐 아빠가 쓰느냐에 따라서 그런, 기억 부분이라든가 그런 게 조금 다른 점이 있는 것 같더라고요. 그래서 아빠가 쓰는 부분도 엄마가 쓰는 거하고 다르게 '아, 이런 점이 다르구나'라는 걸 그때 새삼 느꼈고…. 2반 부모님들 좀 더 참여를 해서 편지를 아이들한테 쓰고 이렇게 '책으로 좀 더 많은 아이들이 남겨졌으면' 하는 그런 바람은 있었는데, 제 바람하고는 다르게 2반 부모님들이 참여를 많이 하시지를 않았어요. 그래서 그게 조금 안타까웠어요.

면담자　　　네, 다른 어머님들은 어떠셨나요?

태민 엄마　　　저 같은 경우는 이제 5반, 6반을 맡고 있거든요, 영만 엄마가 다른 반을 하고, 같은 6반인지만. 저 같은 경우는 사실은 5반 아버님이, 사실은 반 대표를 맡고 있으신 분이 많이 도와주셨어요. (면담자 : 누구 아버님이시죠?) 아, 건우 아버님이요. 그분이 이제 "나눠 주고 하는 거는 알아서 하겠다. 전화도 돌리는 것도 자기가 하겠다" 그래서 본인이 다 해주셨고, 저는 이제 6반만 맡아서 했거든요. 근데 6반 같은 경우도 사실은 저희가 활동하는 부분이랑, 하시는 분이랑 안 하시는 분이랑 완전히 갈려 있어요. 그렇다 보니까 이제 안 하시는 분들한테도 권유를 했지만, 제가 편지지를 그래도, 가까이 계시는 분들한테는 전달을 해서 가서 전해주고, "그래도 아이한테 쓰는 건데, 나중에 평생 남는 거고 하기 때문에 써서 주면 좋겠다"고 얘기를 했는데 [그래도 못 쓰시는 분들이 계시더라고요].

나중엔 이제 전화를 했더라고요, "미안하다"고. "이렇게 열심히 하는 태민이 엄마한테 도움을 못 주고, 이런 거 써주면 좋겠지만 내가 너무 많이 힘들다"라는 얘기를 많이 하더라고요. 저도 사실은, 제가 쓰는 과정에서도 이렇게 힘든 거를 부모님들한테 해달라고 하기가 되게, 미안한 마음이 되게 컸어요. '나도 이렇게 힘든데, 그 사람들도 많이 힘들 텐데' 그런 생각을 많이 하다 보니까 억지로 해달라는 이야기를 못 하겠더라고요, 사실은. 그런 과정이 사실은 있었고, 저도 태민이한테 편지 쓰는 과정에서, 저도 사실은 밤에 대부분 많이 썼어요. 쓰다 보니까 극단적인 이야기들도 사실은 많이 나오게 되고….

면담자　　　극단적인 얘기라고 하면 어떤 얘기인가요?

태민 엄마　　(웃으며) 솔직한 이야기가 편지에 다 묻어나 버리더라구요. 정말 편지에 드러나지 않아야 될 이야기까지도 나오게 되는, 그런, 조금 힘든 그런, 그런 이야기도 막 쓰게 되고…. 저는 이제 편지를 쓸 때 거의 대부분 밤에 썼거든요, 애들 아빠랑 아이들이랑 다 자고 있을 때 침대에 누워서. 그러다 보니까 계속 울다 쓰다 울다 쓰다를 한 일주일간 반복을 했던 것 같아요.

면담자　　　태민 아버님과 편지를 누가 쓸지 의논하셨나요? 아니면 '당연히 내가 써야지'라고 생각하셨나요?

태민 엄마   왜냐면 애들 아빠 같은 경우는 그런 자체를 아예 들으려고 하지도 않고, 쓸 사람도 아니었기 때문에 아예 얘기도 안 꺼냈던 거죠.

면담자   그럼 혹시 섭외 과정에서 두 분 다 쓰겠다고 하거나 이런 경우는 없었나요?

재강 엄마   두 분 써온 집도 있었어요. 그래서, 우리가 규칙이 한 가정당 한 편지잖아요. 어떤 집은 부모님하고 또 형제자매가 쓴 집도 있었고…. 근데 형제자매가 쓴 편지는 돌려드리고, 또 부부가 쓴 집은 상의해서 한 사람 것만 책에 넣고 한 사람 것은 다시 돌려드리고 이런 식으로 했어요.

면담자   기본적으로 부모 중에서 한 사람이 쓰는 걸로 하셨군요. 혜선 어머님은 어떠셨어요? 아, 혜선 어머님은 얘기하셨죠? (모두 웃음) 재강 어머님은 어떠셨나요?

재강 엄마   저는 이제 10개 반 중에서 희생자가 가장 많은 반, 7반, 8반을 제가 했거든요. 근데 7반 같은 경우는 이제 당직 때, 제가 편지지를, 가서 나오시는 분들 다 드리고, 또 아니신 분들은 뭐 우편으로도 보내드리고, 또 아니면 뭐 밖에서 따로 만나서도 주고, 아니면 그 집 우편함에도 갖다 넣어주고 [했어요]. 이제 8반 같은 경우는 이제 저희 반이 아니니까 일일이 전화를 다 했어요. 해가지고 어디 장소에서 만나든, 일로 오든, 또 그 일 하시는데 가든, 그렇게 했고[요]. 10반 경주 엄마가 옆 동에 살아갖고 혜선 어머니네 것, 경주 꺼도 우편함에

195
•
2회차

갖다 넣어주고, 그렇게 다 나눠, 한 번 나눠줬는데, 한지에서 편지지로 딱 바뀐 거예요. [그래서] 다시 또 한 번 더 [나눠줬죠].

근데 7반 같은 경우는 이번 당직 때 나눠주고 다음 당직 때까지 다 써오라고 했어요. 근데 이제 당직 나오시는 분들은 그렇게 써갖고 가져다주시고, 안 나오시는 분들은 전화를, 일단 영석이 아빠가 반 대표니까 반 밴드에 올리기도 했지만 전화를 안 받으시는 분들 한 몇 분 계셔 갖고 그분들은 못 했어요. 제가 전화를 해도 안 되고, 문자를 보내도 답이 없고 [해서요]. 이제 그 외에는 저는 7반, 8반을 일일이 전화를 다 했었거든요. 한 63가정 정도 다 전화를 다 했는데, 한 30가정 두 반에서 나왔던 거 같아요. 아까 말씀드렸듯이 이제 형제자매가 온 편지, 부부가 온 편지가, 한 반은 7반, 한 반은 8반이었는데, 규정에 의해서 갖다주고, 다시 또 부모님이, 아버님 드리고 했었거든요.

근데 『그리운 너에게』책이 나오고 나서 각 가정당, 편지 쓰신 가정당 한 권씩을 드렸어요. 그거는 이제 7반 같은 경우는 당직 때 나눠주고 나머지는 이렇게 제가 우편으로 보내드리기도 하고 했는데, 8반은 제가 편지글을 받을 때는 제가 일일이 전화를 다 해서 편지를 다 받았는데, 이 책 나눠 줄 때는 책을 받아서 우재 아버님이 8반 대표신데 그냥 통째로 드렸어요, "이거는 우재 아버님이 좀 나눠 주라"고. 그렇게 해서 이제 나눠 줄 때는 그렇게 했던 것 같아요.

면담자   과정에서 좀 느끼시거나 아니면 기억나는 에피소드가 있으신가요?

재강 엄마   그런 분들이, 이제 편지 안 쓰신 분들은 편지 취지를 얘기하면 어떤 분들은 "알겠다"고 이제 써줄[려고 하는데], 고운 어머니가

196

4·16기억저장소

말씀하셨던 건 이제 활동하시는 분이나 이렇게 나오시는 분들은 알겠다고 쓰시지만 활동하시지 않는 분들은 아까 얘기했듯이 전화를 아예 안 받거나 문자를 보내도 답이 없거나, 안 그러면 전화를 받으셔서도 "나는 편지 안 쓰고 싶다"고 그러면 제가 더는 얘기할 수 없으니까 "알겠습니다" 하고 끊고….

면담자　　　활동은 안 하시지만 책 만드는 작업만큼은 참여하고 싶다고 하신 분들도 계셨나요?

재강 엄마　　　8반 같은 경우는 좀 있었어요. 그래서 제가 그 어머니, 애기 이름이랑 갑자기 생각이 안 나는 데요. 그 요기 온마음센터 옆에서 엄마가 일하시는데 제가 편지지 갖다드리고 또 받을 때도 가서 받아 오고 [했어요]. 8반 같은 경우는 활동 안 하셨던 분들도 적극적으로 몇 분 쓰셨어요.

면담자　　　어머님들 지금 공통적으로 하신 말씀이, 활동을 쭉 해오셨던 분들이 좀 더 적극적으로 참여하셨다고 했는데요, 그 이유는 무엇이라고 생각하시나요? 단체활동을 안 하신다고 해서 아이에 대한 그리움이 적다고 말할 수는 없는 거잖아요. 그럼에도 이런 전반적인 활동에서 거리를 두시는 이유는 무엇일지 같이 토론을 해볼까요?

재강 엄마　　　저, 잠깐만요. 그 토론하기 전에 그 8반 준형이 얘기를 좀 잠깐 할게요. (면담자: 네, 하세요) 준형이 같은 경우는 편지를 고모가 썼었어요. 고모가 썼었는데, 원래 111가정이 들어왔다가 아버님이 책 내는 걸 원치 않아가지고 110가정을 썼었어요.

면담자　　　네. 준형이는 고모가 쓴 편지를 아버지가 반대해서 신지 못하게 된 거군요.

고운 엄마   저, 그 얘기하기 전에 저 나름 에피소드가 있는데요. 저희가 처음에 받은 게 한지였거든요. 근데 한지에 줄이 없어요. 근데 저 같은 경우도 줄 없는 곳에 글을 쓰다 보면 점 점 점 위로 계속 올라가거든요. 그런데 저희 부모님, 저희 1반 부모님도 제가 한지를 나눠 줄 때 "아, 이거 줄 없는데 이거 어떻게 쓰라고 한지를 주냐"고 그래서 제가 나름 생각해 낸 게, 줄 쳐져 있는 노트, 저희 이제 저희 아이들이 쓴 노트에는 이렇게 줄이 쳐져 있잖아요. 한지를 그 위에다 올리니까 비쳐서 보이더라고요. 그래서 제 나름 한지 위에다 '이렇게 줄을 다 쳐서 거기다 편지를 써야 되겠다' 생각을 하고 저희 반 부모님들한테도 "이렇게 줄 쳐서 쓰면 된다"라고 이제 전달을 할 쯤에 저희가 한지에서 현재 줄 있는 편지지로 바뀌었어요. (모두 웃음) 그래서 저희 반 부모님들이 너무 좋아했었어요. 줄 있는 곳에 글을 쓰게 되니까 그런 걱정 안 해도 된다고 좋아하셨던 그런 에피소드가 있거든요, 저희 반 같은 경우에는.

면담자   네, 그럼 다시 원래 질문으로 돌아가겠습니다(웃음). 아이를 잃은 슬픔과 그리운 마음은 어떤 가족이든 마찬가지이실 텐데 왜 단체활동을 하시는 분들이 편지글 쓰기에 더 적극적으로 참여하시고, 그렇지 않은 분들은 편지를 쓰는 것마저 어려워하시는지, 각자 그 이유가 무엇이라고 생각하시나요?

재강 엄마   편지글 쓰는 게 사실 쉽지는 않았어요. 저도 7반, 8반 "편지글 써주세요, 써주세요" 하면서도 사실은 저도, 내일이 마감이라면 전날 썼거든요. 그렇게 하면서도, 써달라고 하면서도 한편으로는 나도 못 쓰는데 참 조르는 제 입장도 그랬지만, 이렇게 활동하시는 분들은 이제 우리가 계속 얼굴을 보잖아요. 얼굴을 보니까 이제, 그나마 서로 자주 보고 또 이렇게 "기억저장소에서 이런 사업을 한다" 하니까 쓰시는 분들도 있을 것이고, 또 활동 안 하시는 분들은 제 입장에서는 기억저장소 사업에 대해서도, 취지에 대해서도 그닥 (면담자 : 공감하시지 않고) 네, 네. 그러니까 이제 '우리가 편지글을 얘기해도 쓰시기 힘드니까 그냥 사양하시지 않았나' 그런 생각도 들더라구요.

고운 엄마 　 저도 교수님이 말씀하셨다시피 아이에 대한 마음이 저희 활동하시는 분이나 안 하시는 분이나 다 똑같거든요. 다 똑같아요. 근데 그분들은, 저희는 아파도, 계속 아파도 그거를 이겨내 가면서 자꾸 부딪히고, 직면하고 그런 부분이 있는데, 활동 안 하신 부모님들은 자기네, 자기들 스스로 그 아픔을 계속 반복해서 가는 부분을 스스로 이렇게 닫아놓고 있는 것 같고…. 그리고 그, 그런 아이에 대한 마음을 본인 스스로는 다 알고 있고 항상 그 마음인 거를 알고 있기 때문에, 굳이 내가 이 편지를 쓰면서 그거를 또다시 들여다보고 느끼고 아파하는 그거를 굳이 안 하려고 하고….

　저 같은 경우에도 저장소 가족운영위원으로 참여하면서, 활동을 하면서, 우리가 4월 16일 겪었던 그 참사, 그 기억들이 제가 기억을 아무리 한다고 해도 점점 시간이 흐르면서 조금씩 조금씩 잊혀지거든요. 그렇기 때문에 그 잊혀지는 거를, 저희가 구술하는 이유도 그 이유고 『그리운 너에게』, 편지를 써서 책을 만든 이유도 그렇고, 저희 아이들 유품, 유류품 그리고 4·16 참사에 관한 기록물들을 수집하고 기록하고 보존하고 그러는 이유가, 우리 기억 속에서 점점 잊혀가는 거를 그렇게 해놓지 않으면 나중에는 시간이 지나다 보면 어느 누구의 기억 속에도 남아 있지 않은 그런 참사가 되기 때문에, 이게 우리가 지금 이렇게 해놓지 않으면, 기록으로 남아 있지 않게 되면 나중에 시간이 흘러서 그런 결과가 오기 때문에, 이런 부분으로 또 다른 부분으로, 여러 경로를 통해서 기록으로 남겨놔야지 우리가 대한민국 역사 속에 '4·16 참사가 있었구나' 그거를 기록으로 해놓지 않으면 모르는 부분이기 때문에[이거든요].

저희가 그 기록에 대한 중요성을 좀 더, 눈으로 보고 느끼고 좀 더, 더 알고 있기 때문에 저희는 적극적으로 참여를 하고, 그분들은 활동을 안 하시다 보니까 그런 경로도 모르고, 그런 기록의 소중함이라든가 중요성, 그런 거를 잘 모르고 있기 때문에 그런 차이점도 저 개인적으로는 있다고 생각을 해요. '그래서 그분들이 적극적으로 참여를 안 하는 거 아닌가' 저는 개인적으로 그런 생각을 해봐요.

면담자   다른 어머님들 어떻게 생각하시나요?

태민 엄마   저도 고운 엄마가 지금 얘기한 것처럼 정말 100프로 공감을 하고요, 저도 그런 생각을 갖고 있고. 사실은, 편지 쓰는 게 사실은 힘들죠. 힘들어서, 그것도 있겠지만 저는 지금 나와서 일하시는 분들, 활동하고 계시는 분들은 지금 시민분들한테 우리가 어떻게 비쳐지고 있고, 그런 과정들을 다 알고, 그리고 듣는 이야기들이 많이 있잖아요. 그러기 때문에 또 4주기 됐을 때 모든 것들이 잊혀져 가고, 공원도 사실은 우리가 바라는 대로 안 되고 있었기 때문에 꼭 어떤 마음에, 시민들한테 어떤 마음에 공감이 될 수 있는 어떤 거를 해야 된다는 생각을 많이 했던 것 같아요, 그 당시에는. 또 이제 나와서 계신 분들도 마찬가지고, 그런 마음들이 하나하나 겹치고 그렇기 때문에 오히려 나와서 활동하시는 분들이 더 열심히, 나라도, '다른 부모님들이 안 쓴다고 그러면 나라도 한 편이라도 써서 그 가는 길에 한 번이라도 더 보탬이 될 수 있다'는 생각을 많이 했던 것 같아요. 그래서 '서로 갈림길이, 서로 다르지 않았을까'라는 생각을 하고 있어요.

면담자 네. 혜선 어머님이나 소장님도 또 생각이 있으실 것 같은데요.

혜선 엄마 거의 생각은 비슷한 것 같아요, 고운 엄마나 태민 엄마나 다 거기에 공감을 하고. 저 역시도 태민 엄마 말처럼 내가 나와서 움직이니까, 움직여 보니까 시민분들을 만나면 처음 우리 세월호 참사만, 그때 느꼈던 마음보다는 이렇게 좀 가라앉는 그런 마음들을 읽을 수 있거든요, 만나다 보면. 4년이 되면 잊혀지는 부분들도 있고 또 잊고 싶은 사람들도 있을 거고 [하니까], 그런 마음에서 이런 편지글이라도 하나 있으면 태민 엄마 말처럼 그 사람들도 한 번 더 생각을 하게 되고. '아직 끝난 게 아니구나'라는 생각도 할 수 있을 거고, 뭐 하나라도, 어떤 글 하나라도 이렇게 던져주면 그분들도 더 많이 생각하고 더 많이 우리한테 마음을 열어줄 거라고 생각을 했어요. 그런 마음에서, 활동하는 사람들은, 다 이제 비슷한 마음들이겠지만 그런 마음에서 이걸 쓰게 되고, 활동을 하지 않는 분들은, 그냥 제 생각에는 그분들은 힘든 마음을 내려놓고 싶은 마음도 있을 거라고 생각을 해요. 다시 끄집어내고 싶지 않고 그냥 이대로 묻어두고, 그냥 '나 혼자 힘들자' 그런 마음도 있을 것 같아요.

도언 엄마   글쎄 저는 조금 다른 생각을 가지고 있어요. 편지, 이제 활동하시면서 안 좋으신 분들은 저는 이해를 해요. 오히려 더 힘들거든요. 이렇게 아픈 마음을, 지금도 힘든데 다시 아이를 생각했을 때는 다 내려놓으면 활동을 못 해요. 그래서 이제 활동하시는 분들은 안 좋아지신 분들도 있는데요. 초창기 때부터 활동 안 하신 분들이 편지 안 적으신 분들이 많은데요, 그분들은 오히려 이제 정리를 하고 싶은 마음이 더 강하실 거예요. 그리고 이제 '다시 세월호가 알려져서 남아 있는 나의 인생, 그리고 형제자매 인생 이런 거에 혹시나' 하는 그런 마음 때문에 저는 안 했을 거라고 생각을 하고 있고요. 이런 마음을 가지는 것은, 그… 참사 나고 났을 때 제 지인분이 얘기를 하더라구요, "누가 이제 와서 얘기를 하더라", 본인이 "배·보상을 받은 이유는…" [하면서요]. 우린 아무 말도 안 했거든요, 우리도 그렇고 가족들도 그렇고 시민들도 그렇고. 근데 이제 본인이 그 얘기를 했다는 거죠, "내 삶이 피폐해져서 나는 받고, 받는다"라고 얘기를 했다는 거예요.

그래서 내가 이제 그 얘기를 했죠, "그럼 자식을 잃고, 어느 한순간 자식을 잃고 그러면 행복하게 살기를 바랐냐. 당연히 피폐해지지". 난 지금도 그게 머릿속에 있고 가슴속에 있어요. 그래서 이 편지 안 적으시고, 이제 뭐 안 적었다 그 부분을 말하는 게 아니라 이제 활동 안 하시는 그런 분들, 소수 몇 명분들은 이제 아예 지우고 싶은 거죠, 본인들도. '세월호 참사를 지우고 싶고, 세월호 참사[로 인해] 내 아이의 희생됨을 알려주고 싶지 않고, 그런 마음이 강하다' 라고 저는 생각을 해요, 힘들어서. 물론 그건 있겠죠. 근데 글쎄요, 저는 그거에 대해서 저는 좀 다른 생각을 가지고 있는 사람이에요.

면담자　　　　네. 소장님께서는 어떤 면에서는 똑같은 부모지만, 사실은 똑같지 않을 수도 있다는 차이를 말씀해 주신 것 같아요. 그다음 질문은 어떻게 보면 굉장히 힘든 이야기일 텐데, 그럼에도 꼭 여쭙고 싶은 게 있어요. 『약전』도 쓰시고 이번에 편지글도 쓰셨을 텐데, 『약전』을 쓰던 때로부터 4년 가깝게 지난 거잖아요. 이번에 편지를 쓰시면서 어떤 생각이 가장 많이 드셨는지, 그리고 무엇이 가장 힘들었는지 얘기를 한번 해봤으면 좋겠습니다.

도언 엄마　　　제가 먼저 할게요(웃음). 저는 편지를 적을 때요, 사실 우울하게 적고 싶지는 않았어요, 그냥 도언이 있을 때처럼. 맨날 장난삼아 우리는 편지를 많이 주고받았거든요. 편지도 주고받고, 메모지도 해서 주고받고, 하루 종일 뭐 톡이고 문자고 계속했기 때문에 그렇게 재밌게 그냥, 평상시 살아 있을 때처럼 전 도언이한테 말하듯이 적었어요, 사실은. 근데 적고, 편지를 적고 나니까, 내 것만 너무 유치한 거예요(웃음). 너무 유치한 거야, 그래서 '이걸 내야 되나' [할 정도로]. 다들 막 구구절절 눈물이 뚝뚝 흐를 정도로 적었는데, 나는 '이걸 애가 적은 거야, 엄마가 적은 거야' 할 정도로 유치하게 적었거든요. 그래서, 저는 물론 쓸 땐 힘들죠, 몇 번이든 계속 지우고 다시 적고 이렇게 했지만 그래도 힘든 것보다도 도언이랑 1년에 약속한 부분을 다 적었어요, 대신. 1년에 어떻게 하자고 약속 부분을 적었기 때문에 저는 오히려 그, 4월 달부터 12월 달까지 그거 적을 때는 참 행복한 마음으로 적었어요, 웃으면서. 그래서 저는 다른 엄마들보다는 조금 더, 저는 밝게 적은 것 같아요.

면담자　　　　또 도언 어머님 같은 경우는 원래부터 편지를 많이 나누셨다니까 그런 것도 좀 차이가 있을 것 같아요. 다른 어머님들은 편지 쓰실 때 좀 어떠셨어요?

고운 엄마   저 같은 경우에는 이제 둘째가 남자애고 고운이가 첫째 인데, 이게 같은 성별이라 그런진 몰라도 작은애하고는 그러지 않았는데 저희 고운이하고 저하고는 되게 많이 싸웠거든요. 그래서 저희…, 평소에는 이게 편지를 주고받지 않다가, 싸우면 서로 말하고 싶은 부분을 편지로 써서 주고받고 그랬던 부분의 편지가…, 지금도 제가 고운이가 썼던 편지를 가지고 있거든요. 그래서 고운이가 주로, 저는 그렇게 별로 많이 안 썼는데, 고운이가 저랑 이렇게 싸우거나 저한테 혼날 때 말로 못 했던 부분을 자기가 글로, 편지로 써서, 편지를 되게 많이 써서 준 부분이 있어요.

그래서 그렇게 편지를 쓰는 자체 마음이 힘든 거는 다들 똑같았겠고, 저 같은 경우에는 이게 편지 쓸 양은 정해져 있는데 오늘은 이 부분을 쓰고 싶어서 쓰다가, 막 쓰면은 또 다른 부분도 막 생각이 나요. 그럼 그 부분도 썼다가 그러다 보면은 너무 양이 많아지는 거예요. 그러면 그대로 접어요. 그러면 그다음 날 또다시 쓰면 어제하고 썼던 다른 부분이 또 쓰고 싶은 거예요. 그게 매번 쓸 때마다 '아, 내가 이 부분을 좀 써야지' 그게 계속 마음이 바뀌더라구요. 그래서 저는 그게 힘들었어요. '이 내용으로 쓸까, 이 내용을 쓸까, 아니면 이 내용을 쓸까? 어떤 내용을 써야지 내가 고운이한테 전달을 제대로 할 수 있을까? 내 마음을 더 잘 표현할 수 있을까?' 그런 고민이 저는 되게 많았었어요. 쓸 때마다 이 마음이 자꾸 변하더라구요.

면담자   어머님 같은 경우는 사실은 하고 싶은 말이 한도 끝도 없는 거죠. 따로 편지지 사서 가지고 그냥 써보시는 것도 방법일 것 같아요.

도언 엄마   그건 또 그렇게 하면 또 안 돼요(웃음), 그렇게 하면 안 돼요(웃음).

면담자   소장님이 너무 일을 많이 시켜가지고 그런 거 아닌가요?(웃음)

고운 엄마   이 편지 쓰기 전에는 이제, 고운이 핸드폰이 있으니까 그때그때 하고 싶은 얘기는 짤막짤막하게 제가 고운이 핸드폰으로 카톡을 남기고 있었거든요. 근데 이렇게 길게 쓴 거는 이제 처음이었던 거죠.

면담자   다른 어머님들은 어떠셨어요?

태민 엄마   저 같은 경우는 이제 ◇◇[태민이 동생]이가 그때 졸업반이었어요, 2월 달에. '그 졸업하는 장소에 내가 갈 수 있을까?' 그런 생각을 되게 많이 했거든요. 졸업식이 다가오면, 하루하루 다가올 때마다, '거기 가서 내가 어떤 행동을 하지?', 그러다 보니까 편지 쓰는 것도 되게 많이 힘들었고…. 우리 아들이, 그러니까 다른 남자아이들이 그만한 아이들, 20살, 대학생 정도 되는 아이들이 꽃다발 들고 동생 졸업식에 딱 오는 모습들을 보고, 그런 것을 보고, 아…, 그런 것을 보면서 되게 생각을 많이 했었던 것 같아요, 태민이 생각을. 그러면서 편지를 쓸려 그러니까, 더 마음이 격해져 가지고 [글이] 나오는 시간들이 되게 많았던 것 같아요. 그래서 더 많이 적고, 그런 시간이었습니다.

혜선 엄마　　　저 같은 경우는, 저도 이제 소장님처럼 가벼운 마음으로 썼어요. 오래 고민하고 싶지 않았고, 시간을 끌면 끌수록 더 아플 것 같은 거예요, 쓰기가. 그래서 저도 마감 하루 전날 그냥, 후다다닥 그냥 썼거든요. 근데 쓰면서 드는 마음이, 저는 조카가 일곱 명이 있어요. 저는 편지를 쓰면서 혜선이가 만약 내 옆에 있었으면 대학을 가고 결혼을 하고 [하는] 그 장면들을 생각을 하면서 썼거든요. 근데 혜선이가 이제 대학 축제를 엄청 기대를 하고 있었어요. 대학을 가면 "엄마 나는 대학 축제 때 이런 것도 할 거고, 이런 것도 할 거고" 이야기를 해줬는데, 지금 기억은 안 나지만 축제 이야기를 엄청 많이 들었던 기억이 있어요. 그만큼 대학생활에 동경을 하고 있었고, 그리고 결혼을 하면 제가 혜선이한테 이야기했던 게 "결혼을 하면 내가 애기도 봐줄게" 이런 이야기도 하고, "옆집에 살면서, 혹은 같이 살면서 엄마랑 여행도 가고 맛있는 것도 많이 먹으러 다니자" 이런 이야기를 참 많이 했었거든요.

그런데 편지를 쓰는 그 시기에, 조카가 일곱 명인데 한 명, 두 명, 세 명, 세 명이 결혼을 한 거예요, 세월호 참사 이후에. 제가 너무 많이 힘들었거든요. 근데 안 갈 수가 없더라구요, 시댁 일이니까. 친정 일은 누가 돌아가셔도 안 갔고 결혼을 해도 안 갔어요. 그런데 시댁 일은 빠질 수가 없어서 세 군데 다 갔는데 혜선이 생각이 너무 많이 난 거예요, 가면. 진짜 그 자리에 부른다는 게 저는, 저한테는 고통이었거든요. 근데 안 간다는 말을 못 해서, "못 가겠다" 이 소리를 못 해서 갔는데, 편지를 쓰면서도 그때 생각이 너무 많이 난 거예요, 결혼식장 이야기가. 그 장면들이 많이 떠오르고, '내 아이를 저렇게 결혼을 시켜서, 내 아이를 결혼을 시켜서 아이를 낳고 그 커가는 모습을 보고 싶었는데. 나는 내 새끼 그런 장면은 못 보는데, 내가 왜 남의 결혼식에 가야 되지? 비록 조카지만' 그런 생각을 많이 하면서 편지를 썼던 것 같아요. (모두 침묵)

면담자 재강이 어머니는요?

재강 엄마 저는 재강이 편지, 뭐 아이들이 유치원이나 초등학교 다닐 때 그냥 카드나 편지 같은 것 써오잖아요. 그런데 그런 것 말고는 학교, 재강이 초등학교 때 엄마가 아이한테 쓰는 편지가 있어 가지고 써보고, 그때 쓰고는 재강이랑 편지 주고받지는 않았었어요. 그리고 이 편지를 썼는데, 사실은 제가 아까 말씀드렸듯이 마감 전에 썼다고, 그리고 아마 구정 날 저 혼자 집에 있으면서 썼어요. 좀 깊이 고민하고 오랫동안 쓰면, 고운이 어머니나 태민 어머니처럼 썼다 지웠다, 썼다 지웠다 했을 거예요. 그런데 저는 그런 스타일이 아니에요. 한 번 딱 쓰고 딱 덮어버리는 스타일이에요. 그리고 다시 안 읽어요. 왜냐하면 읽게 되면, 또 내가 계속 그걸 반복을 해야 되니까. 그래서 저는 혼자 앉아가지고 생각나는 대로 쓰고 딱 덮어버렸어요. 그리고 갖다 내고 "나 안 읽어볼 거라"고 그러고 갖다 냈었어요. 근데 재강이한테 저는 편지는, 그래서 '두 번째 썼던 것이 아닌가' 그런 생각이 들어요.

면담자 나중에 책으로 나온 것 보시고는 어떤 생각이 드시던가요?

재강 엄마 후회했어요(웃음). (면담자 : 좀 생각하고 쓸걸?) 네. 아니, 막 다른 사람들 편지 보니까 전부 다 잘 썼는데, 아우 저는 너무….

도언 엄마　　둘이 그래서 너무 후회했어요, (웃으며) 그래서.

재강 엄마　　저는 단순하게 있잖아요, 생각 없이 딱 쓰고, 책으로 낸다 해도 저는 그렇게 깊이 있게 생각을 안 했었거든요. 그러고 나서, (한숨 쉬며) 그리고 저는 또 다른 어머니들은 표현도 이뻤는데 저는 이렇게 막 진짜 직설적인 표현도 썼거든요. '아, 이거 고칠걸. 아 이거 잘못했네' 하고 후회 많이 했어요(웃음).

면담자　　우리 『그리운 너에게』 이어서 해경 '북 콘서트' 했었던 이야기로 바로 넘어가 볼게요.

도언 엄마　　쪼금만 더 이야기해도 [돼요]? (면담자 : 네) 여기 책에 대해서. 제목 때문에, 여기 제목에 사실 처음에 『그리운 너에게』가 나오기 전에 세 개의 제목이 있었었어요. '그리운 너에게'가 있었구요, 내가 제일 좋아했던 제목 '너를 한 번만', 아니다 죄송합니다, 아닙니다. 이건, '너를 한 번만 안아볼 수 있다면' [이건] 두 번째 제목이었구요. 세 번째가 참 좋았어요, '널 기억하는 우리를 기억하렴'. 세 가지의 제목이 있었는데요, 우리 엄마들 투표하고 또 기획팀에서 '그리운 너에게'로 정리가 된 거예요. 저는 그래서 부제가 처음에는 '그리운 너에게'가 있고, 부제가 '널 기억하는 우리를 기억하렴'이 있었거든요?

근데 책이 나올 때는 그게 이제 빠져 있더라고요. 세 번째가 참 좋았어요. 세 번째가 좋았고, 이 표지가 보면 아이들 이름이 나와 있잖아요. 이름이 손에 잡혀요. 이거는 아이들, 보통 이름을 부르면 날아가잖아요. 물론 머릿속에서는 상기가 되고 입, 말은 나오지만 날아가는 거예요. 그래서 촉감으로 느껴보라고, 우리 아이들 4년 동안 만져보지도 못하고 안아보지도 못했지만, 아이들 한 명 한 명의 이름을 손으로 느끼면서 가슴에 안아보시라고 이름을 이렇게 양각으로 [해서] 다 나온 거예요. 네, 이것을 설명드리고 싶었어요.

면담자   어머님들도 회의하서 가지고 소장님하고 똑같이 세 번째가 제일 좋다고 생각을 하셨었던 건가요? 근데 출판사에서 바꾼 건가요?

도언 엄마   아니에요, 저만 3번이 좋았어요.

재강 엄마   아니에요, 투표해서 엄마들만 '그리운 너에게'가 나왔었던 것 같아요.

도언 엄마   저 개인적으로 3번이 좋았어요, 저 개인적으로.

면담자   기억저장소가 굉장히 민주적으로 운영되고 있다는 것을 보여주는 하나의 증거자료가 되겠습니다(웃음).

6
해경과 함께 개최한 『그리운 너에게』'북 콘서트'

면담자   해경 '북 콘서트' 이야기할게요. 저는 사실 그 소식을 듣고 좀 놀라기도 했고요, 어떻게 진행된 것인지 궁금하기도 했어요. 기획이나 진행하게 된 맥락은 소장님이 얘기해 주시고, 어머님들 같이 하셨던 얘기 들어볼게요.

도언 엄마   해경청장님, 박경민 청장님이셨는데요. 해경이 박근혜

정권 때문에 해체가 되고, 그리고 이제 문재인 정권이 들어와서 다시 부활을 했어요. 거기에는 세월호 참사가 있죠. 세월호 참사 때문에 해체가 되고 부활이 되면서 박경민 청장님이 오셨었어요. 오셨고, 본인이 취임식 때 그랬거든요. "다시는 해양에서 생명을 잃는 사람이 단한 명도 없게끔 모든 최선을 다 하겠다" 그리 약속을 하셨었어요. 그리고 우리 가족들한테 오셨거든요. 오셔서 본인의 각오와 그리고 우리가 바라는 걸 다 듣고 가셨어요. 그 당시에는 부모님들이, 바뀌었다고 오셨지만은 감정이 격해서 엄청 심한 소리를 다 했거든요. (면담자: 어디로 오셨던 건가요?) 가족협의회 대기실로 오셨어요. 아이들 분향을 하고 대기실에서 가족들하고 면담을 하셨어요.

그리고 나서 또 운영위원회 [분들하고]는 계속 이야기를 하실 것 아니에요. 우리 해경에 일어나는 일들, 그리고 1기 특조위 때 제대로 된 자료를 제출 안 했기 때문에 2기 특조위 때에는 자료를 제출하는 등등…. 진실을 밝히기 위해서 움직이는 과정에 『약전』도 이야기했었구요. 『약전』도 이야기해서 전국에 약전이 다 나갔어요. 약전이 다비치가 됐구요. 그게 첫 번째죠. 왜냐하면 그분이 말씀하시기를 "테이블, 나의 책상 위에 가족사진을 놓는 것은 나의 가장 사랑하는 사람이고 지키고 싶은 사람들이다. 이 『약전』을 나의 책상 위에 두고 항상 보겠다"라고 하셨어요. 사실 그 마음이 충분하거든요. 그래서 전국[에]서, 전국 해경에 다 비치가 되었구요.

그리고 또 『그리운 너에게』 책이 나왔어요. 그랬더니 '북콘' 이야기가 나오기 시작한 거죠, 가족들[한테서]. 왜냐하면 사실 어려운 관계잖아요. 해경과 우리들은 떼려야 뗄 수 없는 관계고, 진실을 밝히기 위해 또 해경이 있어야 되는데, 근데 또 진실은 진실이지만 각 개인, 우리가 시민교육을 보면 '나의 4·16 이야기'에[서] 보면, 해경 한 분 한 분[의] 또 마음이 달라요. 그날의 아픔과 세월호 참사로 인한 다짐도 다 다르기 때문에 그 시간을 만드는 과정이 아마 『그리운 너에게』 '북 콘'이었던 것 같아요. 과정이 좀, 많이 어려운 과정은 있긴 있었어요. 왜냐하면 처음 미팅을 하다 보면, 서로 이해의 부족과 어려움이 있으니까 사실은 다 모든 걸 이야기는 못하죠. 그래서 그런 뭐 열띤 토론도 있었고 감정이 상해서 헤어진 적도 있었고 그랬는데요, 하고 나서는 참 잘했다는 생각을 해요.

면담자　　　그게 날짜가 언제였었던가요?

재강 엄마　　6월 18일에 했어요.

면담자　　　네 그럼 6월 18일에 해경 '북 콘서트'에 참여하시면서 어떤 이야기를 나누셨는지, 그리고 '북 콘서트'를 보면서 어떤 생각을 하시게 되었는지 이야기를 나눠볼게요. 그날 여기 계신 분 모두 참석하셨나요? (도언 엄마: 네) 사실 저는 해경에서 뭔가를 한다는 것에 불편한 마음도 있더라고요.

도언 엄마　　맞아요. 왜냐하면 주위에서 그 이야기 했어요, 교수님. "왜 하냐"고 그랬어요, 저희들한테.

면담자　　　그런 마음이 드실 수도 있을 것 같은데요.

도언 엄마　　저희도 항의 많이 들어왔어요(웃음). 하물며 가족들도 그랬는데요, 뭐. 근데 그건 있었어요. 왜냐면 남들은 밖에서 보는 거는, 우리가 '해경을 용서를 하고 화해를 한 것 아니냐' 이렇게 생각할 수 있으나 절대 그런 건 아니거든요. 왜냐하면 진행함에 있어서도 그렇고, 청장님 이하 차장님 및 실무진들, 그리고 해경 악단까지 다 무슨 이야기를 했냐 하면 "이것은 용서와 화해가 아니다. 세월호 참사의 진실을 밝히는 밑거름이 되는 것이고 한 걸음 나아가는 이것이 첫 시작점"이라고 이야기했던 거예요. 그런데 밖에서 봤을 때에는 '어, 뭐지? 가족들 뭐지? 2기 특조위 아직도 진행 안 되고 있고, 세월호 참사가 아직 밝혀지지 않았고, 그 주범은 해경으로부터 시작이 되었는데 뭐야?'이렇게 생각하실 수 있죠.

면담자　　같이 활동하신 어머님들의 이야기 들어볼게요. 소장님이 '북 콘서트' 제안을 하셨을 때 기분은 어떠셨는지, 직접 참여하시면서는 어떤 느낌이 드셨는지.

고운 엄마　　해경의 '북 콘서트'를 진행하는 과정이 그렇게 만만한 과정이 아니었어요. 아까 소장님도 말씀하셨듯이, 저희가 미팅을 생각했던 것보다 [다른 방향으로], 계속 저희 입장하고 해경 입장하고 입장이 다르다 보니까 저희가 생각했던 쪽에[과] 다르게 계속…. (면담자 : 어떻게 달랐나요?) 저희가 원하는 그 부분은 정확하게 소장님이 설명을 하셔야 될 것 같고, 저희가 생각하는 부분하고 해경 쪽하고가 계속, 저희가 원하는 '북 콘서트'를, 원하는 '북 콘서트'가, 저희가 원하는 게 있었거든요. 그런데 해경 쪽에서는 '북 콘서트'를 진행함에 있어 제일 기초적이고 기본이, 예산 문제부터가 잘, 본인들이 생각했던 예산에 비해서 이게 잘 안 맞다 보니까, 그 부분이 맞지가 않아 가지고 미팅이 여러 번, 계속 여러 번 더 하게 되어가지고….

나중에는 '북 콘서트'를 하게 되었지만, 저도 해경이 그 4·16, 그 참사 일어난 그 현장에 있었던 우리 아이들을 구해내지 못했다는 그 장본인들에 대한, 마음적으로는 진짜 지금까지도 용서가 안 되고 영원히 용서할 수 없는 마음인데, 그런 마음도 있었지만, 저 같은 경우에는 저희가 이제 미팅 과정에서도, 저희 기억교실 오시면 저희 아이들 '이름을 불러주세요' 영상이 있어요. 근데 그게 10분이 넘어가는 영상이거든요. 그런데 그 미팅 과정에서 그 아이들 '이름을 불러주세요' 영상이 길다 보니까 그거를 넣어야 되나 말아야 되나, 미팅 과정에서 그런 부분이 있었는데, 저는 그 해경들이 그날 자기네 역할을, 본분을 제대로 하지 않은 그 대가로 이 많은 아이들이 희생이 됐고 우리 유가족들이 어떤 아픔을 겪고 있고 그런 것들을 조금이라도, 다는 알 수 없지만, 그래도 조금이라도 0.01프로라도 알 수 있게끔 그 영상을 저는 꼭, 10분이 넘어가는 영상이라도 꼭 보여줘야 된다는 주장을, 저도 그때 당시 미팅할 때 강하게 했었던 기억이 있구요.

그 사람들이 그냥 막연하게 '세월호 참사 있었지' 이게 아니고 '니네들이 봐라, 이렇게 수많은 아이들이 희생이 됐다'라는 거를 그 영상으로 인해서, '북 콘서트' 자리로 인해서 저는 보여주고 싶었어요. 네, 해경, 저희 불편하죠. 불편하고 보고 싶은 관계도 아니고, 저희가 용서하는, 용서할 수 없는 기관이고, 그래서 그런 마음도 있었지만, 그 계기가 그들한테 조금 더 아이들에 대해서, '이렇게 꿈 많은, 이렇게 수많은 아이들이 희생이 됐다'라는 거를 보여주고 싶었어요. 그래서 저는 '북 콘서트'를 참 하길 잘했다 그 생각을 해요.

면담자   또 다른 어머님들은 어떠셨어요? (모두 침묵) 점점 힘이 빠지시나 봐요, 내용이 점점 어려워져서.

고운 엄마   재강 어머니가 그날 무대에 올라가셨던 분이시거든요, 그래서.

면담자   같이 안 올라가셨군요?

고운 엄마   예.

재강 엄마   아니 무대에 올라간 거는 그거하고 지금 틀린데.

고운 엄마   저희 그때『그리운 너에게』편지 쓴 부모님들이 그 '북콘서트' 때마다 두 분 혹은 세 분씩 무대에 올라가는 그런 순서가 있어요. 그때 재강 어머니가 그 순서였던 거죠. 그래서 무대에 올라가게 된 거였어요.

재강 엄마   아니 그건 아니구요. 그 '북콘'하는 날이, 해경에서 '북콘' 하는 날이 재강이 생일이었었어요. 이제 그래서 뭐 이래저래 해서 이제 올라갔었어요, 올라갔는데, 뭐 게스트로 올라갔으니까 [제가 주관한다든지 담당이라든지 해서] 그[런] 건 아니고…. 저는 소장님이 '북콘'을 한다고 했을 때, 사실 처음에는 좀 내심 내키지는 않았었어요. 근데 이제 우리 소장님이 저희들을 설득한 거죠, 이야기를 하면서. 이제 해경과 왜 우리가 해야 되는지를 이야기를 했으니까, 그 이야기를 듣고 나서는, 아까 소장님이 다 이야기했잖아요, 1기 때에는 자료 없었지만 2기 때에는 자료 주기 위해서 [했다고]. 그리고 아까 이야기한 것과 똑같아요. "해경을 용서한 것이 아니라 함께 가기 위함이라"[는] 그런 설명을 듣고 나서 '그러면 우리가 같이 '북콘'을 해도 되겠다'는 그런 생각을 하고, 그리고 이제 미팅도 막 같이, 다 같이 참여를 했으니까요.

미팅도 하는 과정도 있었지만, 또 '북콘' 가기 전날 저희들이 가서, 밖에 가서 작업을 다 하고, 아이들 방, 아이들의 방 액자도 가지고 가고 또 기억시도 가져가고 해가지고, 저희들이 강당에 들어가는 입구를 전부 다, 저희 실무진 쌤하고 엄마들, 소장님 이하 다섯 명이 가서 다 정리를 하고, 일요일 날 가서 정리를 하고 또 올라오고, 그다음 날, 월요일 날 또 '북콘'을 하러 가고 이런 과정이 있었거든요. 그러니까, 그런데 그런 의미로 따지면 '북콘'은 잘한 거예요. '북콘'은 잘했고 또 잘 끝났고[요]. 그리고 나서 이제 해경청장님이 바뀌셨잖아요, 바로. 바뀌었고, 근데 바뀌신 해경청장님도 기억교실 오셔갖고 말씀을 하셨어요, "2기 특조위가 되면 자료 잘 주고 협조를 잘하겠다"고. 저는 그분들의 말씀이, 약속을 하셨으니까 잘 지켜질 거라고 믿어요. 왜냐하면 소장님 개인한테 약속을 한 것도 아니고 기억교실에 와서, 우리 아이들이, 기억교실은, 아이들이 교실은 움직여 와 있지만, 우리 아이들이 썼던 책상과 아이들의 손때 묻은 그런 기록물들이 있는 곳이니까, 해경청장님이 하신 약속 꼭 잘 지켜질 거라고 믿거든요. 그래서 '북콘'도 그래서 잘했던 것 같아요. (면담자 : 무대 올라가서는 어떤 말씀을 하셨나요?) 저는 올라가서 재강이 얘기를 해야 되는데, 재강이 이야기하다가 눈물[이] 먼저 터져가지고, (웃으며) 그래서 제 얘기를 하고 내려왔던 것 같아요.

면담자　　　그때 어떤 분들이 참여 하셨나요?

재강 엄마　　저희하고 심리분과장이신 재욱 어머니가 올라가서 가지고, 재욱 어머니 얘기하시고 저 얘기하고 또 소장님하고 저 앞에는 전명선 위원장님 먼저 말씀 같이하시고, 그리고 해경 한 분, 해경 두 분, 저하고 재욱이 어머님이랑 네 명이 올라가서, 저와 재욱이 어머니는 각자의 아이 이야기지만 해경 두 분은, 한 분은 지혜 이야기를, 한 분은 (도언 엄마 : 수진, 수진) 수진, 아니 은지 이야기를, 수진 이야기는 해경청장님이 이제 읽고, 『약전』을 읽고 오셔가지고 수진이 이야기를 하셨고…. 거기는 소장님, 위원장님, 전명선 위원장님, 해경청장님 세 분이 나오셔서 먼저 이야기하실 때 그때 하셨고, 저희들 네 명 올라갔을 때는 지혜 이야기랑 은지, 『약전』 읽고 오셔가지고 이렇게 이야기를 하셨고…. 저는 거기서 그것도 좋았어요. 내가 올라가서 내 아이의 이야기를 하는 것보다 해경이 지혜 이야기를 읽고 오고, 은지 이야기를 읽고 와서 거기서 많은 분들한테 자기네들이 느꼈던 은지, 느꼈던 지혜 이야기를 했던 게 좋았던 것 같아요. 그분들도 몰랐던 지혜와 몰랐던 은지를 알게 되잖아요. 그래서 그렇게 기획한 게 소장님이 아니었나 싶어요, 그렇게 하자고. 그래서 다음에 어디를 가든 저는 '북콘'을 할 때 그렇게 한 명의 『약전』을 읽고 오고, 그 아이의 시를 읽고 오고, 그 아이에 대해서 우리 엄마, 아빠가 아닌 다른 분들이 얘기해 줬으면 하는 그런 바람이 있어요.

면담자   소장님이 기획하신 것 같다고 그랬는데 맞나요?

도언 엄마   그렇죠. 왜냐하면 처음 회의를 할 때, 해경에서는 이런 행사를 한 번도 해본 적이 없는 거예요, 역사상. 항상 틀에 박힌 그런 행사만 하다 보니까 이런 거에 대해서 본인이 어떻게 해야 하는지를 모르는 거죠. 그래서 하나하나 다 짚어줬었어요. 사실은 엄마들 투입되기 전에 먼저 제가 두 번 정도 미팅을 들어갔었거든요. 그때 이제 우리가 가서 얘기하는 것이 아니라 오히려 해경에서 아이들 다 파악하고 오라고 했어요. 자료들을 다 넘겨줬어요, 기억시, 『약전』 자료, 그리고 우리 『그리운 너에게』. 그리고 "인터넷 검색해 봐라" 해서 모든 자료를 다 넘겨줬었어요.

그래서 교섭 들어오시는 분들은 아이들을 완벽하게 다 이해하고, 가슴에 안고 올라와서 이야기를 하라고 그렇게 다 진행이 되었던 거예요. 그런데 참 좋았던 것 같아요. 왜냐하면 그중에 군산에서 오신 분이 계시는데요. 그분 아이랑 지혜랑 별명이 똑같은 거예요. 모르고 이제 『약전』을 같이, 그분이 지혜를 연결이 된 거고, 동해에서 오신 분은 은지랑 연결이 됐는데, (면담자 : 본인이 선택을 하신 것이고) 그렇죠. 근데 『약전』을 읽고 하니까 별명이 똑같은 거예요. 그래서 깜짝 놀랐다고, "앞으로 지혜는 잊어버릴 일 없다", 그런 이야기를 하셨고…. 그리고 동해에서 오신 총경님은 자기 이제 그날 그 충격을, 4월 16일 너무나 충격이 있어서, 자기도 아이를 키우는 부모이다 보니까 본인이 해경으로서 적은 다짐을, 적은 시를 낭송을 하셨어요.

그래서 사실 '이런 자리가 진짜 많이 필요하겠구나' [하는 생각이 들더라고요]. 이 사람들은 공무원이잖아요, 일단은. 그리고 해경이라는 이름 하나에 앞에 나서지도 못하고 당당하지도 못하고, 특히 유가족들한테 손도 내밀지도 못하는 거죠. '이런 마음 여는 시간이 필요하겠다' [싶더라고요]. 그리고 이제 해경 악단, 악단도 제가 그랬어요. 처음에는 우리 4·16가족합창단이 와서 노래를 불러달래요. 제가 안 된다고 그랬어요. "우리가 왜 너희들 앞에 노래를 부르냐, 이게 말이 안 되지 않느냐. 너희들이 우리를 위해서 해줄 수 있는 걸 해봐라" 그래서 막 노래 제목도 다 가르쳐주고요, 서로 조율하고….

그리고 해경 악단 아이들이, 우리 아이들이 살아 있으면 우리 아이들 나이 또래예요. 우리랑 눈을 못 맞추는 거죠. 울먹울먹하는 거죠. 그리고 악단 단장님도 울먹이면서 그 이야기를 많이 하셨어요. 그래서…, 엄마들 고생 많이 했죠. 그리고 해경 실무진들도 저한테 많이 혼났죠. 그런데 또 큰 틀에서 보면 그것도 박경민 청장님이 퇴임하는 그 시기였죠. 갑자기 퇴임을 하셨지만, 그래도 끝까지 중심을 잡아줬기 때문에 그 행사가 이루어졌던 것 같아요. 참 그날 개인적으로는 그냥 세월호 참사를 떠나서 오셔가지고 하신 일들이 많거든요, 사실은. 짧은 기간이었지만 해경청장으로서 하신 일이 많아 참 '존경스럽다' 저는 그렇게 생각을 해요.

면담자　　　관객으로 오신 분들은 전부 해경분들이었나요?

도언 엄마　　가셨어요, 가족분들.

재강 엄마　　버스 한 대 내려갔어요.

도언 엄마　　그 인터뷰한 내용도 있는데, 어머님들도 "좋았다"고 이야기하시더라구요.

면담자　　　혜선 어머님도 그때 했던 것에 대한 기억이나 덧붙일 말씀 있으세요?

혜선 엄마　　저도 처음에는 '북콘'을 한다고 할 때는 '우리가 해경하고 해야 되나?' 처음에는 그런 생각을 많이 했어요. 그런데 소장님 설명도 듣고 많은 생각을 하게 되고, '나쁘지는 않겠다' 이 생각을 가지고 이제 '북콘'에 임했었는데, 하고 나니까 좋더라구요. 그날 분위기도, 악단, 소장님이 말씀하셨듯이 악단 분들도 그렇고 우리 아이들이랑 비슷한 또래 아이들이 눈물을 글썽글썽하고 있더라구요. 저희들이 앞에 앉아서 이렇게 봤는데 눈물을 글썽글썽하고 있고, '북콘'에 임하는 그분들, 단상에 있는 그분들의 자세, 임하는 자세 그런 걸 봐도 그렇고…. 처음 들어갈 때 그분들 표정이랑, 처음 행사장에 입장하는 분들 표정이랑 나오실 때 표정이 또 다르더라구요. 그런 걸 봤을 때는 '참 잘했다' 이런 생각이 들고….

참 저는 좋았던 게 저희들이 하면서, 소장님 아이디어였나, 카드를 만들었어요. 그 카드에 '2학년 몇 반 누구, 이름 누구, 누구, 누구' 이렇게 써가지고 그 카드를, 행사 진행하는 중간에 두 번 정도 그 카드를 열어서, "누구야, 누구야, 누구야" 이렇게 부르는 그 타이밍이 있었는데, 그게 잘되지는 않았어요, 어색하겠죠, 그분들도 그런 것을 하려니까. 목소리 내는 분들이 몇 분밖에 없더라구요. 그런데 비록 목소리는 내지 않았지만 자기가 카드를 열어보긴 했을 거란 말이죠. 그러면 자기가 가진 카드의, 카드에 있는 이름, 아이의 이름은 그 사람 마음속에 있을 거라고 봐요. 그래서 저는 그 카드를 만든 게 참 좋았다고 생각을 해요.

면담자　　모두 몇 분 정도 참여를 하셨나요?

도언 엄마　　그때 강당을 다 메웠으니까 한 300명 넘게 오셨던 것 같아요. (면담자 : 전국에서?) 아뇨, 거기, 청사, 정부청사에서 진행을 하잖아요. 해경분도 계시구요, 안행부[안전행정부]도 계시고, 그리고 소방청 쪽에서도 오셨다고 [하더라고요]. 그렇게 자리를 메워주셨고요. 혜선이 어머님 말씀하신 거에 살을 좀 더 보태면, 사실 해경 진행할 때 처음에는 우리 김희옥 선생님이, [4·16]연대의 김희옥 선생님이 저랑 같이 처음에 첫 미팅을 하셨고, 중간에 좀 바뀌셨어요. 그때 우리 [4·16]재단 준비해 주셨던 최연재 선생님이 계셨거든요. 그분이 저랑 계속 2기에 같이 진행을 했었어요. 같이 진행을 하고, 제가 못 하는 건 또 연재 선생님이 중간 역할을 해경이랑 많이 해주신 거죠. 카드도 사실은 고런 카드가 아니고 손 피켓을 우리가 하려 했어요, 좀 더 눈에 확 띄는 걸로. 손 피켓을 요것처럼 (『그리운 너에게』의 표지를 만지며) 양각처럼 해서, 만져보고 이름을 크게 세 번 부르는 걸로 기획을 했었는데, 비용이 너무 많이 들어가는 거예요. 이 책은 이렇지만 손 피켓 하는데요, 304개를 하는데 200몇만 원을 달라는 거예요. 도저히 안 돼서 그냥 이렇게 엽서로 이제 최연재 쌤이 발로 뛰어다니면서, 캘리 다 적어가시면서 그렇게 만들어주신 카드예요.

고운 엄마   아이들 이름이 적혀 있는 카드를 이야기하니까, 저 같은 경우에는 제가, 저 앉고 태민이 어머니 앉고 바로 옆에 앉아 계신 분이 고운이 카드를 가지고 있었어요. 그래 가지고 그때 당시에 그분 따님, 핸드폰에 있는 사진을 보여주면서 "자기도 딸이, 이런 딸이 있다"라고 사진을 보여줬고, 그분이 자기 딸이랑 고운이랑 많이 닮았다고 그러면서 보여주는데, 제 눈에는 하나도 (웃으며) 많이 닮아 보이지는 않았어요. 근데 이제 그분은 아이들이 쓰는 뿔테 안경 때문에 그렇게 생각을 하셨나 봐요. 그런데 제 생각에는 그러지 않았는데, 저부터 그것을 수긍을 하면서 "많이 닮았네요" 그러면서…. 그게 참 별거는 아니지만 그래도 내 아이 이름이 쓰여진 카드를 내 옆에 바로 앉아 계신 분이 가지고 계시다는 거를 직접 그분을 가까이서 뵙고, 또 그분이 또 고운이에 대해서 이것저것 물어보시더라구요. 그래서 개인적으로 고운 얘기를 몇 마디 해주시고 "자기도 꼭 기억하겠다"고, "잊지 않겠다"고 그렇게 얘기를 하시면서 명함까지 주시더라구요. 그래서 저는, (면담자 : 어느 부서에 계신 분인가요?) 제가 기억을 못 하겠어요. 명함을 받아서 그대로 가방에 넣어놓고 한 번도 보지를 않았거든요. '내가 이분을 또 볼 일이 있을까?'란 생각에 받아서 자세히 보지는 않았어요. 근데 그 이름이 쓰여져 있는 카드를 얘기를 하니까 그 생각이 나요.

면담자　　　그럼 지금까지 '북 콘서트'는 몇 번 정도 하셨나요?

고운 엄마　　세 번.

도언 엄마　　세 번 했는데, MBC가 잡혔었는데 교실 이전 건 때문에 저희들이 보류를 시켰어요.

면담자　　　그러면 해경 말고 또 어디, 어디서 하셨나요?

도언 엄마　　대구 했죠, 서울[하고]. 그리고 다음 주죠, 다음 주에 대동서적에서 들어가죠.

면담자　　　『그리운 너에게』 책 발간 준비하신 것하고 해경 '북 콘서트'까지 이야기를 나눠봤는데요. 혹시 빠진 이야기는 없을까요? 없으면 잠시 쉬었다 다시 하겠습니다.

(잠시 중단)

분향소 철거와 기록물 정리 과정

면담자   이제 세 번째 주제로 분향소 철거 과정과, 그 과정에서 나온 기록물들을 서울기록원으로 옮겨서 정리하신 과정에 대해서 이야기를 나눠보도록 하겠습니다. 먼저 소장님께서 전반적인 진행과 서울시기록원으로 옮기게 된 이유 등에 대해서 말씀해 주시죠.

도언 엄마   4주기 때 합동 추도 영결식 끝나고 분향소를 다 정리를 해주는 약속을 했었잖아요. 우리가 그 약속을 한 이유는 "4·16생명안전공원 부지를 발표하면, 세월호 참사 정부합동분향소를 정리해 주겠다"[고] 안산 시민들하고 약속을 했었어요. 그래서 부지 발표를 했기 때문에 우리 4주기가 되면 정리가 되는 과정에, 그 분향소 안에 기록물들이 많잖아요, 우리 아이들을 기억하기 위해서 오신 시민분들이 남긴 메모, 아이들 인형, 그리고 사진. 특히 방명록, 그리고 추모 조형물이 많은데요, 나중에 놔둘 데가 없는 거예요, 저장소도 다 임시 공간이고 우리 가족협의회도 공간이 없어서. 그때 막 공간 확보가 안 되어 있을 때였어요. 안산시에서도 공간이 없다 그리고, 그래서 해수부, 그니까 해수부하고 먼저 미팅을 했었어요. 여러 군데 알아보게 된 거죠.

그러면서 국가기록원이 연결이 됐었어요. 그때 이제 1월 달로 기억을 하거든요. 국가기록원장님이 바뀌시면서 저장소에 네 분이 오셔서 미팅을 좀 하셨어요. 자연스럽게 국가기록원이 거론이 되고 그다음 원장님이랑 팀장님이 오셔서, 그 전부터 이야기해 준 대로 간 거죠. 주위의 사람을 통해서 공간 확보, 기록물 이제 임시 보관하는 것도 이야기했는데, 오셔서 흔쾌히 얘기를 하셨었어요. "다른 건 못 해도 그건 해줄 수 있다" 이렇게 했는데, 시간이 지나다 보니까 그게 이제 안 된 거죠.

면담자   국가기록원장님이 직접 오셔서 그렇게 말씀하신 건가요?

도언 엄마   네, 원장님이랑 팀장님. "다른 거는 못 해도 이건 해줄수 있다" 이렇게 된 거예요. 그러면 우리는 기록 목록화만 하면 되는 거잖아요, 분향소 안에 있는 뭐 추모[기록 같은 게] 다 우리가 목록을 해놔야 되니까. 그런데 그게 안 됐던 거예요. 그때부터 이제 운영위원장님이랑 저랑 이제 막 알아보게 된 거죠. 그리고 그날도 서울에 박영선 의원을 뵐 일이 있어서 갔다가, 거길 바로 이제 또, 그 전에 얘기를 좀 했었지만, 운영위원장님이 이야기를 미리 좀 다 해놨지만, 왜냐하면 공간 확보 때문에 미리미리 알아봐야 되니까. 서울로 간 김에 서울 우리 박원순 시장님한테 급하게 연락을 한 거예요, 사실은. 연락을 했는데 시청에 안 계시고 공관에 계시더라구요. 그래서 또 공관을 찾아가, 택시를 타고 공관을 찾아갔죠. 그래서 한 20분 미팅을 했나 봐요. 그래서 흔쾌히 허락하셨어요, "당연히 해드려야죠" [하고]. 그때부터 준비가 막 진행이 되게 된 거예요.

    진행이 됐고, 그리고 우리가 안산 넘어와서 팀장님 이하 엄마들한테 "정부합동분향소 안에 있는 기록물을 다 목록을 하도록 하라" 그래서 준비가 돼서 그 공간이 마련이 된 거예요. "서울시 서고에 다 보관에[해] 주겠다, 추모 조형물까지" 그러면서 다 연결이 된 거죠. 서울시

기록원이랑 연결이 됐고 국가기록원은 음… 뭐, 잘 안 되었습니다. 잘 안 됐고 나중에 또 그 부분 때문에 제가 4월 16일 날 가족들하고 좀 안 좋은 일들이 있긴 있었어요. 제가 공격을 받았던 거죠. 그건 뭐 나중에…, 말씀 안 드려도 될 것 같구요. 하여튼 정리되는 것만 어머님들이 말씀해 주시면 될 것 같아요.

면담자   분향소 기록물 목록 작업, 정리해서 서울시기록원으로 옮기는 작업은 언제부터 시작하셨나요?

재강 엄마   4주기 일주일 전에 했었던 것 같아요, 일주일 정도. 저는 하루인가 이틀 정리해 주고 제주도 간담회가 있어 가지고 또 저하고 영만 어머니하고는 빠져서 어머니 세 분이서 하셨던 거죠.

면담자   분향소 안에 아이들 영정 사진부터 아이들을 기념하는 물건이나 방명록도 있고 조형물도 많이 있잖아요. 어떤 분께서 어떤 작업을 나눠서 하셨는지 그것부터 얘기해 주시죠.

혜선 엄마   저희가 한 것은, 기록팀의 지휘하에 저희가 진행을 했거든요. 저희가 하는 거는 제단 위에 있는 것, 아이들 영정 사진 앞의 제단 위에 있는 거를 저희가 정리 작업을 했는데요. 영정 사진은 4월 16일 날 저희가 합동영결식을 하고 나중에 뺐고요. 그 하면서 뺐고, 그 밑에 있는, 제단에 있는 아이들 추모 글이라든지 부모님들이 갖다 놓은 인형, 추모 물품, 그리고 또 꽃바구니 이런 것도 많았구요, 음식물도 좀 있었고, 그런 것들을, 음식물 같은 거는 다 빼서 처분을 하고 [했어요].

제가 그거를 정리를 할 때 반별로, 한 아이 아이마다 반별로 다 구분을 해서 9반이면 9반 아이 1번 누구, 누구, 누구, 2번 누구, 3번 누구 이렇게 해서 봉투 하나하나 다 담아서…. 영정 사진 아래 보면 영정 사진 아래 아이의 물품이 있기 마련이거든요. 그러면 이게 누구 거다 유추가 되는 거죠. 자세히 모르고, 자세히 모르겠고 조금 구분이 안 되는 것들은 조금 놔뒀다가 서로 이야기를 하고 해서 '누구 거다' 구분이 되면 그 아이 봉투에 넣고 [했지요]. 반별로 하고 또 번호대로 하고 아이대로 해서 다 10반, 그리고 선생님까지, 또 일반인들 것은 일반인들대로 다 구분을 해서, 구겨지지 않게 편지 추모 글 같은 것도 봉투에 하나하나 잘 넣고, 사진도 잘 넣고, 전부 이제 다 그렇게 구분을 해서 나중에는 제단에 있는 아이들 물품은 부모님들한테 다 돌려드렸어요.

그거는 기록원에 가지를 않고 다 저희가 10반 것 다 모아서, 이제 소장님께서 공지를 한 다음에 부모님들이 찾아가시고, 또 그러고도 남은 거는 그 아이 부모님한테 연락을 해서 다 찾아가시게끔 해서 제단 위에 있는 물품들은 다 돌려드렸구요. 제단 말고 입구 쪽에 그 선반 같은 게 있었는데, 그런 기록물들은 저희 기록팀이랑 같이해서, 다 정리를 해서 거기에 있는 것들은 다 서울기록원에 갔거든요. 방명록은 또 태민 엄마랑 재강 엄마랑 해서, 다 옆에 있는 서고로 빼서 어떤 분이 다녀가셨는지 다 일일이 타이핑해서 다 목록 작업을 했구요. 저하고 고운 엄마는 거기 있는 기록물들, 기록팀이랑 같이해서 포장하고, 서울기록원으로 갈 수 있게끔 다 포장하는 작업을 또 같이했습니다.

면담자 　　　그 많은 방명록을 하나하나 옮기면서 다 타이핑하셨나요?

재강 엄마   그건 아니고.

태민 엄마   타이핑하는 거는 자[원]봉[사자들]이 했고, 자봉이 하셨구요. 저희들은 안에 있는 거를 빼서 박스에 넣어서 다시 그 옆의 컨테이너 박스가 있었어요, 그 공간에 넣는 작업을 했었는데, 그 빼면서 그 안에 쥐, 쥐 같은 게 많이 왔다 갔다 했었나 봐요.

면담자   방명록 꽂아놓은 곳이에요?

태민 엄마   네 그 자리에.

재강 엄마   분향소 안에가 쥐가 들었다는 거죠, 쥐똥이 있었으니까.

태민 엄마   쥐똥도 있고 막 털 같은 것도 날리고 있고, 그런 것 다 치워가면서 저희들이 작업을 했어요.

재강 엄마   그리고 이제 분향소에서 6서고로, 신주희 선생님, 태민 어머님, 저 셋이서 6서고로 옮긴 거죠. 근데 막 하는데 진짜 쥐똥 막 이렇게 떨어지고(웃음).

면담자   그럼 방명록이 좀 훼손되거나 하지는 않았어요?

태민 엄마   훼손된 것도 좀 있었어요. (재강 엄마 : 그쵸) 모서리 부분에 약간 갉아놓은 자국들, 그런 것도 좀 있었고.

면담자   분향소에 들어가면 오른쪽에 판넬[패널]들도 있었잖아요. 그런 것들도 다 기록원으로 같이 갔나요?

도언 엄마   예. 추모 조형물은, 추모 조형물은 서울[기록원]…, 방명록과 사진은, 그리고 큰 종이 한지 배하고 그런 거는 다 서울시[기록원) 서고에 있구요. 그리고 그 큰 종이, 우리 플라스틱 큰 배가 있었고, 그 배하고 리본 조형물 큰 게 있었는데 그건 자재 창고, 서울시 자재 창고에 있고, 이 모든 기록은 서울시기록원에서 관리를 하는 거죠.

면담자   하나하나 검토를 하시다 보니까 제대로 보존이 안 되어 있는 것들이 있어서 다시 작업하고 그러지 않으셨던가요?

재강 엄마   밖에 있던 배에, 밖에 있었으니까 비가 들어가고 물이 들어간 것을 몰랐는데.

도언 엄마   그 전에 이제 서울시에서 답사가 왔었어요. 왜냐하면 크기와 이런 걸 다 알아야지만, 공간을 확보하기 위해서 왔는데, 그 광화문에 있던 플라스틱 큰 배 안에 계속 기록물이 쌓여 있던 거죠, 추모 기록물을 자꾸 넣으니까. 근데 이 추모 글 넣는 곳, 투입구라 하나요? 투입구로 비가 들어가는 걸 생각을 못 했던 거죠. 그래서 4년 정도 계속 빗물이 들어갔던 거예요. 그래 가지고, 그러면서 자꾸 눌려지고 밑에 거는 다 헤지고 이런 상태가 됐고요. 그러면서, 이전할 때부터 계속 고민을 했었어요. 서울시기록원 선생님들이랑 이거를 어떻게 보존 처리를 하고 어떻게 해야 할지 계속 논의를 했던 과정이구요. 사실은 4월 16일 날에는, 그 전에 방명록은 다 빼놓은 상태이구요. 이전은 나중에 했지만, 16일 날 영정 사진과 위패가 나왔었어요. 나와서 우리 합동 추도 영결식이 끝나고 가정에서 가져갈 부모님들은 아이들 것 가져가고, 그리고 보관하실 가족들은 다시 상록구청 기억저장소 1서고에 보관이 되어 있다가 추모 조형물과 같이, 서울시로 같이 넘어가게 된 거예요.

추모 조형물을 빼는 날, 완전히 영정 사진 다 빠지고 방명록 다 빠지고 말 그대로 제단하고 추모 조형물만 안에 있을 때, 서울시가 그 하청을 주잖아요, 용역을 주잖아요. 용역을 준 업체가 왔는데 이 추모 조형물을 마구 대한 거죠. 막 마구 꺼내놓고 있는 데서 막 절단 그 뭐죠? 이렇게 불로 이렇게 하는 거 그거를 해가지고 그거는 좀 난리가 났었어요. 분향소에 있던 꽃이랑 이런 기록물들이, 리본 있는 것이 쓰레기통에 들어가 있어서 다시 끄집어내고, 그런 일이 발생을 했었어요.

재강 엄마　　안산시가 아닐까요?

도언 엄마　　그러니까 안산시에서 용역을 준 업체. 안산시가 용역을 줬죠, 안산시가 하는 게 아니라.

면담자　　맨 처음에 서울시라고 말씀하셔서 그러시는 것 같아요.

도언 엄마　　아 그랬나요? (면담자 : 안산시에서요?) 네, 안산시에서 용역을 줬죠.

면담자　　작업을 하시면서 좀 느끼셨던 것들, 말씀 안 하신 분들 중에서 고운 어머니 혹시 기억나시는 것 있으세요?

고운 엄마　　그 방명록을 첫날하고 둘째 날, 재강 어머니랑 태민이 어머니랑 주희 쌤이랑 해서 방명록을 6서고에 다 옮겨놨는데, 그게 순서대로 다 꽂아놓고 봉사하신 분도 오셔서 목록 작업을 하셨고 주희 쌤도 했는데, 제가 재단의 아이들 기록물들 정리 작업 하고, 저 같은 경우에는 마지막 날, 제가 처음부터 한 건 아니고 마지막 날, 방명록이 권수가 많다 보니까 그 권수가 몇 년 몇 월까지 방명록이 기재가 됐는지가 맨 첫 장에 쓰여져 있어요. 그게 오셨다 가신 분을 일일이 목록 작업을 한 게 아니고 그 한 권에 몇 년 몇 월 달부터 몇 월 달까지 방명록이 기재가 되어 있는지 그거를 목록 작업을 했던 거를 제가 펼쳐서 그 부분을 읽어줬거든요, 주희 쌤한테.

그러면서 보니까 이게 방명록을 처음부터 끝까지, 다 다녀가신 분들을 기재를 한 방명록이 아니고, 어떤 거는 맨 첫 장만 방명록이 쓰여져 있는 거를 그걸 한 권으로 그냥 넣어놓고…. 그러니까 그 분향소에서 일하신 분들이 그런 거를 철저히 관리를 안 하셨더라구요. 그래서 그걸 보면서 '아 이게 내 일이 아니라서 그런가? 이렇게 허술하게 관리를 했구나' 제가 그걸 보고 느꼈어요. 그게 한 권이 다 처음부터, 첫 페이지부터 마지막 페이지까지 다 차 있는 권수도 있긴 있었지만, 그래도 이렇게 몇 장 안 되는 방명록이 되게 많더라구요. 그래서 그거를 목록 작업하는 선생님한테 제가 펼쳐서 불러주는 과정에서 그거를 보고 느꼈죠. '아 이게 관리가 제대로 안 됐구나'라는 것을 그때 당시에 제가 보고 느꼈습니다.

면담자   그게 한 권 정도 실수로 나온 게 아니라 상당히 많은 권수가 앞의 몇 장만 쓰고 나머지는 비어져 있는 상태로 꽂혀 있었다는 거죠? (고운 엄마 : 예) 또 다른 기억나는 것은 혹시 있으세요?

도언 엄마   서울시 가서 했던 것 좀 이야기해 주세요. 우리 자재 창고부터 시작해 가지고. (혜선 엄마 웃음)

면담자   서울시기록원에서는 어떤 작업을 하셨나요?

혜선 엄마　　　서울시, 처음에는 그 배가 자재 창고에 있어서 자재 창고에 가서 작업을 했는데요. 아이고, 볼 때 어마어마했습니다. 첫 본 소감이 '엄청나구나. 우리가 또 기록으로 정리할 것들이 엄청나구나' 하는 걸 느꼈고 그것을 또 자재 창고니까, 그냥 맨바닥이에요. 거기다 저희가 돗자리를 깔고 그 기록물들, 종이배였거든요, 거기 안에 들어 있는 기록물들이. 밑에서부터 빼는데 너무 많이 젖어 있는 거예요, 비를 4년 동안 계속 맞았으니까. 그걸 노란 큰 바구니에다 담아서 돗자리 있는 데로 가져와서, 안에 시민들의 마음이 담겨 있는 글이 있는 것과 글이 없는 것과 그런 것들을 구분을 하고, 곰팡이가 있는 것과 없는 것 또 구분을 다 하고…. 처음에는 다 폈었어요. 한 장 한 장 다 폈는데 시간이 너무 많이 걸려가지고 자재 창고에서는, 나중에는 글이 있는 것과 없는 것 이런 식으로 구분을 해서 서울시 서고로 와서, 나중에 다시 거기서부터 펴는 작업 또 하고, 곰팡이 있는 것과 없는 것 구분도 하고, 그러면서 한 근 일주일 가까이 했던 것 같아요, 그 작업.

면담자　　　그러면 분류하는 작업을 자재 창고로 옮겨서 하신 거죠?

혜선 엄마　　　분류를 해서, 서울시 서고로 옮겨서. 거기서는 젖은 것들은 선풍기로 말려가면서 그렇게 작업을 했는데, 서울시기록원분들이 정말 고생 많이 하셨어요. 정말 많이 도와주셨어요, 봉사자들도 오셨고.

면담자　　　어떤 작업을 도와주셨나요?

혜선 엄마　　　저희는 그냥 책상에 앉아서, 편하면 편하다고 해야 하나? 마음은 아프지만 젖은 것과 안 젖은 것, 곰팡이 난 것 안 난 것 이런 걸 구분을 했고, 그분들이 다, 무거운 것 다 들고 밖으로 나가서 가지고 바닥에 돗자리 깔고 하나하나 다 펼쳐가지고 선풍기로 일일이 다 말려주셨어요. 또 쫌 마른, 너무 이렇게 떡진 것들은 선풍기로 말려서 가져와서 또 조금 작업을 하고 또 가져가서 또 말리고…. 잘 떼어지질 않았거든요, 너무 떡이 져서. 떼가지고 어느 정도 말려서 또 가져와서 다시 펼치는 작업도 하고….

면담자   그 종이배 안에 있던 기록물은 다 빼보니까 총량이 어느 정도 되던가요?

혜선 엄마   노란 박스로.

태민 엄마   이삿짐 노란 박스 있죠, 그 노란 박스에 한 30개.

도언 엄마   30개 더 될 것 같아요.

혜선 엄마   이사하는 노란 박스.

도언 엄마   이렇게 눌린 것 생각하면 어마어마한 거죠.

혜선 엄마   비 맞아서 눌렸으니까.

도언 엄마   깜짝 놀랐어요(웃음).

면담자   이삿짐 용 노란 플라스틱 박스가 30여 개?

혜선 엄마   그런데 이렇게 하다 보니까 배 모양을 이렇게 접으면 이렇게 밑에, 배 모양에 펼쳐지는 부분이 있잖아요. 거기에도 글씨가 숨어 있는 게 있었어요. 처음에는 그냥 모양 안 펴고 이렇게 놓다가 거기에도 있어서 다 펼쳐서 봐야 됐어요, 또. 숨어 있는 글씨들이 많더라구요.

면담자   그 많은 종이배들을 보고 어떤 생각이 드시던가요, 혜선 어머니? (일동 웃음)

태민 엄마   1주기 때인가? 한 1년 지난 다음에 종이배를 광화문에서 접었었죠. 그때 저는 열심히 접어가지고 이름 제일 잘 보이게끔 바깥으로 빼고 그런 일을 저희 6반의 엄마들이 되게 많이 했어요. 그래서 후회했어요.

도언 엄마   그래서 다 하라고 했어요, 다 하라고(웃음).

혜선 엄마   9반도 열심히 적어서 넣었거든요, 그 배에다가.

도언 엄마   학생들이 많이 적었더라구요. 그 내용은 몇 카트[컷] 제가 찍어서 가족협의회에 내용을 올렸거든요. 우리 가족들 엄마, 아빠들 더 열심히 움직이라고 막 공지를 띄웠죠.

면담자   읽으신 내용 중에 기억나는 것 있으세요?

재강 엄마   기억 안 나요, 교수님.

도언 엄마   뭐가 하나 있기는 있었는데.

고운 엄마   소장님이 뭐 찍은 거 갖고 계실 거예요.

혜선 엄마   소장님 뭐 있어?

도언 엄마   제가 한번 찾아볼게요.

태민 엄마   저희 한 가지가 뭐가 있었냐면요, 그 기록이랑 다른 서고에 가서 배를 펴는 작업이 있었는데 거기서 쓰신 한 분이 "일을 하다 보니 많이 못 적어줘서 많이 미안하다"고, "죄송하다"고 그런 내용이 있었어요(웃음). 그래서 저희 이야기….

혜선 엄마   이야기 많이 못 적어서?

태민 엄마   많이 못 적어서 너무 미안하다고, 일을 하다 보니까. 그래서 "일을 더 많이 하셔야겠다"고 저희가 (전원 웃음) 그런 이야기를 저희가 나누면서 이제….

혜선 엄마   이분이 일을 안 하셨으면 배를 얼마나 많이 접었을까, 막(웃음).

재강 엄마   배를, 종이배를 저희들이 다 펴는 작업을 했잖아요, 다 세는 작업을 하면서. 우리가 그 국회에서부터 접었잖아요, 참사 [후 7월에] 국회[에 농성 들에]가면서부터. 그래서 다 한마디씩 한 거예요, "아이고 그때 왜 우리가 이 배를 목숨 걸고 접었을까". 반별로 있잖아요, 국회에서도 서로 많이 접어가지고 국회 마당에 꽂는다고 그런 작업을 했잖아요. 그게 다시 다 우리한테로 돌아왔잖아요. 그러니까 우리들끼리 "아유, 왜 이렇게 우리가 그렇게 했을까" 지금(웃음).

태민 엄마   우리가 [결국 이 작업을] 해야 될 줄도 모르고.

재강 엄마   (웃음) 우리가 했던 걸 다시 우리가 다시 해야 되니까, 엄마들이 그때 많이 웃으면서 얘기를 했던 것 같아요.

면담자   네. 소장님 안 찾으셔도 될 것 같아요.

도언 엄마   찾긴 찾았는데 못 읽을 것 같아요. 울 것 같아서 안 되겠어요. 아, 울 것 같아요, 안 돼요.

8

동료, 주변 가족들과의 관계에 대해

면담자 나중에 개인 구술할 때 알려주세요. 지금까지는 굵직한 활동들 중심으로 살펴봤고요. 이제 다음으로는 동료와의 관계, 주변 다른 가족과의 관계에 대해서 여쭙도록 하겠습니다. 먼저, 우리 동료들에 대해 표현한다면 어떤 관계라고 말씀하시겠어요?

고운 엄마 그냥 눈뜨면 보는 관계.

면담자 눈뜨면 보는 관계(웃음).

고운 엄마 가족협의회의 활동은, 저희가 4년이 넘어가면서 활동이 많이 줄었잖아요. 그러니까 대외적으로 큰 활동이 있을 때 저희가 같이 움직일 때만 보는데, 저희 저장소같이 운영위원으로 있는 엄마들끼리는 눈뜨면 보는 관계, 매일.

도언 엄마 정답.

재강 엄마 눈뜨면 안보고 싶다(웃음).

태민 엄마 그런데 이런 것도 있는 것 같아요. 마음을 서로 공감하고, 공감하면서 서로 배려해 줄 수 있는, 그런 주변에 있는 사람들 중에서 가장 가까운 사람.

재강 엄마 진상 규명될 때까지는 같이 가야 되는 관계.

고운 엄마 헉.

도언 엄마   그러고 나면 땡이요?(웃음)

재강 엄마   아니 그게 아니고 눈뜨면, 고운이 어머니가 눈을 뜨면 봐야 한다고 하길래, 저는 눈을 뜨면 안 보고 싶고 (웃으며) 기억교실에 와서는 보고 싶어요. 여기서는 와서 봤으면 좋겠어요.

면담자   혜선 어머니는 어떻게 생각하세요?

혜선 엄마   오래오래 봐야 될 관계. 진상 규명이 돼도 그 이후에도 이 교실이 존재하는 한 보지 않을까요? 지팡이 짚을 때까지.

재강 엄마   하아….

고운 엄마   55세 퇴임인 건 뭐죠.

혜선 엄마   55세 정년은 아직 정관에 안 들어갔어요. 오래 볼 것 같아요.

재강 엄마   나 지팡이 짚고는 안 나올래요. 산속에 들어갈래요.

면담자   소장님은 어떠세요?

도언 엄마   글쎄 저는, 다른 가족들보다 더 챙기는 관계. 더 보듬어주는 관계인 것 같아요. 물론 이제 다 같이 갈 수는 없죠, 유가족이 생각이 다 틀리니까[다르니까]. 다 같이 갈 수는 없지만, 활동을 해도 또 다 같이 가는 것은 아니에요. 근데 그중에서도 더 보듬어주고 안아주는 관계, 네.

면담자   우리 소장님이 아무래도 우리 기억저장소를 이끌어가시니까, 각 여기 계신 한 분 한 분 어머님들의 어떤….

도언 엄마   교수님, 그런 거 하지 하세요, 그런 거 하지 마세요. 그런 거 곤란해요, 어려워요, 어려워. 그런 거 하지 마요. (전원 웃음)

면담자   어떤 점이 가장 힘을 받는다, 한 분, 한 분 어머님에 대해서 이 자리에서 솔직하게 고백하는 시간을 갖도록….

도언 엄마   그런 진실 게임 이런 것 안 했으면 좋겠어요.

재강 엄마   고해성사 하는 느낌이에요.

고운 엄마   저장소 파투 나게 생겼다. (전원 웃음)

도언 엄마   그런 거 하지 마요. 아이고 그런 것 시키시지 마요. 차라리 다른 것 시키시지(웃음). 저 개인 톡으로 보내면 안 될까요? (전원 웃음)

면담자   그래도 서로서로 생각도 공감하시기도 하잖아요.

재강 엄마   나중에 공개, [아니] 비공개로 다 해야 된다.

면담자   어떤 어머님은 이런 걸 좀 잘하신다, 여러 가지 장점들이 있으실 텐데요.

도언 엄마   저는 묵비권을 행사하겠습니다(웃음).

면담자   그럼 우리 아무래도 큰언니이신 우리 혜선 어머님께서 말씀해 주시겠어요?

혜선 엄마   두루두루?

면담자   한 사람, 한 사람.

혜선 엄마 저도 묵비권.

면담자 아이, 다 말씀을 안 하시네.

재강 엄마 교수님, 저는 소장님 디스하고 싶어요, 끝까지 해야 돼요. 소장님은 일을 참 잘 만들어오세요(웃음).

면담자 아, 소장님이 일을 잘 만드는 능력이 있으시군요.

재강 엄마 네, 추진력이 좋잖아요. 그래 가지고 "우리 이거 해요" 하고 아까 그 『그리운 너에게』 이거, 4개월 만에, 3개월이죠? 3개월 만에, 우리 3개월 만에 이거 했잖아요.

면담자 한번 들어주세요, 그 책.

재강 엄마 근데 저는 여기 감으로는 느끼는데, 노안이 와서 그런가, 글자는 잘 안 보여요.

도언 엄마 손으로 느끼시라고. 누가 눈으로 보라고 [했나].

재강 엄마 아니 손으로 느껴도, 아 이렇게 느끼고 싶어서. 이쪽 편에 (책 오른쪽 하단을 문지르며) 네 번째가 재강이가 있어서 아무리 찾으려 해봐도, 이렇게 저 이렇게 했잖아요. 하나, 둘, 셋, 넷 해서 올라왔잖아요(웃음). 그러니까 아이들 이름이 있으니까 이 느낌은 좋아요. 그런데 눈으로는 안 보여요, 보려고 했는데. 이런 거 하나하나가 소장님이 참 추진은 잘해요. 그래서 저희들이 만날, "이제 고만하시죠" 하면 또 이 일이 끝났잖아요, 그러면 다음 일을, 이 일을 하면서 구상을 하나 봐요. 그러면 또 나와요. 이거 끝나잖아요? '끝나면 이제 없겠지' 그러면 또 나와요. 그래서 이렇게 소장님이….

면담자 마르지 않는 기획 샘이네요. 그죠?

재강 엄마 네, 네.

면담자 또, 다른 어머님들, 아니면 소장님이 하나 받으셨으니까, 그러면 다른 어머님 한 분이라도 말씀해 주세요.

고운 엄마 재강이 어머님 말씀하세요.

도언 엄마 원래 주거니 받거니 하면 안 돼요.

고운 엄마 어서 디스하세요. (전원 웃음)

재강 엄마 괜찮아요, 하세요.

도언 엄마 아니, 그런 것은 아니구요. 저는 그냥, 우리 엄마들한테 사실 일은 많이 줘요. 일은 진짜 많이 줘요. 근데 또 힘드셔도 군말 없이 따라오세요. 뒷담화나 앞담화는 해요. 뒷담화는 하시겠죠. 내 앞에서는 앞담화만 하시고⋯. 그런데 중요한 것은 힘들어도, 그리고 이건 안 하고 싶은데도 또 우리 아이들 생각해서 따라와 주시는 거에 진짜 항상 감사하게 생각을 해요. 그리고 또 기억교실 이하 전시관, 그리고 전국에 [순회]전시 등등 일이 많은 데도요, 사실 힘들 때 많잖아요. 다 또, 알다시피 저는 어차피 총괄하는 입장에서는 저 365일 나오거든요. 엄마들도 진짜 365일 나오세요. 얼마나 쉬고 싶겠어요. 근데 묵묵히 따라오시는 것만 해도 항상 제가 감사하게 생각하고, 그래서 더 열심히 움직이는 것 같아요, 제가.

면담자 그 어떤 단체든지 그렇지만 사실은 항상 365일 24시간 내내 좋은 일만 있기는 힘들잖아요. 같이 활동하면서 서로 간에 힘들었던 점은 없으셨나요? 멤버들이 교체되면서 갈등도 있었을 것이고요. 갈등이 없다는 게 꼭 좋은 것만은 아니잖아요. 그런 점은 없으신가요?

재강 엄마　저희들은 초창기에 멤버 구성되고 나서는 들어오신 분은, 더 영입은 안 했구요. 나가신 분들만 (면담자 : 계시죠) 계시는 것 같은데요, 저희들은.

면담자　지금 되돌아볼 때 그분들은 어떠한 것이 힘드셔서 그만두신 걸까요?

재강 엄마　그때 할 때는 같이 잘했던 것 같고, 개개인 사정에 의해서 그만두신 거잖아요, 개개인 사정에 의해서 그만뒀고.

도언 엄마　저는, 제가 생각했을 때에는 처음에는 저장소 일을 같이 진행을 하셨고, 유품, 유류품도 같이 진행을 했고…. 그러면 저장소가 좀 자리를 잡아갈 쯤에 추모분과에서 일하신 세 분이 이제 옮기셨는데, 또….

면담자　지금 잠깐 옮기신 분이 우리 영석 아버님, 그다음에 윤희 어머님하고 은정 어머님, 그리고 영만 어머님이 좀 나중에 오신 거예요?

도언 엄마　네, 나중에 오셨고…. 제일 먼저는 사실은 수진이 어머님이 몸이 아프셔서, 당이 오셔가지고 해서, 그래서 아프셔서 몸이, 건강이 안 좋아서 그만두셨구요. 그리고 세 분은, 저는 그렇게 생각해요. 뭐 물론 속마음은 다 알 수는 없으니까, 그리고 세상에 살면서 속마음을 다 얘기할 수는 없잖아요. 저는 그 전에 오히려 우리 저장소 일보다는 추모분과 일이 나의 적성에 맞다고 생각해서 가신 것으로 저는 그렇게 생각하고 있어요. 그렇게 생각하고 있고, 영만 어머님은 처음 1기 소장으로 계셨었고, 그리고 이제 2기가 구성이 될 때 본인이 원하셨고, 본인이 원하셔서 2기에 들어오셨고 또한 본인이 1기 때 제대로 저장소를 잡아놓지 못한 미안한 감에 움직이신다고 2기에 합류를 하셨었어요. 그런데 워낙 일이 많았었잖아요. 저장소 일이 많다 보니까 본인이 좋아하시는 일을 못 하시게 되는 거죠. 본인의 연극, 합창 이런 걸 또 좋아하시는데 못 하시니까 그것 때문에 그만두신 케이스고…. 그래서 아까 제가 좀 전에 말씀드렸던 것처럼 워낙 일이 많아요. 워낙 일이 많은데도 사실 네 분은, 물론 힘들겠죠. 근데 그래도 시간 조율해 주시면서 나와주신다는 그 내용이에요, 사실은.

면담자   네. 그러면 기억저장소에서 갈등이 생기거나 이견이 있다면 나름대로 해결하는 노하우라든지, 소장님 외에 다른 네 분들 사이에 의견 충돌이 있다면 그런 문제들은 어떻게 해결하시나요? (모두 침묵) 그게 없나요? (전원 웃음)

재강 엄마   말씀 안 하셨던 분들이 좀 하셔서….

면담자   전혀 말씀을 안 하시면, 그냥 일괄적으로 움직이는 개미 부대 이렇게 보여요.

재강 엄마   그러니까 말씀을(웃음).

태민 엄마   저는 그런 것 같아요. 이제 소장님 빼고 네 분이잖아요. 기록팀 둘, 전시팀 둘 이렇게 나눠져 있다 보니까, 사실은 기록팀 같은 경우는 재강 어머님이 인솔하에 뭘 하자고 그러면 거의 대부분 따르는 편인 거고, 전시도 마찬가지고. 그렇게 크게 삐딱하고 저기 할 [갈등할] 일은 거의 없는 것 같아요.

면담자   회의를 할 때에도 이견이 별로 없나요?

태민 엄마   사람이 많다 보면은 그만큼 막 서로의 의견이 틀려질 수 있는데, 기록팀 둘, 전시팀 둘 이렇게 하니까 서로 이야기를 하면서 풀어지는 것 같아요.

면담자   네, 사실 조직에 숫자가 적으면 똘똘 뭉치죠. 아직은 그런 단계인 것으로 그렇게 이해하겠습니다. (전원 웃음) 네, 그러면 가협 및 다른 가족들 관계를 여쭤보도록 할게요. 가협에 속해 있는 다른 유가족분들과의 관계는 어떠신가요? 저장소에서 큰일들이 많이 돌아가고 있는데, 그런 일들을 좀 도와주거나 같이해 줬으면 좋겠는데 아쉽다든지 하는 건 없으세요?

재강 엄마   그렇죠, 저희들이 하고 있죠. 사실 기억교실 옮길 때도, 옮기는 것도 그렇고 책상 정리할 때부터 그랬던 것 같아요. 이제 부모님들, 저는 사실은 많이 오실 줄 알았었어요. 거의 내 아이 것 정리하러 오실 줄 알았는데 의외로 안 와가지고….

면담자   몇 분이나 오셨었나요, 그때?

재강 엄마   각 반별로 해서 한 반에 한두 명씩? 이렇게 왔으니까, 몇 명 안 오셨잖아요. 그리고 나서 그 교육청에서 오신 분들하고 저희들이 쌌거든요 같이, 그 책상 위에 있는 기록물들을. 그리고 책상

241

2회차

옮길 때도, 책걸상 옮길 때도 소장님이 공지를 했거든요, 책걸상 옮긴다고. 그때는 진짜 한 분도 안 오셨던 것 같아요. 한 분도 안 오셨고, 그래서 제가 소장님 보고 "아이들 짐 풀 때는 가협에 공지를 안 했으면 좋겠다"고 했어요. "그냥 우리끼리 정리를 했으면 좋겠다"는 의견을 제가 내기도 했었어요. 그리고 이제 서울시[기록원으로] 기록물 [이전]할 때도 우리가 다 처리를 못하니까 공지를 했었어요. 이틀만 도와달라고, 우리가 올렸었나요? 올렸었는데 가족분들이 도와주신다고 오신 분은 없고 그냥 우리 보면 고생한다는 말만 했던 것 같아요.

면담자   우리 혜선 어머님이나 태민 어머님은 사실 공방 활동도 하시잖아요. 공방 어머님들한테 '우리 지금 이런 거 하고 있으니까 조금 몇 명이라도 와줘'이런 말을 좀 해보신 적은 없으신가요?

혜선 엄마   그런 이야기를 하면, (웃으며) 이야기가 조금 그냥 "고생한다, 수고한다" 이런 이야기는 얼굴 보면은 하는데요, "이런 일이 있는데 도와줬으면 좋겠다" 하면 "그날 일정이 있는데, 다른 일이 있는데" 이렇게 그냥 지나가는 것 같아요. 직접적으로 도와주시지는 않는 것 같아요.

면담자   그렇게 도와주시지 않는 이유는 무엇인가요? 가족들 사이에서 각각의 일에 대한 경계가 굉장히 분명한 건가요?

고운 엄마   저희가 단원고에 있다가 지금 이곳에 옮겨 오고 난 후부터는 저희가 저장소에서 맡아서 계속 일을 해나가고 있는 부분이 있어서, 가족들이 저희가 이제 가족협의회에서도 분과가 다 나눠져 있잖아요. 분과별로 분과장님들 밑에 팀장님이 주로 주가 되어서 움직이고, 그 외에 저희 가족들이 큰 저기, 같이 다 움직이듯이 저장소에서 맡아서 일을 해나가다 보니까 어느 순간부터는 '아, 이거는 저장소에서 하는 일'이라고 되어 있는 부분도 어느 정도 있는 것 같아요. 그리고 또 소장님이 소장님으로 오고 나서부터는 예전의 저장소보다는 잘 이렇게 이끌어가고 운영이 되다 보니까, 부모님들 사이에 '기억교실 쪽의 일은 저장소의 일' 이렇게 되어 있는 것이 좀 있는 것 같아요.

그리고 저희 반 같은 경우에는, 저희가 이번에 교실 이쪽으로 옮길 때도 저는 저희 반, 그 저희 카톡 방에 있는 13가정 집에 다 일일이 전화를 해서 얘기를 했어요. "이왕이면 내 아이 물건은 부모가 와서 직접 정리를 해줬으면 좋을 것 같다. 남의 손에 맡기는 것보다" 그래서 저희 1반 같은 경우에는 "흔쾌히 당연히 그래야지"그리고 10분이 오셨어요. 그래 가지고 10분이 오셔서 다 같이 정리해 주시고, 또 이제 안 오신 부모님 아이들 것까지 다 정리를 해주고 그리고 가셨거든요. 그래서 저 같은 경우에는 저장소 일도 하면서 가협 일도 하면서, 다른 반은 모르겠어요. 다른 반 같은 경우에는 이런 왕래나 어울릴 만한 그런 시간이 없었기 때문에 만나면 인사하고 간단한 인사말 정도 나누는 정도인데, 저희 반 부모님하고 저하고의 관계는 그래도 저는 나름 저 스스로 관계가 괜찮다고 생각을 해요. 그리고 실제로도 제가 저장소에 와서 이렇게 하는 부분에 대해서 "같이 이렇게 해줘야 하는데 못 해줘서 미안하다", 항상 "고생한다" 이렇게 얘기를 해주고 그래서 저희 1반 부모님들은, 저는 관계가 좋은 편이에요.

〈비공개〉

면담자 　　　예를 들어서, 공방 이야기가 나왔으니까 공방과 함께하는 기획도 생각해 보실 수 있을 것 같아요, 그냥 막 던지는 얘기이지만. 아무래도 사람 사는 곳이다 보니 서로 생각이 다를 수 있죠. 그렇지만 궁극적으로 그게 의도한 것이 아니라면 같이 고민해 보는 것도 필요하지 않을까요?

도언 엄마 　　　그 말도 반대로 교수님, 이렇게 생각해요. 어차피 이건 누군가가 해야 할 일이에요. 근데 우리 가족끼리 나서지 않고 우리 저장소 운영, 그러니까 총 운영위 다 포함이죠. 우리 이제 전문가 포함, 진행하지 않았다면 누가 했겠어요. 그리고 만약에 예를 들어서 우리 가족이 아닌, 우리 가족이 아예 싹 다 빠진 외부 운영과 별도의 저장소 운영하시는 분이 계셔서 이 사업을 진행했다고 그러면 이게 잘되었을까요? 저는 교실 운영도 안 될 거라고 보거든요. 이거는 어떠한 노력, 이거는 시간이 지나야 해결될 것 같아요. 시간이 지났을 때, '아 그래 저장소 엄마들 진짜 고생했다' 이렇게 본인들이 느껴야 되는 거지 우리가 지금 아무리 같이 가려 해도 이거는 쉽지 않은 것 같아요.

9
향후 활동 계획, 저장소 활동의 원동력, 삶의 변화

면담자 　　　네, 알겠습니다. 다음으로 올해의 활동 계획에 대해 여쭐게요. 지금 어떤 구상을 하고 계신지 소장님께서 말씀하시면 다른

어머니들이 또 깜작 놀라실 수도 있겠네요? (전원 웃음)

도언 엄마   제가 이야기해야 하는 거죠, 교수님? 지금 진행하고 있는 거죠 뭐. 지금 여기서 다시 기획해서 진행하기에는 너무 짧은 시간이구요. 8월 다 갔잖아요. 그래서 우리 이제 '북콘', 『그리운 너에게』 '북콘' 이제 또 대동서적 끝나고 나면 교외로 파고들 거예요. 그것 진행하고 있구요. 그리고 기억교실, 다시 교실 개방이 되면 '기억과 약속의 길' 운영이 되고, 그리고 인제 민주시민교육, 올해 마지막 교육 들어가고. (면담자 : 몇 월 달에 하나요?) 11월 달입니다. 11월 달 초부터 딱 2주 들어갈 거구요. 그리고 7월 달부터 지금 사업 들어가고 있는 마을 아카이브, 이게 1년 차 사업이 12월 달로 마무리가 돼요. 네, 그것이 3년차 계획이었기 때문에, 원래 뭐 공간 기술, 사람 기술 그것까지, 교육까지 다 마무리될 것 같아요.

면담자   다른 어머님들 중에 하고 싶은 기획이나 사업은 없으세요? 여기서 벌써 2년 남짓 활동해 오셨는데, 혹시 소장님한테 거절당한 기획이라든지?

재강 엄마   네, 없어요. (전원 웃음)

면담자   소장님이 하자고 하는 것만 하는 걸로(웃음). 네, 알겠습니다. 그러면 마무리 질문으로 가겠습니다. 이건 돌아가면서 답변을 해주시면 좋을 것 같아요. 우리 기억저장소 활동을 쉬지 않고 계속할 수 있었던 이유는 무엇이라고 생각하시나요? 태민 어머니부터 돌아가면서 말씀하시고, 그다음 질문은 혜선 어머니부터 돌아가는 식으로 할게요.

태민 엄마　　　네. 저는 사실은 기록에 관련된 뭐 이런 거에 대해서 전혀 모르는 상태에서 들어오긴 했잖아요. 모든 부모님들 다 그렇다고 생각을 하는데, 저도 해가 지나면 지날수록 '어느 부분에 소속되어 있지 않으면 길게 가지 못하겠다'는 생각을 되게 많이 했어요, 2년, 3년 정도 지나면서. 저도, 저번에도 이야기했던 것처럼 저장소에 들어와서 이 일을 하게 된 거에 대해서 정말 감사하게 생각해요. 감사하게 생각하고, 제가 사실은 우리 애들 아빠한테도 이야기를 했지만 저는 "내 목숨이 붙어 있는 한 아이에 관련된 일을 하겠다. 4·16에 관련된 일을 하면서 살 거다"라고 이야기를 했어요. 그런 걸 뒷받침을 해서라도 이곳에서 계속 일을 하는 걸 생각을 하고 있습니다.

고운 엄마　　　저는 힘들어도 계속 지금까지 하고 있는 이유 중에 제일 큰 이유가 고운이. 고운이 생각하면 '힘들어도 해야지' 그 생각이 다시 바뀌거든요. 실제로 제가, 저는 100프로 자신하지는 않아요. 제가 '언제까지, 끝까지 하겠다'라고 자신은 안 해요. 저 자신도 나중에 어떻게 변할지 모르기 때문에 제가 '할 수 있는 데까지 그래도 최대한 하자'라는 생각은 가지고는 있지만, 그거는 저는 잘 모르겠어요. 그런데 고운이, 그냥 이유, 제일 큰 이유가 고운이 생각하면 '힘들어도 해야지', 그리고 지금까지 버틸 수 있는 힘이 고운이구요. 그리고 제가 지금에 와서 그냥 집에만 있으면 오히려 힘들고 시간이 더 안 가요. 집에만 있으면. 오히려 제가 아무것도 안 하고 집에만 있으면 고운이 생각도 더 많이 하게 되고, 그러다 보니까 제가 더 몸이 축나고 정신이 주눅이 나는 것 같아서 오히려 나와가지고 움직이는 게 시간도 빨리 가고, 그리고 '아, 내가 살아 있구나'라는 것도 느끼게 되고…. 그리고 '내가 힘들지만 앞으로도 진짜 할 수 있는 순간까지는 고운이만 생각하면 할 수 있지'라는 그런 생각을 가지고 있어요. 고운이가 제일 원동력이고 제일 큰 힘인 것 같아요. 그래서 '힘들어도 지금까지 올 수 있지 않았나' 그런 생각을 해요.

재강 엄마   여기 오게 된 게, 소장님이신 도언 엄마 때문에 기억저장소를 들어오게 되었잖아요. 사실은 우리가 이제 가협 일이 그닥 많지는 않아요. 기억저장소의 일이 있기 때문에 집에서 나오는 거지 저희들이 그렇다고 해서 누구를 만나러 다니지는 못해요. 여기 안 나오면 아마 집에서 어떤 행동을 하고 있을지도 몰라요. 초창기에 사실은, 소장님이 일을 처음에는, 우리가 기억저장소 와가지고는 뭐지 후원 약정서 그런 거 하고 나서는 잠깐 일이 없었을 때가 있었었어요. 그러면 이제 집에서 뭐 이렇게 날씨 흐린 날 같은 경우에는 하루 종일 그냥, 아침부터 그냥 누워서 있는 거예요, 꼼짝을 안 하고. 저는 그런 날도 있었어요. 그러니까 이제 기억저장소 일이 있으면 나오게 되는 거예요. 재강이 아빠는 그래서 그런 저를 보는 것보다 기억저장소 나가서 일을 하라고 계속, 그냥 아침마다 출근할 때 "오늘 몇 시에 나가, 오늘 어디 나가" [하고] 저를 확인을 했었거든요. 저희 다 마찬가지인 것 같아요. 기억저장소에 나오면서 집에서 누구를 못 만나니까, 여기 나와서 웃고 떠들고 할 수 있는, 우리가 나와서 기록물을 정리하는 것도 있겠지만 우리들만의 활력소 장소이기도 해요.

그래서 기억저장소에 나와서 일하는 거는 또한, 나 또한 마찬가지예요. 재강이가 있기 때문에 나와서 하는 거지, 재강이가 없으면, 재강이가 연결되지 않으면 저도 뭐 나와서 한다는 보장도 없고 그러는데, 이게 다 이 기억저장소에 나와서 조금 내가 집에서 있는 것보다 낫기 때문에 나오는 거고…. 또 내가 언제까지 한다는 그런 약속은 못 하는 거예요. 내가 또 하다가 어떤 상황이 올 줄 모르잖아요. 그렇지만 제가 기억저장소에서 있는 한, 재강이 엄마로서 기억저장소 일에는 소홀하지 않고 최선을 다할 것이고[요].

그리고 또 기억저장소 일을 하면서 보람을 느끼는 게 뭐냐 하면요, 아까 소장님이 말했듯이 우리가 뭔가를 많이, 많은 사업을 하잖아요. 이 많은 사업 중에서, 사업들이 하면서 실패로 가거나 이런 경우가 있었으면 저희들이 좀 '아' [하고 낙담하거나] 이럴 텐데, 거의 그런 게 없이 마무리가 잘되고 또 잘 진행이 되고 마무리가 잘되었기 때문에 거기에 대한 보람 [같은 게 있었던 거 같아요]. 이런 『그리운 너에게』 책 같은 것도 책으로 내는 것만이 아닌 '북 콘서트'를 다니면서 저희들이 보람을 느끼고, 이런 걸 하기 때문에, 기억저장소에 나오는 걸 하루하루 출근, 출근이라고 해야 하죠? 아침에 일어나서 내가 나갈 수 있는 곳이 있기 때문에 또 그런 게 좋지 않나 생각을 하고 있어요.

혜선 엄마 　　　저도 뭐 앞에서 엄마들이 말한 거랑 별반 다르지는 않은데, 저는 4·16 참사 이후에 집에 있어본 날이 별로 없는 것 같아요, 저 개인적으로. 집에 있으면 너무 힘들고 아이의 모습이 보이고 그래서 일이 없어도 그냥 나왔던 것 같아요, 여태까지. 집에 있어본 날은 손으로 꼽으면 꼽을 수 있을 정도로 없었는데, 어, 가협 일이 한창 저희가 활동이 뜸할 때 소장님이 불러주셨거든요. 그때는 정말 너무 고마웠고, 내가 할 일이 생겼다는 그런 마음에서 되게 고마웠고…. 지금도 내가 만약에 할 일이 없으면 너무 힘들 것 같아요. 견디지 못할 것 같아. 그래서 저장소에 나와서 일도 배우면서, 같이하면서 보람도 있고 기록의 중요성도 알아가고 '만약에 우리가 세월호 참사 때 진도체육관부터 누군가가 정말 체계 있게 기록을 했더라면, 진상 규명에 한 발 더 앞서가지 않았을까' 그런 생각도 정말 많이 하거든요, 저장소 일을 하면서.

또 한 가지 좋은 거는 제가 가협 일만 할 때에는 애들 아빠가 "뭘 또 가냐. 다른 사람들은 안 가는데 너는 왜 자꾸 가냐? 왜 매일 가냐?"라고 구박을 많이 했었어요. "10번 가면 그중에 두 번은 빠져도 되지 않냐" 이런 식으로 많이 싸웠거든요. 그런데 저장소 일을 하면서는 제가 이야기를 많이 해줘요, 저장소 이야기를. "지금은 이런 이런 일을 하고 있고 이게 이렇게 결실을 맺어간다" 그냥 그때그때 계속 얘기를 해주니까 아빠도 많이 느끼게 되는 것 같아요. 그래서 요즘은 매일 나와도 말 안 하고, 혹여 늦게 나오는 날은 "왜 안 나가?"라고 물을 정도로, "오늘은 어디 안 가?" 이렇게 물어보거든요. 그런 면에서 아빠도 생각이 많이 변한 것 같아요.

누군가는 또 해야 일이 진행이 되고 우리 아이들 위한 일이니까 누군가는 해야 된다는 걸 인지를 한 것 같아요, 아빠도. '네가 안 해도 누군가는 하거든?' 이렇게 처음에는 그런 투였는데 지금은 "나가서 해라" 그런 식으로 말도 해주고, 그게 저장소에 오면서 제가 또 느끼는 보람 중에 하나고…. 제가 또 혜선이를 생각하면 미안한 마음이 제일 크잖아요. 지켜주지 못해서 미안하고, 고통스러울 때 옆에 있어주지 못해서 미안하고, 떠날 때 따라가 주지 못해서 미안하고, 그런 미안한 마음들이 있는데, 음…, 내가 쉬지 않고 혜선이를 위해서 뭔가를 할 수 있다는 그런 생각들이 나를 또 지탱해 주는 힘인 것 같고[요]. 혜선이를 위해서 조그만 거 하나라도 뭐라도 하고 싶고, 그 일을 지금 저 장소에서 하고 있잖아요. 그래서 저장소가 저한테는 참 고마운 기억 저장소인 것 같아요.

면담자   다음 질문은 소장님께서도 같이 대답해 주시면 좋겠는데요. 기억저장소 일을 하시면서 본인의 관점이 변화한 것이 있는지, 어떤 생각의 변화나 삶의 변화 들이 있을 것 같아요. 그런 변화가 무엇인지 질문드리는 것이 첫 번째고요. 또 한 가지는 앞으로 기억저장소에 바라는 점인데, 두 가지를 한 번에 말씀해 주세요.

혜선 엄마   까먹을 것 같은데….

면담자   그래요? (웃으며) 하나씩 할까요? 좋아요, 그러면 하나씩 할게요. 그럼 일단 기억저장소 활동을 하면서 내가 변화하게 된 것을 말씀해 주시면 좋겠습니다.

혜선 엄마   저부터?

면담자   네, 혜선이 어머님부터 말씀해 주세요.

혜선 엄마   음…, 저는 이제 직장생활을 하면서도 그냥 저 혼자 할 수 있는 일을 많이 했었거든요. 내가 할 수 있는 일만 많이 했었는데, 저장소에 와보니까 내가 하고 싶은 것만 할 수 있는 것이 아니고, 내가 할 수 있는 일만 또 할 수 있는 게 또 아니에요. 그 성격이 내성적이다 보니까, 처음 기록, 구술 시작할 때에도 이야기했지만, 남 앞에 나서는 게 정말 어려운 사람이었는데, 제 자신이 그런 점에서는 좀 많이 변했다고 봐요. 그 남 앞에 서기 싫어서 처음에는 많이 뒤로 빼기도 하고 그랬는데, 소장님이 계속 시키니까, 하다 보니까 기억교실 안내하는 거라든지 지금 구술하는 거라든지, 뭐 또 미팅을 하는 거라든지 조금씩 제 자신의 성격이 많이 변했고, 내가 할 수 없어도 하다 보면은 할 수 있겠다는 자신감? 네, 그런 게 많이 붙은 것 같구요.

또 하나는 기록의 중요성. 어디 다니다 보면 세월호 참사 이후에 깨달았지만, 그 전에는 지나가면서 '아 저런 게 있구나' 그냥 이렇게만 봤잖아요. 그런데 지금은 '아 이것도 기록으로 남기면 좋겠다' 이런 것들이 눈에 들어오는 거죠. 뭐 팽목을 가든 어디를 가든, 며칠 전에 팽목에 갔다 왔지만, '이것도 기록물이네? 이것도 저장소로 오겠네?' 이런 것들이 눈에 들어오는 거죠. 그래서 기록의 중요성을 많이 깨달은 것 같아요. 앞으로 우리 기억저장소가 기록들을 해 나가는데 좀 더 열심히, 제가 할 수 있는 일을 다 하고 싶어요.

면담자　　　　네, 재강 어머님 질문 기억하고 계시죠? (전원 웃음) 기억저장소 일을 하면서 변한 것. 나의 생각, 나의 태도, 나의 관점, 나의 기록과 관련된 생각이든지 내가 변한 것.

재강 엄마　　　　제가 기억저장소에 와서 제 생각이 변한 것이 아니구요. 저는 4·16 참사로 인해서 제가 변한 거죠. 왜냐하면 기억저장소는 어차피 참사 일어났기 때문에 제가 여기 몸을 담게 됐는데, 저는 사실, 저도 보수였고 대통령 선거할 때에도 저는 선거를 안 하다가 막판에 한 번 찍었는데 거기 찍은 사람이 내 아들을 이렇게 보내는데 큰 역할을 한 사람이었어요. 그래서 참사를⋯ (침묵) 참사가 나고 제가, 제 생각이 바뀌고⋯. 또 제가 어디 가서도 그런 이야기를 했던 것 같아요. 제 생각이 바뀌면서 제가 세상을 알아가는 거라고 했어요. 참사 전의 저는 제 자식만 키우고 이렇게, 내 아이들만 잘 키우고 내 가정만 잘 지키면 된다는 생각으로 살았지만, 참사가 나고 나서 이렇게 보니까 세상이, 대한민국이라는 게 어떤 것인가를 보게 된 것이죠. 그 전에는 언론만 보고 언론이 하는 이야기만 들었지만, 지금은 이제 언론이 이런 이야기를 해도 아닐 것이라는 비판적인 생각을 좀 하지만, 그 전에는 비판적인 생각을 못 했으니까.

그리고, 그래서 기억저장소에 와서는 제가, 사실 기억저장소가 어떤 곳인지도 모르고 왔고, 와서 기록팀에서 뭐 전시관은, 전시라는 것은 어떤 것인 줄은 알지만 기록팀이라는 것은, 기록이란 단어는 알지만 뭐 거기서 어떤 기록물을 정리하는지, 이런 것 까지는 세세히 몰랐지만, 지금은 100프로는 아니지만 그래도 2, 30프로는 저장소가 기록물을 정리하고 기록물을 관리하고 또 복원하고, 기록물의 중요성 정도, 30프로 정도는 안 것 같아요.

이제 기억교실에 또 와서 이 아이들의 손때 묻은 이런 걸 보면서 제 마음이, 제가 이전의 소홀히 했던 기록물들이 있었거든요. 사실 저는 재강이 물건을, 기록의 중요성을 몰랐기 때문에 제가 소각, 일부를 소각, 수학여행 가져갔던 걸 제가 지난번에 말씀드렸듯이 소각을 했었어요. 제가 그 전에 기록 중요성을 알고 기록물의 중요성을 알았더라면 제가 그 물건을 가지고 있었을 거예요, 그래서 제가 후회를 많이 하는 부분이기도 하고. 그래서 참사 이후 그리고 저장소에 와서 저는 제 자신이 많이 성장했고 많이, 이건 정말, 이런 이야기는 정말 창피한 이야기인데요. 사랑하는 아들을 보내고 엄마가 세상을, 성장해 간다는 것은 정말 창피한 이야기예요. 근데 사랑하는 자식을 보내고 엄마가 세상을 알아가는 것 같아요. 그래서 저는 참사 이후로 제가 많이 조금 변했고, 많이 변해가는 것 같아요. (모두 잠시 침묵)

고운 엄마   저도 저장소에 와서 많이 바뀌게 된 부분은, 기록물에 대한 관점도 그렇고 중요성에 대해서도 알게 되었지만, 참사 이후에는[이전에는] 진짜 그냥 나하고 우리 아이들 내 가정, 내 가정만 알고 이렇게 세상 보는 눈이 전혀 없었는데, 4·16 참사 이후에 활동을 다니면서 또 우리 진상 규명하는데 정치인부터 해가지고 온갖 방해 공작이 일어난 부분도 직접 듣고 눈으로 보고…. 얼마 전에 기무사 그 부분도 보다 보니까 예전에는 언론에서, 언론을 통해서 내가 보는 게, 언론에서 그냥 보여준 그대로 그냥 믿고 말았는데, 지금은 언론을 통해서 듣더라도 '아 저 부분은 저렇지 않을 거야. 이럴 수도 있어'라는 그런 비판을 할 수 있는 부분이 생겼구요. 그리고 예전에는 이렇게 뉴스라든가 정치 쪽으로 나오면은 별로 관심이 없었어요. 근데 요즘은 자잘한 거는 아니더라도 큰 이슈가 되는 정도의 그런 거는 제가 챙겨서 보고, '아, 참 저 부분은 안타깝다' [하고 생각을 하게 돼요].

그리고 제가 대한민국의 다는 모르고 그 권력, 어느 누군가의 욕심 때문에 세월호 참사가 일어난 부분에 대해서 누군가가 눈감아 주고, 누군가가 봐주고 그런 부분에 대해서는 참 '있어서는 안 되는 일이구나'라는 거를 그 전에는 몰랐었는데, 그런 것도 제가 알게 됐고, 그렇게 세상을 보는 눈도 생겼고[요]. 그리고 저장소 와서 이 '기억교실 기록물을 제대로 해놓지 않으면 4·16 참사가 그냥, 있었는지조차도 모르게 그냥 묻혀버리고 지나가 버리는 일이 되겠구나', 그래서 저희 해양에서 일어난 배 사고가 저희 참사 말고도 여러 번 있었던 것으로 알고 있는데, 거기에 대한 기록물은 현재 저희 나라에 남아 있지 않거든요. 그래서 그런 부분에 대해서 세월호 참사를 계기로, 그리고 저희 4·16저장소가 새로운 기록을 또 해나가고, 써나가고 있는 부분에 제가 작지만 그 일에 일조를 하고 있다는 것. 그런…, 지금은 몰라도 이다음에 '아, 우리가 실무진들처럼 전문가는 아니지만, 우리가 옆에서 같이 도와서 한 부분 때문에, 4·16 참사가 좀 더 더 자세히 기록이 돼서 많은 사람들이 이것을 거울삼아서 더 나쁜 역사는 만들지 않겠구나' 그런 생각도 하게 되더라구요.

면담자　　　고운 어머니도 기억저장소에 오셔서 기록물의 중요성에 대한 생각의 변화가 있으셨네요.

고운 엄마　　　예. 저의 그, 저장소에 와서 제일 큰 부분은 기록물, 이 기록물이, '기록물로 남겨 있지 않으면 이 아픈 역사가 온데간데없이 사라져버리겠구나' 그런 생각을 많이 하게 되었어요.

면담자　　　태민 어머님, 기억저장소에 오셔서 변화하신 부분들에 대해 이야기해 주세요.

태민 엄마　　　저는 글쎄, 사실은 참사 일어나기 전에 개인 사업을 거의 20년 가까이 하다 보니까, 아이 태어나면서부터 계속 개인 사업을 했었거든요. 개인 사업을 하다 보니까 집, 회사, 집, 회사 이것밖에 사실은 몰랐어요, 그 이외에 관심이 또 없었고. 그래서 '우리 아이들만 정말 잘 키우면 된다. 그리고 남한테 피해 주지 않는 정도에 한해서 잘하면 된다'라고 생각을 하고 지금까지 살아왔었고[요]. 그리고 저도 사실은 남한테 아픈 소리, 그런 소리도 한 번도 해본 적도 사실 없었어요. 그리고 제가 모르는 상태에서 상처를 받을 수 있는 상황이 있긴 하겠지만, 근데 이렇게 참사(가) 일어나고 보니까 '내가 지금까지 살아왔던 것이 잘못된 인생을 되게 많이 살아왔구나' [하는 걸 알게 된 거예요]. 그리고 이런 경험을 하다 보니까 주위의 아픈 사람들의 편에 서서 일하는 분들이 너무 많은 거예요. 사실 부모가 하지 못하는, 엄마 아빠들이 하지 못하는 일들을 주변 사람들이 하고 있는 경우가 되게 많이 있더라구요, 끝까지, 그만큼 끝까지 가시는 분들도 많고. 그런 걸 보면서 내가 지금까지 살아온 인생이 너무 허무하다는 것, 그런 걸 되게 많이 느꼈구요.

사실은, 기억저장소에 와서 사실은 제일 가슴 아팠다라고 생각하는 것이나 아니면 이런 거는 정말 좋았다는 것은, 고등학생 아이들, 초등학생 아이들, 아이들이 단체로 와서 우리 아이들의 교실을 둘러보고 그럴 때마다 아이들한테 저는 사실은 제일 많이 해주는 말이 그거예요. "저는 우리 아이한테 사랑을 많이 표현을 못해주고 많이 안아주지 못했지만 너희들만큼은 나중에 후회되는 일을 안 했으면 좋겠다"고, "부모들한테 많이 사랑한다는 이야기나 서로 많이 안아주고 그런 행동들을 많이 하고 살았으면 좋겠다"는 이야기를 되게 많이 해줘요. 그러면 아이들이 많이 울고 그러는데, 사실은 이게 기록이랑은 사실은 상관이 없지만, 그 아이들이 나중에 이곳에 한 번 왔다가고, 그리고 또 두 번 왔다 가고 하면 기록을, 이 공간이 왜 생겨야 되는지, 왜 유지가 되어야 하는지 그런 것들을 마음속으로 많이 느끼고 갈 것 같아요. 그럼으로 해서 기록이 그만큼 더 소중한 거고, 그 아이들이 왔을 때, 나중에 커서 그 가슴속에 남아 있는 것들이 나중에 기록 일을 하게 되거나 참사에 관련된 공부를 하게 될 때 도움이 많이 되고, 그 다음에 다시는 이런 일이 안 벌어져야 되겠죠. 그러기 위해서 우리가 사실은 이런 기록에 관련된 이야기나 이런 걸 다 하고 있다고 생각을 해요.

면담자   우리 소장님은 또 다른 생각들이 많이 있으실 것 같아 요. 기억저장소 소장으로 오게 된 후에 이전과 다르게 본인이 변한 부 분이 있다면 어떤 것이 있을까요?

도언 엄마   원래 제가 좀 하고자 하면 하는 성격이에요. 그리고 옳다 그러면 옳은 거고, 나쁘다 하면 나쁜 거거든요. 그거는 진리는 맞아요. 진리예요. 옳고 그른 것은 정확히 해야 하는 것이고, 옳지 않은 길은 가지 말아야 하는 게 맞아요. 근데 저는 어… 글쎄요, 이 사람의 바라보는 관점에 따라서, 사람이 내가 어떻게 바라보는 거에 따라서 중요성이 있고 중요성을 못 느끼는 것이 눈에 보이는 거죠, 저는. 저는 왜냐하면 사실 우리 유가족들은, 엄마, 아빠들은 다 중요해요. 너무너무 중요해요. 너무너무 중요한데 외부에서 보는 사람들이 "굳이 그런 것까지 보존을 해야 돼? 기록을 해야 돼? 가지고 있어야 돼?" 이런 얘기를 많이들 하세요. 그러면 저는 거기에 대해서 많은 이야기들을 하죠.

사실은 우리 기록팀장님도 여기 포함이기는 합니다. 나중에 책이 나와서 본인 이야기 읽으면 서운하시겠지만, 처음에 그런 부분에서 많이 싸웠어요. 저는 몰라요, 내 새끼 도언이 물건을, 아기 때부터의 물건을 가지고 있었기 때문에, 그거를 중요해서 가지고 있는 건 아니었구요, 그 당시, 지금은 다 중요한데, 그 당시에는 당연히 가지고 있어야 한다고 생각을 했던 사람이에요, 어릴 때부터 애기 그림 그렸던 것 쌓 다. 근데 이제 소위 이런 쪽으로 전문, 활동은, 활동가들은 또 별도 이야기인 것 같구요. 전문가라고 하시는 분들은 자기가 배워온 그 영역에서만 자꾸 우리한테 강요를 하는 거죠, 가족들한테. 그래서 사실은 많이 저랑, 많이 싸웠, 제가 많이 뭐라 했었어요, 사실. 지금은 많이 바뀌신 거구요.

저는 지금도 사실은 서고 공간 부족해서 보존물들 정리를 자꾸 하자는데, 저는 그러고 싶지 않습니다. 공간만 확보가 된다 그러면 모든 것을 다 확보하고 싶고, 오히려 그 전에는 제가 '전문가' 이러면 사실 내가 나의 전공, 내가 잘하는 거는 내가 전문가가 맞잖아요. 내가 모르는 거에 다른 사람이 전문가면 저는 엄청 좋은 존경과 존중과, 막 이렇게 했는데요. 지금은 그런 거에 바라보는 관점이 좀 달라졌습니다. 무조건 존경과 존중을 하지는 않습니다. 일단은 먼저 파악을 하게 되고 꼼꼼히 더 지켜보게 되더라구요. 그리고 틀리다고 그러면 저는 애기를 해요. 그 전에는 그냥 뭐 안 좋은 건 안 좋다고 이야기를 했지만, 그래도 웬만하면 좋은 게 좋은 거라고 넘어갔지만, 지금은 세월호 참사로 인한 모든 거의 중요성을 알기 때문에 그런 것을 더 정확하게 짚고 넘어가는 것 같구요.

두 번째로 활동가분들, 저장소에 와서 첫날도 이야기했지만 "다 같은 활동가가 아니더라". 처음에는 다 같은 마음이었을 거예요. 그런데 시간이 지나면서 바뀌시더라는 거죠. 그래서 이제는 그렇게, 누가, 내가 만약에 이런 참사는 없어야 되겠지만, 나 또한 다시 되돌아

257

2회차

보는 거죠. '내가 만약에 어느 누군가의 어려움에 있어서 내가 가서 옆에서 지켜주는데 나도 마음이 바뀔까?' 사실 그런 생각을 해봅니다. 그런데 저는 아니라고 부정을 하지만 또 그 상황에 따라서 다를 수도 있어요. 하지만은 '활동가라면, 내가 활동가라고 지칭을 한다 그러면, 처음과 끝은 똑같아야 된다. 그리고 우리 아이들을 욕되지 않게 해야 되며, 유가족을 폄하하거나 비하하거나 무시하거나 그러면 안 된다'는 것을 정확하게 말해주고 싶어요. 저장소에 와서, 물론 그 전에도 그런 성향이 강했지만 저장소 와서 그런 전문가 분 아니신 분도 정확하게 짚고 넘어가는 것, 그런 활동가를 바라보는 관점이 많이 달라졌어요, 저는. 기록은 그 전부터 중요시해서 도언이 것 가지고 있었기 때문에, 그것은 더 심해지면[서] 더 중요성을 느끼는 거고요. 두 가지가 달라진 것 같습니다.

10
기억저장소에 대한 전망과 걱정

면담자   솔직하고 구체적으로 말씀해 주서서 감사드리구요. 그러면은 아까 원래 두 가지를 같이해 보려 시도하였으나 실패했던 (웃으며) 두 번째 질문을 말씀드릴게요. 이번에는 태민 어머니부터 말씀을 들을게요. 앞으로 우리 기억저장소가 어떻게 발전해 갔으면 좋겠는지, 혹시 걱정되는 것이 있다면 무엇인지, 그리고, '그리고'라고 하면 너무 많아지나요?

도언 엄마   생각이 안 날 것 같은데요? (웃음)

면담자   앞으로 미래에 대한 이야기, 기억저장소의 미래가 어떻게 됐으면 좋겠는지 거기에 우려되는 것이 무엇인지, 나는 거기서 무엇을 하고 싶은지, 결국 미래의 일을 나를 포함해서 생각을 해보시라는 거죠. 어머님들이 기억저장소가 아닌 곳에서 다른 활동을 하실 수도 있는 거고, 다시 직업을 가지실 수도 있고요. 진상 규명이 된 이후까지 염두에 두서서 앞으로 기억저장소가 어떻게 됐으면 좋겠고, 내가 걱정되는 것은 무엇인지, 그리고 나는 기억저장소와 어떤 관계를 맺고 살아갈 것인지. 안 어렵죠?

도언 엄마   어려워요. (전원 웃음)

면담자   미래는 알 수 없는 거지만, 각자 생각하시는 상을 들어보도록 하겠습니다.

태민 엄마   저는 생각하는 게 저장소 이하 기억교실을 이야기를 할게요. 사실은 지금도 많이 잊혀가고 있어요. 근데 이제 2020년도에 6주기 되는 해 때, 기억교실, 아이들의 공원이, 그러니까 교실이 제대로 된 곳에서 잘 지어지고 한다면 그 이후에 사실은 맨 처음에는 사람들이 많이 찾아오겠죠. 근데 '어느 정도 시간이 또 흐르고 나면 그 공간이 잊히지 않을까', 그게 사실은 제일 부담이 제일 커요. 그러지 않아야 되는 공간으로 만들어야 되고, 그리고 4·16생명공원도 제대로 만들어져서 '기억과 순례의 길', 정말 사람들이 '한 번씩은 꼭 가고 싶다'라는 생각을 갖고 있을 정도로 정말 멋지게 만들어졌으면 좋겠고, 그게 꿈이고 사실은 희망이고…. 아…, 그다음 질문이

뭐였죠?(웃음)

면담자　　　그담에 태민 어머니 그 미래 속에 있는 자기가 무엇을 하고 있을 것이라고 생각하세요?

태민 엄마　　　사실은 맨 처음부터 말씀드린 것처럼, 대인관계[에 자신 없어 하는 게 그런 게 좀 심해요. 그러다 보니까 남 앞에 서는 것 이런 게 두려움, 이런 것들이 사실은 많지만 그것을 뛰어넘어서 남 앞에 서서 이야기도 잘하고, 그다음에 기억과 순례의 길을 해서 정말 멋진 안내원 그런 모습으로 남기를 바랍니다(웃음).

면담자　　　네 감사합니다. 고운 어머니는요?

고운 엄마　　　저는 먼 미래는 모르겠구요. 저희 저장소에 몸담고 있으니까 제일 눈에 보이는 것, 6주기에 맞춰서 건물 완공되면 그때 이제, 지금까지는 저희 기억교실 구현에 불과했지만 재현으로 가서, 기억교실 재현으로 들어가서, 그냥 재현만 한다고 해서 많은 분들이 찾아와 주지는 않잖아요. 재현을 해놓고 시간이 흐르면 흐를수록 그 잊혀져 가는 거를 어떻게 해서 사람들이 계속 잊지 않고 찾아주는 공간으로 생명을 불어넣느냐는, 지금은 잘은 모르겠어요. 그렇지만 이제 그런 노력들이 필요할 것 같고요.

지금 저희 기록, 아이들 유류품을 비롯해서 기록물을 많이 수집을 하고 기록하고 보존은 하고 있지만, 저희 서고가 진짜 여러 군데 나눠져서 있거든요. 나눠져 있는 데다가 그 서고라는 공간은 항온 항습도 온도조절이 제대로 되어야지 그 기록물의 보존이 긴 기간, 시간 동안 될 수 있는 조건이 되는 건데. 저희 서고 같은 경우는 유일하게 상록구청 서고가 항온 항습이 되어 있는 서고가 유일해요. 그래서 거기에 제일 중요, 우선순위가 제일 중요한 아이들 유류품이 지금 보관 중인데, 이러한 서고가 한 곳의 공간에, 서고다운 서고의 모습을 갖춰서 한 공간에, 한 건물에 들어오는 게 바람이고. 그리고 저희 지금 실무진들도 여러 곳에 나눠져서 지금 사무실 공간을 쓰고 있는데요. 한 공간에 다 모여서, 같이 일하는 부분에 있어서 커뮤니케이션이 바로바로 이뤄질 수 있는, 같은 공간에서 일할 수 있는 그런 시간이 빨리 왔으면 좋겠고요. 그 눈에 보이는 당장의 과제들은 그 정도인 것 같고….

저는 솔직히 모르겠어요. 제가 미래 이 시간이 더 흘러서 미래에도 내가 저장소에 몸을 담고 있을까? 근데 저는 4·16 참사 이후에 저희 다른 부모님도 그럴 것 같아요. 저는 저의 미래가, 미래를 그릴 수가 없어요. 계획도 세울 수가 없고 그려지지가 않더라고요. (목소리가 떨리면서) '내가 앞으로 고운이가 없는데 내가 내 삶의, 앞으로 계획? 미래 내가 뭘 어떻게 해야지, 어떻게 뭐가 되어 있겠지?' 그런 거를 생각 안 해봤고, 생각을 해도 떠오르지가 않아요. 그래서 저 개인적인 앞으로의 미래는 솔직히 모르겠어요, 저는. 저 몇 번 그런 생각을 해본 적이 있는데 그냥 저 개인적으로의 미래는 계획도 해본 적 없고 생각해 본 적도 없고, 미래를 아무리 내가, '이다음 미래에 뭘 하고 있을까, 난 어떻게 살아야 하지? 뭘 하면서 살까?' 그런 계획도 없고, 미래도 없고 현재로서는 그래요. 그래서 저는 앞으로의 미래를, 제 개인적인 미래를 모르겠어요(눈물 닦음).

재강 엄마   질문 한 번 더 읽어주세요, 교수님(웃음). 아니, 이야기

듣다 보면 내가 울어. 질문을 까먹어.

면담자　　　다 너무 친하셔서 귀 기울여 듣다가 거기에 빠져들어서 그러신 것 같아요. 기억저장소가 앞으로 어떻게 됐으면 좋겠는지, 걱정되는 것이 있으면 같이 말씀하셔도 좋고요. 미래에 나는 무엇을 하고 있을 것 같은지, 기억저장소 안에서 하시는 일일 수도 있고, 밖에서 다른 일을 하실 수도 있고요.

재강 엄마　　　(침묵).

면담자　　　다시 말씀 드려요?(웃음) 우리 너무 오래 해서 그래요, 지금.

재강 엄마　　　아니, 갑자기 제가 세 번째인데도 앞에서 이렇게 말씀하시는 것 들으면, 우리 항상 똑같은 것 같아요, 내용들이, 생각하는 것도 비슷한 것 같고. 기억저장소가 사실은, 저는 이 운영하는 것도 문제가 있잖아요. 지금 기억저장소는 시민들의 후원으로 운영이 되고 또 그 시민들의 후원금으로 운영되는 게, 실무진들 급료 같은 것도 있으니까. 정권이 바뀌면서, 항상 소장님이 말씀하셨듯이 많은 후원자들이 떨어져 나가니까 이제 운영의, 소장님의 같은 경우에는 어려움도 있겠죠. 그래서 제 바람은 기억저장소가 그런 어려움을 안 겪고 좀 그런 부분에서라도 잘 나갔으면 좋겠어요. 뭐 5·18기록관 같은 경우에는 정부에서 해주지만, 4·16기억저장소는 온리(only) 시민들의 후원금이잖아요, 그래서 그런 부분이 잘 풀어져 나가기를, 기억저장소가 풀어져 나가기를 바라고.

　　그리고 이제 기억교실이 완공이 돼서 이사를 가면 저는, 소장님 생각도 있겠지만, 저는 전국의 학생들이 수학여행지를 여기를 꼭 지정해서 왔으면 좋겠어요. 그래서 와가지고, 사실은 뭐 아이들이 처음에 왔을 때는 많이 울었어요, 저희들도. 남자아이들 오면 울고 했는데, 이제 그 '아이들 보며 웃으며 이야기할 수 있는, 기억교실 이전하면 그러지 않을까' 하는 이제 희망을 가지고요. 그 아이들이 또 와서 세월호 참사로 희생된 한 분 한 분들의 고귀한, 고등학생들이 오면 자기네 또래잖아요. 그렇지만 우리 아이들은 언니, 오빠잖아요. 그렇게 와서 뭔가를 알고 가고, 그래야 대한민국을 바꾸자고 하는데 생각들이 바뀔 것 아니에요.

아까 저처럼 내 가족만을 지키고 가는 그런 게 아닌, 두루 세상을 알아가는 그런 학생들이 되기 위해서는 단원고 4·16기억교실을 수학여행 때 필히, 필수 코스로 와서 둘러보면 좋겠고, 그렇게 와야 우리 단원고 기억교실이 활성화가 되고 이렇게 발걸음이 끊이지 않는 단원고 4·16기억교실이 될 것 같구요. 제 미래에 대해서는 저는 사실 생각한 게 없어요. 그리고 하루하루 그냥, 그때그때 기억저장소 나와서 일을 하고 있지만, 앞으로 계획은 제가 없기 때문에 살아가면서 거기에 그냥 맞춰서, 순간순간에 맞춰서 살아가야 할 것 같아요.

면담자 네. 혜선 어머님은요?

혜선 엄마 앞에서 다 이야기를 해서, 똑같은 말을 되풀이하려니까 좀 그렇긴 하지만, 저도 지금 혜선이 물건들을 집에 많이 가지고 있거든요. 모든 부모님들이 그런데, 저희 저장소에서 서고가 많이 흩어져 있잖아요. 고운이 엄마도 이야기했지만, 그런 서고들이 한곳에, 항온항습이 잘되는 곳에 다 모여서 우리 부모님들이 다는 아니지만, 내 아이의 물건을, 지금 집에 소장하고 있는 물건 중에서 정말 소중한 물건들 몇 품 정도만 저장소에 기증을 해서 다 보관할 수 있을 정도의 서고들이 갖춰지면 좋겠어요. 지금 기존에 있는 서고들도 한곳에 모여서 있으면 좋겠고, 서고를 많이 마련을 해서, 많이는 말고 서너 점 정도만 다 보관할 수 있는 서고가 생겼으면 좋겠구요. (도언 엄마 웃음) (웃으며) 제 바람입니다.

교실이 이제 재현이 되는데 2년 뒤에는, 그때는 정말 우리 소장님 바람대로 죽은 공간이 아닌 살아 있는 공간이 되었으면 좋겠구요. 우리 아이들 또래의 아이들이 정말 많이 왔으면 좋겠어요. 어른들은 물론 많이 생각하고 많이 보고 많이 느낀 점도 있겠지만, 자라나는 아이들은 또 직접 와보지 않으면 잘 느끼지 못할 것 같아요, 생각도 많이 못할 것 같고. 그래서 와서 직접 현장을 보고, 이런 세월호 참사가 있었고 내 또래의 학생들이 이렇게 억울하게 희생당했다는 거를 직접 눈으로 보고, 본인들도 그냥 이렇게 주입식으로 공부만 할 게 아니라 '나부터 많이 달라져야 된다'는 거를 느낄 수 있었으면 좋겠어요.

그리고 저는 제일 좀 걱정과 바람이 같지만, 우리 세대에서는 그래도 우리 기억교실이 잘 운영이 될 것 같아요. 잘 운영이 될 것 같은데, '우리 사후에 우리 형제자매들이 이끌어가는 교실은 어떠한 모습일까' 그런 생각들을 많이 해봤어요. 그때는 우리 부모님들 마음이랑 형제자매 마음이랑은 또 약간의 차이는 있을 수 있을 것 같거든요. 우리 부모님들은 아이 생각하면서 정말 사력을 다해서 내가 할 수 있는 역량을 최고로 발휘해서 모든 일을 하고 있지만, 형제자매들은 또 자기 일도 있을 것이고, 나이가 들면은 결혼도 할 거고, 자기 일도 하면서 또 이런 교실이나 우리 서고나 이런 것들을 돌볼 여력이 얼마나 될지, 또 여기에 올인할 수 있는 형제자매가 몇이나 될지, 그런 것들이, 우리 사후의 일들이 걱정이 되기는 해요. '그때도 우리 형제자매들이 잘 이끌어가 줬으면 좋겠다' 그런 생각들을 가끔씩 해봐요.

저는 제가 '미래에 어떤 모습일까'는 많이 생각해 본 적은 없는데, '그냥 세월호 참사가 일어난 이후로는 요 우리 가족들 안에서, 가협일 안에서, 우리 기억저장소에서 하는 일 테두리 안에서 내가 할 수 있는 거를 다 하자' 이런 생각을 가지고 살아가고 있습니다. 그래서 기억저장소에서 최선을 다해서 일하고 싶습니다.

면담자　　　네, 우리 소장님은 어떠세요. 기억저장소의 미래에 대한 전망, 걱정되는 면은 무엇이고, 소장님은 앞으로 기억저장소와 관련해 무엇을 해나가려고 생각하시는지요?

도언 엄마　　　저는…, 먼저 우려되는 거는요, 혜선 어머님 말씀하신 아이들 유품, 이제 수거에 대해서는 앞에 기존의 가족들이, 저 오기 전에 (잠시 침묵) 집에 가지고 있기 싫다고 저장소 가져다 놓은 부모님도 계세요. 밤에 갖다났어요. 전 사실 개인적으로 참 이해를 못 해요, 제가 오기 전에 그렇게 와 있었기 때문에. 그러고는 남한테는 뭐 그런 얘기를 하죠. "정리할 걸 정리를 해야 돼. 어떻게 다 안고 가?" 해놓고는 저장소에 다 와 있더라고요, 그 많은 것이. 저장소에 꽉 차 있어요. 그래서 사실 그런 부분들이 싫고요. 사실 싫고 우려가 돼요. 왜냐면 이제 혜선 어머님은 이제 좋은 뜻으로 아이를 이렇게 했지만, 사람 욕심은 한도 끝도 없거든요. 우리 유가족도 마찬가지예요. 사실 그런 거는 '잘 정리를 해야 되겠다' 생각을 해요. 아님 미래를 위해서는 우리가 사후, 우리가 죽고, 우리가 있을 때는 잘 관리가 되지만, 우리가 죽고 났을 때는 글쎄요, '그게 잘될까'라는 [생각을 안 할 수가 없어요]. 또 그리고 우리 아이들 유골도 마찬가지지만 사실 그런 것도 걱정이 많이 해요. 사실 그런 게 걱정이 되고요, 저는. 그런 걸 내가 정리할 수 있는 부분은 내가 정리하고 가야 되는데, 우리가, 내가 저장소에 소장으로 있는 동안, 내가 바라지는 않지만 '어느 순간 그게 막 쌓일 수도 있겠다' 사실 그런 걱정이 되고요.

저는 잘됐으면 하는 부분은 세월호 참사 나고 나서 사실 기록이든, 우리 교수님, 이 안에 다 이렇게 구술팀 쌤들 계시지만, 전문가분들 많이 와 계시잖아요. 우리 이제 구술팀은 꾸준히 계신 거고, 사진작가팀 뭐 영상 다큐팀 이렇게 많이 계셨는데 지금은 거의 활동을 안 하세요. 물론 이제 거기에는 본인의 업이 있는 거죠, 생활을 해야 하니까. 그런 부분도 있는데, 그런 부분들이, 그런 분들이 다시 한번 마음을 내서 세월호 참사로 희생된 304명, 우린 항상 우리 아이들 304명을 말씀을 하죠. 이 책에도 우리 110명이지만, 304개 피케팅을 만들어서 이름 불렀듯이, 다시 이제 다시 기록을 좀 같이 수집을 해주시고, 다시 연구 좀 해주시고, 연구가 돼야 다시 또 책이 되든 논문이 돼서 나중에 시간이 지나서 다시 회자가 돼서 다시 볼 수 있잖아요. '이런 연구를 좀 해주셨으면 좋겠다' 예 그런 부분이 있어요. 사실은 이거는 제 희망 사항이에요, '다시 해줬으면 좋겠다', '전문가면 영상, 영상 전문가분들, 작가면 작가 이렇게 등등 해줬으면 좋겠다'.

그 부분 [하고], 두 번째는 우리 저장소 실무진들이에요. 재강 어머니 말씀하셨지만 후원금으로 운영이 되는 곳이에요, 저장소는. 그런데 물론 이제 최고는 아니지만 제가 항상 그 얘기를 했거든요. 제가 오면서 '최고는 아니지만 최선의 환경을 만들겠다' 해서 2016년도 7월 달에 오고 나서 지금은 급성장을 한 거예요, 사실은. 그래서 '이분들이 잘 자리를 잡고 저장소의, 나중에 이제 주역이 돼서 잘 이끌어갔으면 좋겠다', 물론 이제 거기는 뭐 형제자매 같이 합류하면 좋지만, 사실 형제자매가 이 기록물 보는 게 쉽지는 않을 거예요. 우리 엄마들은 내 자식이니까 힘들면서 보지만 형제자매는 힘들 거거든요. 그러면 우리 전문가 선생님들이 딱 중심을 잡고 형제자매들과 같이 이끌어가면서 세월호 참사를 기록을 계속하고, 사실은 이건 진행형이잖아요. 계속 움직이는 일이고 같이 공감하는 일이기 때문에, 같이 움직여 주시고 계속 '기록으로 좀 남겨줬으면 좋겠다' 생각을 해요. 기록이 잘되면, 진실된 것을 기록을 하게 되면 역사는 흔들리지는 않잖아요. 사실 그런 부분들이 사실은 바라는 거예요, 사실은. 우리 실무진님 선생님들, 우리 전문가 선생님들, 그런 이제 바라는 마음이구요.

나의 미래는 글쎄 저는 음…, 아마 저장소가 좀 안정이 되면 저는 이제 한 발 떨어진 데에서 오히려 지지하고 있지 않을까? 나의 역할에서, 저는 그렇게 생각을 하고 있어요. 내가 저장소에 계속 어느 정도 틀만 좀 잡아주면, 우리 엄마들 이하 이제 이렇게 잘 진행이 될 것 같아요. 저는 그게 희망 사항이에요(웃음).

11

다른 유가족들과 시민들에게 바라는 것

면담자　　알겠습니다. 이제 마지막 질문입니다. 우리 소장님부터 말씀하시면 될 것 같아요. 다른 유가족들 혹은 시민들에게 한 말씀, TV에서 보면 영상 편지하듯이 다른 유가족들이나 시민들에게 바라는 것들을 진솔한 마음으로 간단하게 말씀하시면 될 것 같아요.

도언 엄마　　저장소라 하면 사실 어려울 것 같은데요. 그냥 저는 저장소 얘기보다도… 우리는 그냥 아이 잃은 엄마들이잖아요, 아빠들이잖아요. 근데 음… 대한민국 정서상 돈이 거론이 되면 진실은 왜곡되더라구요. 우리 마음도 왜곡되더라구요. 근데 '자꾸 돈하고 결부 짓지 마시고, 우리 아이들 희생된 목숨값에 자꾸 우리를 연결시키지 마시고, 그냥 세월호 참사, 이 우리 아이들 수장했던 2014년 4월 16일, 그때 그 마음으로 바라봐 줬으면 좋겠다', 그러면 '나의 자식들, 나의 손자 손녀들, 그리고 그 후의 후손들이 이런 슬픔이 없고, 그리고 진짜 대한민국은 진짜 좋은 나라라고 생각을 하지 않을까?' 그런 생각을 합니다. 그래서 유가족은 유가족 있는 그 모습, 지금 움직이고 있는 엄마, 아빠의 마음, 엄마, 아빠이기 때문에 포기할 수 없고, 우리 아이들은 대한민국이 살기 좋은 나라라고 생각하고 깊은 바다에 수장이 됐으니까, 그 마음만 가슴에 안고 계셔 주셨으면 하는 그 마음입니다.

혜선 엄마　　제가 오늘 아침에 시청 앞을 지나왔는데요. 시청 앞을 지나오는데 '세월호 납골당 결사반대'하면서 피켓도 많이 들고 있고,

그 비가 쏟아지는데 많은 분들이 깃발까지 흔들면서 있더라구요. 그래서 제가 지나오는데 "내가 세월호 납골당 때문에 피해 본 사람이야" 그러더라구요, 저보고. 그래서 제가 딱 [싸움] 붙으려다가 제가 약속 시간이 다 돼가지고 그냥 지나오긴 했는데, 그런 시민 한 분 한 분들이 그냥 자신의 이익만 생각하지 말고 남도 돌아볼 줄 알고, 남의 아픔도 돌아볼 줄 알고, 그런 시민들이 됐으면 좋겠어요. 제가 참사 이전에는, 물론 저도 사회에 관심이 없어서 제 가족만 챙겼지만, 제가 이렇게 많이 변했듯이, 세월호 참사가 우리만의 일은 아니거든요. 세월호 참사가 일어난 일이면 언젠가는 또 어디에선가 일어날 수 있는 일이니까, 시민들도 우리 세월호 참사를 바라보면서 많은 걸 느꼈을 거라고 생각을 하는데, 이런 또 뭐 경제적인 거나 뭐 자기 자신의 이익 앞에서는 또 등을 돌리는 그런 걸 많이 느꼈어요. 시민분들도 그러지 마시고, 내가 언제 내 일로 닥칠지 모르니까 그냥 많은 부분을 공감하고 이해하고, 그리고 '내 일이다' 생각을 하고 그냥 지혜롭게 모든 걸 풀어갔으면 좋겠어요. 제가 오늘 또 이렇게 느낀 점[을 말씀드렸습니다].

면담자   재강 어머니.

재강 엄마   음…, 우리가 2014년 4월 16일 날, 가족이 아닌 사람들이 한번 다 같이 자식을 잃으면서 '세월호 유가족'이라는 이름을, 이름이라는 명함을 가지게 되었잖아요. 사실은 저 이 명함 진짜 싫어요. 저는 '세월호 유가족', 세월호뿐만 아니라 '세월호'도 듣기 싫지만 저는 '유가족' 소리도 듣기 싫어요. 근데 우리가, 가족들이 세월호 유가족으로서 맺어졌기 때문에 이제 어쩔 수 없이 함께 가야 되는 이 길이잖아요. 그래서 다 같이는 아니지만, 지금 다 같이는 아니잖아요. 이제 진상 규명을 위해서 가시는 우리 부모님들과 또 마음이 같은 시민분들이 2014년 4월 16일, 그 마음으로 저희들이 함께, 이렇게 그 마음을 어르면서 갔으면 좋겠어요. 솔직히 지금은 조금, 가족들도 서로가 마음이 많이 조금씩 달라지고 있고, 또, 가족들 간에 또 서로 그다지, 2014년 같은 마음이 아니에요. 그렇기 때문에, 저도 그 마음 아니, 나 역시도 그 마음이 아니니까, 근데 이제 항상 사람들이 초심을 잃지 말자 하듯이 그때 그 아픔을 생각하면서 갔으면 좋겠어요, 저는. 그러면 시민분들도 가족들도 조금은 마음이 덜 아프지 않을까 하는 생각이에요.

고운 엄마   제가 사석에서도 몇 번 얘기한 적이 있는데요. 솔직히 이 진상 규명으로 가는 길은 멀고도 긴 여정이거든요. 그래서 '그 긴 여정을 과연 나중에는 몇 명이 가고 있을까', 그거는 어느 누구도 장담을 못 하거든요. 근데 저는 최소한 우리 아이들, "안산에서 태어나고 추억이 있는 이 안산에 데리고 올 수 있을 때까지만이라도 좀 같이 움직였으면 좋겠다"라고 제가 사석에도 몇 번 얘기한 적이 있는데, 우리 유가족들이 최소한 그때까지 만이라도 좀 같이해 줬으면 좋겠고요. 그리고 이제 제가 안산에 살고 있기 때문에, 안산 시민분들한테 이해해 달란 소리는, 이해해 달란 소리는 아니고, 우리 "세월호 때문에 피해를 입었다"라고 항상 주장을 하는데, 도대체 제 기준으로 생각했을 때는 그분들이 직접적으로 피해를 입은 게 없을 거라고 생각을 하거든요. 도대체 자기네가 직접적인 피해를 뭘 입었는지 저는 모르겠어요. 과연 그 사람들이 직접적으로, 세월호 참사로 인해서 직접적인 피해를 입은 적이 있는지, 피해 입은 게 있는지 그게 참 궁금하거든요. 그리고 우리 단원고 부모님들이라서 아이들 목숨값 받는 거 아니거든요. 대한민국, 전 세계를 통틀어 내 자식이 그렇게 갔으면 그 보상은 기본이거든요. 마땅히 받아야 될 부분인데, 마땅히 받아야 될 부분을 가지고 저희를 처음과 달리 다른 시선으로 바라봐 주는 그런 시선을 안 가져줬으면 좋겠어요. 저희들이라서 받는 게 아니잖아요. 어느 누구든지 이런 참사에 놓여져 있다면 마땅히 받아야 될 부분이거든요. 그래서 저는 그렇게 얘기해 주고 싶어요.

태민 엄마　2014년 4월 16일, 사실은 그 이후에 우리 아이들은, 우리 가족은 한 가족이 됐다고 저는 생각을 해요. 저희 반 부모님들한테도 그런 이야기를 많이 해요, "정말 아이들만 생각하고 간다". 그러면 돈이든 무엇이든 걸림돌이 될 게 없다고 생각을 하거든요. 저희가 맨 처음에 그 억울하고, 그 억울하게 된 우리 아이들 생각하면서 정말 얼마나 힘들게 싸웠어요. 그 마음을 생각을 한다 그러면 우리 아이들이 정말 진실 규명될 때까지, 그때까지 함께 가야 된다고 생각을 하거든요. 그러니까 뭐 어떤 의견 차이, 돈에 관련된 그런 것들이 걸림돌이 된다 치더라도, 그 아이들, 한 아이들만 생각한다고 하면 같이 충분히, 지금이라도 충분히 함께 마음 모으고 함께 갈 수 있다고 저는 생각을 해요. 조금, 본인의 생각을 조금 더, 그 대신 바꿔야 되겠죠. 그렇기를 솔직히 가장 바라고, 제일 원하는 게 사실은 그거예요. 저희 250명의 아이들의 부모님들과 함께 가는 것, 그거를 제일 원합니다.

면담자　네. 두 번에 걸쳐서 기억저장소 소장님과 운영위원 어머님들 집단 구술을 진행했고요. 지금까지 여러 말씀을 해주셨지만, 꼭 덧붙이고 싶은 말씀 혹시 있으세요?

도언 엄마   교수님 사랑합니다(웃음).

면담자   (웃으며) 비공개 처리.

도언 엄마   '삐' 나갈까 '삐'(웃음).

면담자   (웃으며) 없으시면 이만 마무리할까요? 그동안 너무 애
쓰시고, 정말 많은 활동의 성과를 내시고, 또 무엇보다 한마음 한뜻으
로 4년이 넘는 기간 동안 또 같이 계셔 주신 게 감사하기도 하구요.
여하튼 이번 집단 구술 또 너무 잘 답변해 주셔서 정말 감사드립니다.
수고하셨습니다.

모두   수고하셨습니다. (모두 박수)

4·16구술증언록 유가족 활동 단체 제2권

그날을 말하다 4·16기억저장소

ⓒ 4·16기억저장소, 2020

기획 편집 4·16기억저장소 ┊ **지원 협조** (사)4·16세월호참사가족협의회
펴낸이 김종수 ┊ **펴낸곳** 한울엠플러스(주)
초판 1쇄 인쇄 2020년 4월 1일 ┊ **초판 1쇄 발행** 2020년 4월 16일
주소 10881 경기도 파주시 광인사길 153 한울시소빌딩 3층
전화 031-955-0655 ┊ **팩스** 031-955-0656 ┊ **홈페이지** www.hanulmplus.kr
등록번호 제406-2015-000143호

Printed in Korea.
ISBN 978-89-460-6794-3 04300
 978-89-460-6801-8 (세트)
* 책값은 겉표지에 표시되어 있습니다.